U0910941

短线金手 7

K线从入门到精通
实战剖析

吴国平　杨涛/著

图书在版编目（CIP）数据

短线金手7：K线从入门到精通实战剖析 / 吴国平，杨涛著．—北京：企业管理出版社，2019.7

（炒股“短线金手”丛书）

ISBN 978-7-5164-1985-4

Ⅰ．①短… Ⅱ．①吴… ②杨… Ⅲ．①股票交易－基本知识 Ⅳ．① F830.91

中国版本图书馆CIP数据核字（2019）第137813号

书　　名：短线金手7：K线从入门到精通实战剖析

作　　者：吴国平　杨　涛

责任编辑：李　坚

书　　号：ISBN 978-7-5164-1985-4

出版发行：企业管理出版社

地　　址：北京市海淀区紫竹院南路17号　　　邮编：100048

网　　址：http：//www.emph.cn

电　　话：编辑部（010）68414643　发行部（010）68701816

电子信箱：qiguan1961@163.com

印　　刷：三河市东方印刷有限公司

经　　销：新华书店

规　　格：170毫米×240毫米　16开本　19.25印张　200千字

版　　次：2019年7月第1版　2019年7月第1次印刷

定　　价：68.00元

牛散大学堂的股威宇宙

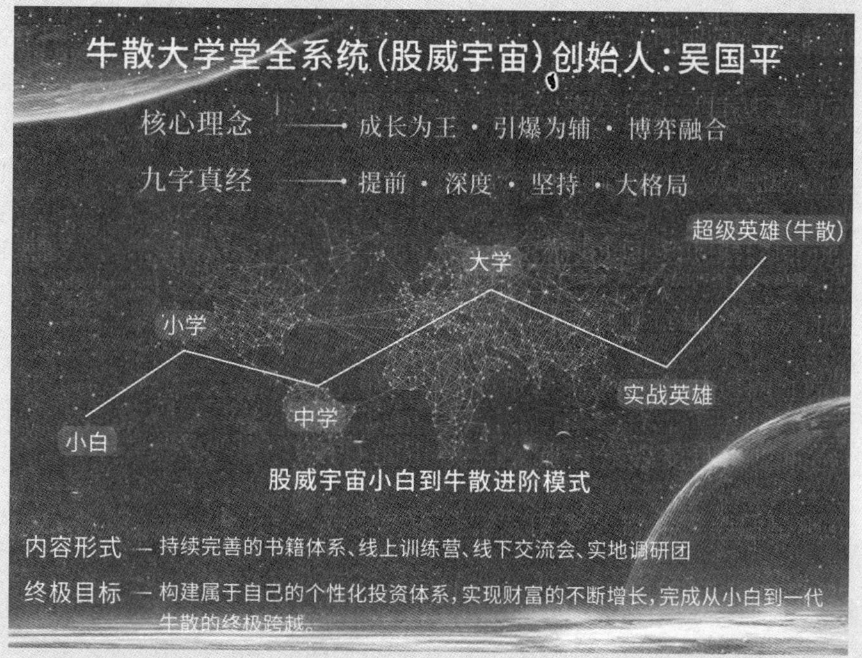

重新定义你的操盘体系

很多人一直苦于寻找提升自我的系统课程，付出相当多的精力后却发现，大部分都只是一招半式，充其量也只能算系统的一部分，没有整体而言。正因为本身没能全面武装自己，所以“韭菜”依旧占据大多数。

所以我们来了，我们来帮你构建交易系统，牛散大学堂的股威宇宙系统就是这样为你而搭建，从小白到牛散的全套体系，我们来帮你逐步成长。

我们的底气在于，我们自身就是从小白一路成长起来，也一直从业于资产管理一线，所以我们深知市场一线人群最需要什么素质和技能。基于未来中国资本市场的发展将趋于专业化和成熟化，目前投资者确实已经到了迫切需要提升自我的时候了，只有提升自我才能更好适应资本市场。我们的股威宇宙：牛散大学堂全系统，或许就是你最好的选择。

牛散大学堂全系统（股威宇宙）

牛散大学堂全系统（股威宇宙）创始人：吴国平

核心理念：成长为王，引爆为辅，博弈融合

九字真经：提前、深度、坚持、大格局

股威宇宙的构建

①我们的内容由强大的分析师团队打造，团队成员风格各异但无不经验丰富自成一派，我们不做纯理论派，力图打造理论与实践高度融合的精品教程。其中，我们自身实战原创内容占据主导，另外也会加以经典解读辅助，博采众长作为我们价值观的一种补充。

②股威宇宙从小白到牛散共分为六个不同的阶段，学员或者读者可以对比自身情况快速选择对应的学习阶段，不同的学习阶段将有不同的书籍和线上训练课程。

③除了书籍体系和线上课程体系，上市公司实地调研游记也是牛散大学堂股威宇宙实战的一种衍生，属于实战英雄或超级英雄课程。那里的世界会很精彩，充满乐趣惊喜，通过与上市公司管理高层对话了解企业真实情况，感受什么叫功夫在诗外，这会是别有一番味道的世界。

④我们的内容来源于实战的经历，但通过后期认真总结使得它又高于实战，一切只为能启迪读者完善自身交易系统。

股威宇宙小白到牛散进阶模式：

1. 小白

小白是指对金融市场有兴趣但没有实际接触过金融市场的入市前人群。这个群体既没有实战经验也没有理论基础，甚至对K线、盘口信息等基础知识一知半解，属于资本市场潜在参与力量。

2. 小学生

小学生是指对基本的概念有一些了解，刚入市还没经历过市场洗礼的人群。这个群体能看到盘面的基础信息，也知道基本的交易规则，但具体到成长股的概念，个股涨停背后的逻辑或者技术波浪理论等都还处于未知的状态。

3. 中学生

中学生是指对概念较为了解，对K线形态开始清晰，并掌握了一些技术分析方法，自我感觉还不错的人群。这个群体入市时间不长，踌躇满志、初出茅庐，开始接受市场残酷的洗礼，感受到了一些资本市场的机会和风险。

4. 大学生

大学生是指有一些自己的分析方法的人群，但总体来说零零散散，还没有形成一套完善的研判体系。另外也不太懂如何融合运用，需要更贴近市场去把握市场的本质，从而进入到一个新的自我提升阶段。

5. 实战英雄

如果你已经有了实战英雄的水准，那么恭喜你，你已经开始知道如何融合运用基本面和技术分析的投资方法，对交易的心理博弈也开始有所体会。在这个阶段你需要透过反复实践，感知到市场的博大精深，真正理解核心理念“成长为王、博弈融合、引爆为辅”的含义，认清市场的本质，渐渐进入到赢家的行列。

6. 超级英雄（牛散）

牛散几乎代表了个人投资者的最高水准，他们的投资理念、操作风格、投资偏好各有不同，但无一例外都是市场中极少数的大赢家，创造了一个又一个的财富增长神话。虽然各路牛散各有千秋，但也有相同点，他们善于抓住市场机遇，经历过大风大浪，投资心态十分稳定，在起起落落中不断汲取养分，交易体系不断跟随市场进化。

股威宇宙特点：

系统性教学，明确的进阶模式，适合所有人群。

学习阶段、目标以及成果的量化，每一阶段，我们都会让你清楚知道你能收获什么！

检验出真知。我们会让每一阶段都有练习，检验是最好的标准。

一线从业人员和牛散提供技术支持，并有机会与之在线上线下进行互动。

投资体系阶梯式建立，由点成面，从无招到有招再到无招。用心学习，小白终成一代牛散。

/目录/CONTENTS

第一部分
K线基础认识篇

第一堂课

打造赢利系统第一步——认识股市语言

有很多投资者问，怎样才能学好投资，又如何构建属于自己的赢利系统。在我看来，凡是系统性的知识体系都不是一朝一夕能够构建起来的，投资赢利系统更是如此。我在资本市场打拼沉浮十余载，失败过也辉煌过，经历过几次牛熊，见证了中国资本市场的发展。在自身投资体系不断完善的同时，我也深刻感受到构建投资体系的不易。投资者在试错总结经验的过程中，不得不面对资金亏损和心理受挫的双重压力，这不是一般人能够承受的。我走过很多弯路，也总结了很多。如今我创办牛散大学堂，便是想把一个充满生命力和创造力的赢利思维和系统进行有限浓缩和无限扩大。我的投资理念概括为九字真言：提前、深度、坚持、大格局。我的投资体系又可以概括为十二字真经：成长为王、引爆为辅、博弈融合。这些你可以通过我股威宇宙的书籍和课程系统逐渐感知和提升。

学前须知

①第一堂课将着重介绍关于K线的基础知识，包括K线的基本构成、常见的单一K线形态和名称、K线图上的重要信息、分时图的基本构成和一个重要觉悟，以此帮助初学的读者快速读懂盘口信息。如果书前的你已经具备了一定的基础，那么我们还是建议你读一读本堂课第5小节的“重要觉悟”。

②本堂课的内容在牛散大学堂股威宇宙的等级为：小白。其余级别结合自身状况采取是否学习或阅读的策略。

1. K线的基本构成

投资股市的研究方法论和门类繁多，但万丈高楼平地起，所有的投资方法都绕不开最基础的股市语言——K线。下面我们通过几幅图来快速认识K线：

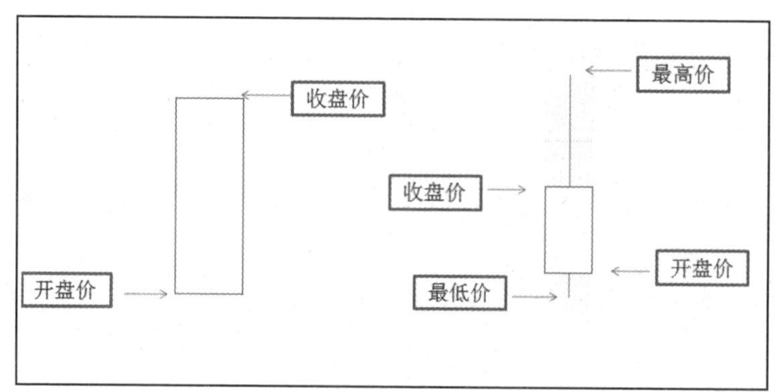

阳K线（或称为阳线）

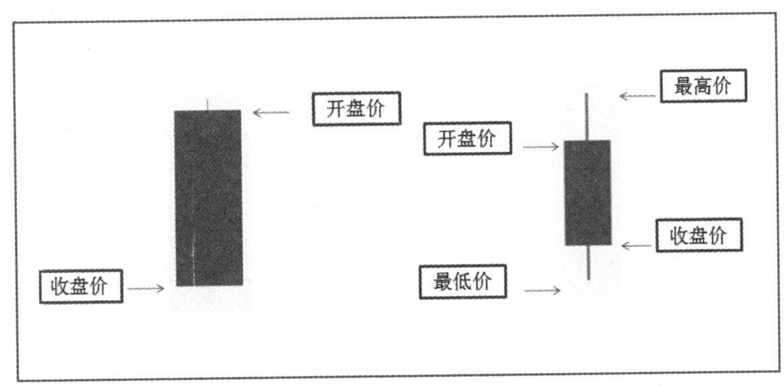

阴K线（或称为阴线）

我们可以看到，单一K线包含了四个方面的信息，分别是开盘价、收盘价、最高价和最低价。

收盘价较开盘价高则称之为阳线，反之称为阴线。当然也有特殊情况，若收盘价与开盘价相等或相当，就可看作或近似看作星线（也叫十字星），若上述四个价格全天都是相等，则称作一字板，也是星线的一种。

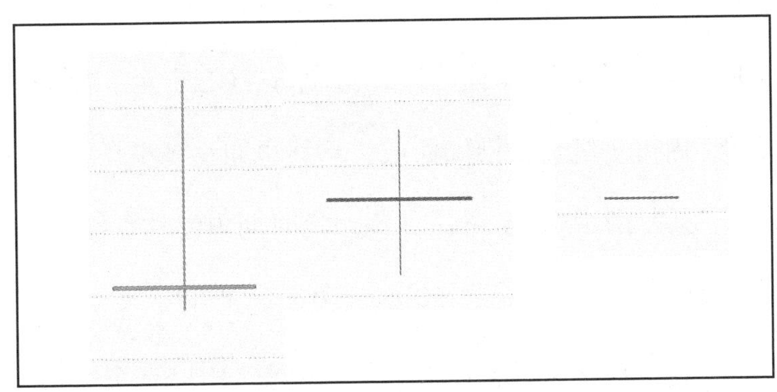

十字星线与一字板

根据开盘价与收盘价之间时间跨度的不同，K 线又分为分钟 K 线、日 K 线、周 K 线、月 K 线和年 K 线。

下面是一张典型的日线级别的 K 线图：

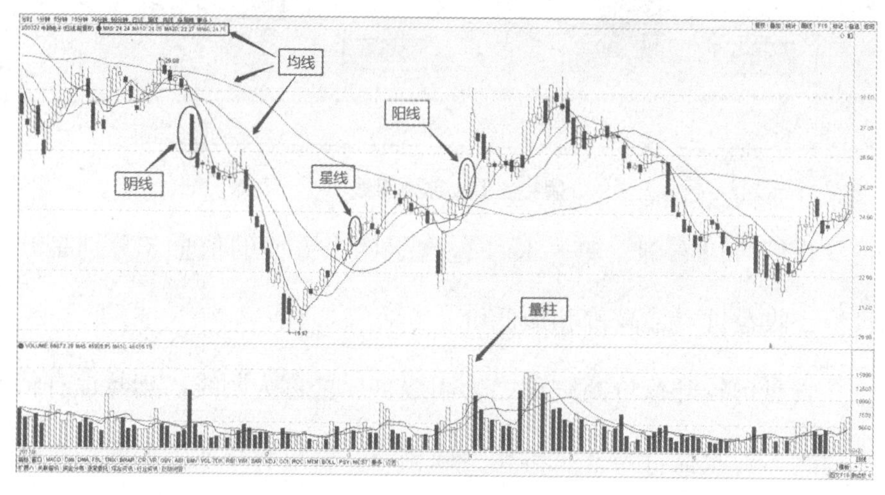

日K线图

一张完整的 K 线图由各类形态的单一 K 线组成，除此之外，还涵盖了其他一些重要的信息，其中最为常用的是量柱与均线。量柱就是 K 线图下方的红绿柱状体，由字母 VOL 表示，记录的信息是成交量，由每一笔交易堆砌而成。均线也叫移动平均线，由字母 MA 表示，它是运用统计学方法，将一定时期内的收盘价加以平均，并把不同时间（常用的 5 日、10 日、20 日、30 日、60 日、125 日、250 日）的平均值连接起来，形成一根 MA，用以观察价格变动趋势的技术指标。

2. 什么是周 K 线、月 K 线和年 K 线？

上面我们给大家介绍了日 K 线，现在再来给大家分别介绍一下周 K 线、月 K 线和年 K 线。周 K 线是指使用周一的开盘价以及周五的收盘价，加上全周的最高价和全周的最低价来绘制的 K 线图。月 K 线是指以一个月的第一个交易日的开盘价和最后一个交易日的收盘价，以及全月最高价和全月最低价来绘制的 K 线图。同样，年 K 线也是按照同理绘制而出的。

根据开盘价与收盘价的波动范围，可将 K 线分为极阴、极阳、小阴、小阳、中阴、中阳、大阴和大阳等。

- 极阴线和极阳线的波动范围在 0.5% 左右。
- 小阴线和小阳线的波动范围在 0.6%–1.5% 之间。
- 中阴线和中阳线的波动范围在 1.6%–3.5% 之间。
- 大阴线和大阳线的波动范围在 3.6% 以上。

3. K 线的好搭档——分时图

对 K 线有了基础的认识之后，我们再来认识一下与 K 线相辅相成的分时图。分时图是指大盘和个股价格的动态实时走势。

个股分时图主要由分时线、分时均线和量柱构成。

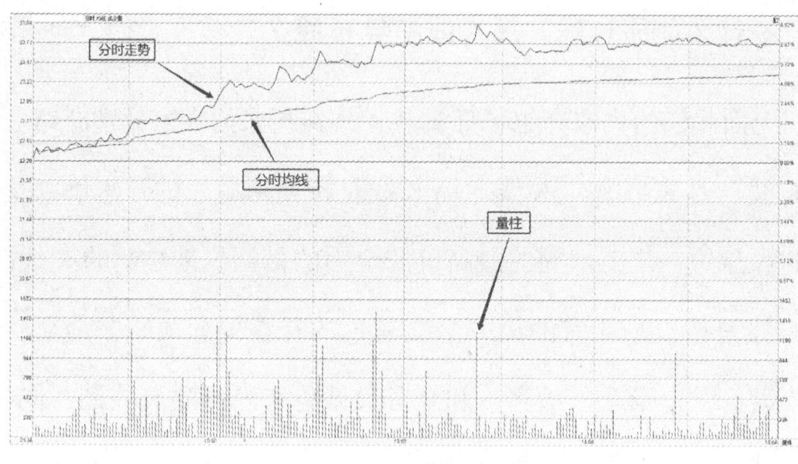

个股分时图

大盘指数分时图与个股分时图有所不同，下面的线不再是分时均线，而是大盘领先分时线，大致可以代表小盘股的整体波动情况，上面的线则大致代表大盘权重类个股的整体波动情况。因为小盘股市值和流通盘小，其波动对市场信号的反应更为灵敏。

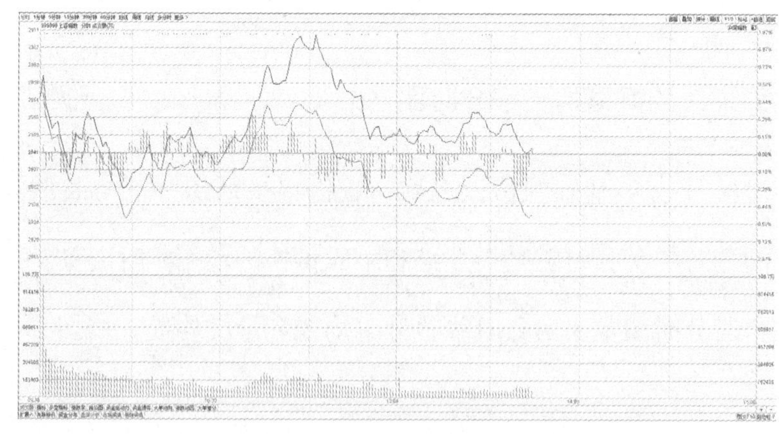

上证指数分时图

认识分时图不得不认识一下集合竞价，开盘前15分钟和收盘前3分钟通过集合竞价的方式确定当天的开盘价和收盘价。

先看一看集合竞价的规则：

①成交量最大的价格为基准价格；

②高于基准价格的买入申报及低于基准价格的卖出申报全部成交；

③在基准价格相同的买卖双方中由乙方申报全部成交。

能满足以上三个原则，一般就是当日的开盘价。

集合竞价的时间段划分：

“虚晃一枪”的9:15—9:20，这五分钟是开放式集合竞价，可以委托买进卖出。需要注意的是，这段时间是可以撤单的，此时成交量并不可靠，很多资金会在9:19:30点击撤单，所以在这个时间段内，可以不必理会涨跌幅，或者一定要把撤单键挂在手上。

“买定离手”的9:20—9:25，这五分钟委托是真实的，不论是买进卖出，不能撤单，即使点击撤单，也是无效的。但这些委托单不一定能成交，根据成交量最大原则，很多资金在9:24:30之后挂大买单卖单，价格会在这十几秒的时间内剧烈波动，此时仍要万分小心。

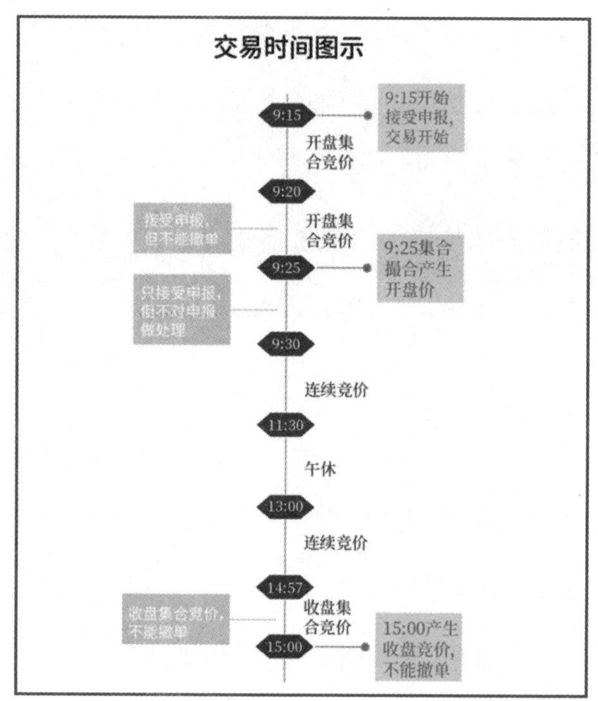

A股交易时间点示意图

“揭晓答案”的9:25—9:30，是唯一一次真正的成交，所以会显示成交笔数，这五分钟再去委托是不会影响价格的，交易所不会处理这些单子。只有在9:30之后，券商才会按照下单的时间把委托单传到交易所，不过这已经不属于集合竞价的范畴了。

14:57—15:00，是深圳股票收盘集合竞价时间，这3分钟不能撤单。

这只是规则，在实战中，分时图的集合竞价表现可以解读出很多的信号，是操盘中必不可少的分析环节，这个我们到后面的章节会结合实战案例一一跟大家介绍。

4. 常见的股市“黑话”

各行各业都有自己的专业术语，也就是我们俗称的“黑话”。股市也不例外，想要能够无阻碍地与其他投资者沟通，亦或是顺畅地阅读财经新闻等，我们也需要去了解那些常见的股市用语。下面我们从七个方面来认识一下关于股市的“黑话”，分别是基础知识部分、技术分析部分、交易术语部分、行情术语部分、财务名词部分、宏观经济部分、基金名词部分。

当然你也不用花太多时间专门去记忆以下内容，简单浏览一遍留有一个大致的印象。本书后面章节的内容将会经常用到这些词，我们可以以此来加深印象并学会使用。

（1）基础知识部分

[1] 资本市场：是指证券融资和经营一年以上中长期资金借贷的金融市场。货币市场是经营一年以内短期资金融通的金融市场。资金需求者通过资本市场筹集长期资金，通过货币市场筹集短期资金。

[2] 股票：是股份有限公司在筹集资本时向出资人发行的股份凭证，代表着其持有者对股份公司的所有权，具有以下基本特征：

不可偿还性，参与性，收益性（股票通常是高通货膨胀期间可优先选择的投资对象），流通性，价格波动性和风险性。当股票市场（通常称为二级市场）还没有实现电子化交易时，股票还是一张实实在在的纸质凭证，下面是在中国上市的第一家公司飞乐音响的股票。

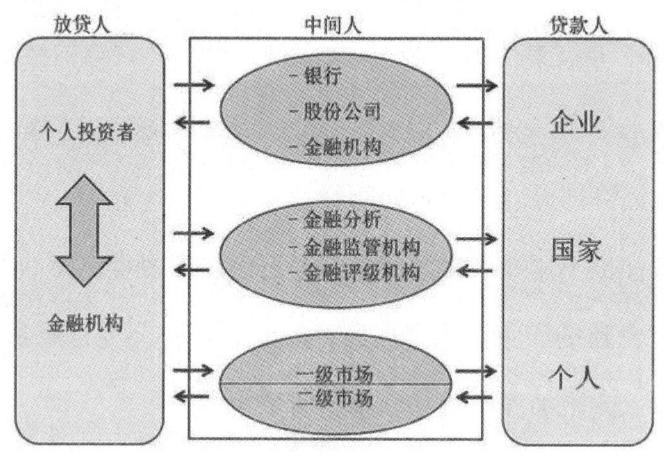

[3] 债券：是政府、金融机构、工商企业等机构直接向社会借债筹措资金时，向投资者发行，承诺按一定利率支付利息并按约定条件偿还本金的债权债务凭证，具有如下特征：偿还性，流通性，安全性，收益性。

最早的债券形式是在奴隶时代产生的公债券。封建社会之后，公债进一步地发展，许多封建主、帝王遇到财政困难特别是发生战争时便发行公债。1600 年设立的东印度公司是历史上最古老的股份公司，它除了发行股票之外，还发行了短期债券并进行买卖交易。19 世纪末到 20 世纪，欧美资本主义各国相继进入垄断阶段，为确保原料来源及产品市场、建立和巩固殖民统治、加速资本的聚集和集中，股份公司发行大量的公司债，并不断创造出新的债券种类，这便组建成了今日多品种、多样化的债券体系。一张债券主要由期限、面值、价格、利率和偿还方式等组成。

[4] 可转换证券：是一种其持有人有权将其转换成为另一种不同性质的证券，主要包括可转换公司债券和可转换优先股。对发行者而言，有节约发行成本、降低筹集资金的成本、吸引机构投资者的意义。对于投资者而言，则保证其在一定范围内规避风险但又不回避收益的选择权。

[5] 权证：是指标的证券发行人或其以外的第三人发行的，约定持有人在规定期间内或特定到期日，有权按约定价格向发行人购买或出售标的证券，或以现金结算方式收取结算差价的有价证券。现在 A 股暂时停止了个股的权证交易，因为当时中国的资本市场不够完善，个人投资者居多，另外权证品种少，导致个别品种被过度炒作，严重影响了资本市场的风险管理。不过这一块将来迟早是要重新放开的，因为它也是成熟资本市场中不可或缺的金融工具。我有一本书《跳入权证与期货（心理）2.0》是专门讲我过去权证交易心得的，有兴趣的朋友可以读一读，为将来做个准备。

[6] 认购权证：发行人发行的，约定持有人在规定期间内或特定到期日，有权按约定价格向发行人购买标的证券的有价证券。

02 月 13 日正股与权证 数据

名称	成交	幅度%	5 日幅度%	10 日幅度%	20 日幅度%
上证指数	4490.721	-2.37	1.65	-4.51	-17.39
五粮 YGC1	41.092	-2.90	-2.43	-9.79	-13.91
五 粮 液	38.080	-3.03	-2.41	-10.38	-15.11
钢钒 GFC1	8.410	-1.87	3.27	-1.06	-21.03
攀钢钢钒	11.530	-2.70	3.22	-2.45	-17.05
深发 SFC2	22.581	-1.20	6.78	3.58	-16.64
深发展 A	36.380	-2.47	7.16	-3.71	-11.51
国安 GAC1	10.500	1.49	3.78	9.38	-13.05
中信国安	36.600	-1.08	2.58	-6.27	-12.86
马钢 CWB1	5.070	-1.38	3.87	1.79	-20.41
马钢股份	8.980	-2.81	7.03	1.81	-18.44
云化 CWB1	36.273	0.98	0.81	15.84	-2.08
云天化	61.070	-1.34	4.59	7.18	3.07
武钢 CWB1	8.513	-2.08	13.16	4.98	-1.47
武钢股份	20.070	-4.84	10.03	-2.48	-7.00
深高 CWB1	6.774	3.11	2.81	8.54	-9.47
深高速	11.290	1.16	2.26	-1.66	-14.47
日照 CWB1	8.640	3.81	4.40	21.96	4.58
日照港	16.630	2.78	1.90	2.97	-7.46
上汽 CWB1	9.477	-0.09	-2.46	3.83	-26.94
上海汽车	21.080	-2.04	-0.85	-4.87	-23.07
南航 JTP1	0.635	35.11	5.48	76.88	12.39

[7] 认沽权证：发行人发行的，约定持有人在规定期间内或特定到期日，有权按约定价格向发行人出售标的证券的有价证券。到期可得到的回报 =（行权价 + 权证结算价格）× 行权比例。

认购权证和认沽权证的特点见下表：

	认购权证	认沽权证
持有人的权利	持有人有权利（而非义务）在某段期间内以预先约定的价格向发行人购买特定数量的标的证券	持有人有权利（而非义务）在某段期间内以预先约定的价格向发行人出售特定数量的标的证券
到期可得的回报	（权证结算价格−行权价）× 行权比例 未考虑行权有关费用	（行权价+权证结算价格）× 行权比例 未考虑行权有关费用

权证和期权不同，其概念、相同点、不同点有以下几点：

权证：对于买方而言，在支付权利金购买后，有权利（而非义务）根据合约内容在某一特定期间（或特定时点），按约定价格向权证的发行人买入或卖出指定数量的标的股票。

期权：对于买方，在支付权利金购买后，有权利根据合约内容，在规定时间（到期日），按协议价格（行权价格）向期权合约的卖方买入或卖出指定数量的标的股票。

相同点：都是需要支付一定的权利金，有权在规定时间按约定价格买入或者卖出股票。

不同点 1：买卖双方是不一样的。期权交易是不同投资者之间的交易，比如程大叔买入了 X 公司的认购期权，那卖出这份期权的是普通投资者。对于权证来说的话，如果程大叔买入了 X 公司的权证，那卖出这个权证的是 X 公司自己或者是它委托的证券公司。

不同点 2：期权交易比权证有更灵活的交易方式。我们可以买入认购期权也可以卖出认购期权，可以买入认沽期权也可以卖出认沽期权，多头空头随你选。但权证就不行，普通投资者只能买入权证，不能卖出权证。

不同点 3：期权合约是标准化合约。对于投资者买入的 X 公司股票的期权合约来说，合约中的行权价格、标的物、到期时间等都是市场统一规定好的。而权证则不一样，它是一个非标准化的合约，合约中的行权价格、标的物、到期时间等都是发行者决定的。

[8] 证券投资基金：是指通过公开发售基金份额募集资金，由基金托管人托管，由基金管理人管理和运作资金，为基金份额持有人的利益，以资产组合方式进行证券投资的一种利益共享、风险共担的集合投资方式。按基金的组织方式可分为公司型基金和契约型基金；从基金的交易方式可分为封闭型基金和开放型基金。

证券投资基金与股票、债券的区别：

a. 反映的经济关系不同。股票反映的是所有权关系，债券反映的是债权债务关系，而基金反映的则是信托关系，但公司型基金除外。

b. 筹集资金的投向不同。股票和债券是直接投资工具，筹集的资金主要投向实业，而基金是间接投资工具，筹集的资金主要投向有价证券等金融工具。

c. 风险水平不同。股票的直接收益取决于发行公司的经营效益，不确定性强，投资于股票有较大的风险。债券的直接收益取决于债券利率，而债券利率一般是事先确定的，投资风险较小。基金主要投资于有价证券，投资选择灵活多样，从而使基金的收益有可能高于债券，投资风险又可能小于股票。因此，基金能满足那些不能或不宜直接参与股票、债券投资的个人或机构的需要。

[9] 开放式基金：是指基金规模不是固定不变，基金发起人可根据市场的供求情况，随时可以向投资者出售基金单位或股份，并可以

按照投资者的要求赎回发行在外的基金单位或股份的一种基金运作方式。开放式基金一般 不上市交易，它既可以由基金公司直销；也可以由基金公司的代理机构，如商业银行或证券营业部等代销；还可以通过基金公司的网站在网上进行申购和赎回，而且费用还可以优惠，其规模不固定，基金单位可随时向投资者出售，也可应投资者要求买回。根据交易方式的不同，可分为上市交易型开放基金和契约型开放式基金。根据投资标的不同，开放式基金可分为股票基金、债券基金、混合基金、货币市场基金、期货基金、期权基金、认股权证基金等。根据投资风格不一致，可分为成长型基金、收入型基金和平衡型基金。

开放式基金　筛选条件　基金类型 ▾　产品类型 ▾　投资风格 ▾　基金公司(全部) ▾　基金份额 ▾　成立日期 ▾

	代码	名称	最新日期	最新净值	累计净值	涨幅%	基金类型	产品类型	投资风格	状态
1	000001	华夏成长	20190322	1.1280	3.5390	-0.27	开放式	混合型	偏股混合型	正常开放
2	000003	中海可转债A	20190322	0.7840	0.9940	0.00	开放式	债券型	二级债基	正常开放
3	000004	中海可转债C	20190322	0.7840	0.9940	0.00	开放式	债券型	二级债基	正常开放
4	000005	嘉实增强信用	20190322	1.0570	0.0000	0.00	开放式	债券型	长期纯债型	正常开放
5	000006	西部利得量化成长	20190322	1.0000	1.0000	0.00	开放式	混合型	偏股混合型	暂停申赎
6	000007	鹏华国企债	20180807	1.1477	1.1565	0.02	开放式	债券型	二级债基	暂停赎回
7	000008	嘉实500ETF联接	20190322	1.4981	1.5641	0.54	开放式	基金型	基金型	停止交易
8	000011	华夏大盘	20190322	13.3740	17.6540	0.53	开放式	混合型	偏股混合型	正常开放
9	000014	华夏聚利债券	20190322	1.2530	1.2530	0.08	开放式	债券型	一级债基	正常开放
10	000015	华夏纯债A	20190322	1.2080	1.2940	0.00	开放式	债券型	长期纯债型	暂停大额申购
11	000016	华夏纯债C	20190322	1.1770	1.2620	0.00	开放式	债券型	长期纯债型	暂停大额申购
12	000017	财通可持续混合	20190322	1.5220	2.3640	-0.13	开放式	混合型	偏股混合型	正常开放
13	000020	景顺品质	20190322	1.9490	2.1170	-0.56	开放式	混合型	偏股混合型	正常开放
14	000021	华夏优势增长混合	20190322	1.6390	2.8090	0.00	开放式	混合型	偏股混合型	正常开放
15	000022	南方中票A	20180425	1.1679	1.1679	-0.02	开放式	债券型	债券指数型	停止交易
16	000023	南方中票C	20180425	1.1533	1.1533	-0.02	开放式	债券型	债券指数型	停止交易
17	000024	大摩双利A	20190322	1.1690	1.4330	0.00	开放式	债券型	长期纯债型	正常开放
18	000025	大摩双利C	20190322	1.1520	1.4160	0.00	开放式	债券型	长期纯债型	正常开放
19	000026	泰达信用合利A	20181113	0.9760	1.3020	0.00	封闭基金	债券型	长期纯债型	停止交易
20	000027	泰达信用合利B	20181113	0.9740	1.2860	0.00	封闭基金	债券型	长期纯债型	停止交易

[10] 封闭式基金：是指基金发行总额和发行期在设立时已确

定，在发行完毕后的规定期限内发行总额固定不变，在基金上市后投资者可以通过证券市场转让、买卖基金单位的一种证券投资基金。封闭式基金的投资者在基金存续期间内不能向发行机构赎回基金份额，基金份额的变现必须通过证券交易场所上市交易。

开放式基金与封闭式基金的区别：

a. 基金期限和规模不固定。

封闭式基金有固定的存续期（中国为不少于 5 年），期间基金规模固定；开放式基金无固定存续期，规模因投资者的申购、赎回可以随时变动。

b. 不上市交易。

封闭式基金在证券交易场所上市交易，而开放式基金在销售机构的营业场所申购及赎回，不上市交易。

c. 价格由净值决定。

封闭式基金的交易价格主要受市场供求关系的影响，往往低于基金资产净值；而开放式基金的申购、赎回价格则以每日公布的基金单位资产净值加、减一定的手续费计算，因此能一目了然地反映其投资价值。

d. 管理要求高。

开放式基金随时面临赎回压力，须更注重流动性等风险管理，要求基金管理人具有更高的投资管理水平。

[11] 一级市场：指股票的初级市场也即发行市场，在这个市场上投资者可以认购公司发行的股票。股票一级市场的发行方式按照发行与认购的方式可分为公开发行与非公开发行。公开发行又称公募，是指事先不确定特定的发行对象，而是向社会广大投资者公开推销股票。非公开发行又叫私募，是指发行公司只对特定的发行对象推销股票。非公开发行方式主要在以下几种情况下采用：以发起方式设立公司；内部配股；私人配股，又称第三者分摊。

[12] IPO：全称 Initial Public Offering（首次公开募股），指某公司（股份有限公司或有限责任公司）首次向社会公众公开招股的发行方式。按照依法行政、公开透明、集体决策、分工制衡的要求，IPO 的审核工作流程分为受理、见面会、问核、反馈会、预先披露、初审会、发审会、封卷、会后事项、核准发行等主要环节，分别由不同处室负责，相互配合、相互制约。对每一个发行人的审核决定均通过会议以集体讨论的方式提出意见，避免个人决断。在我国证券市场上，主板和中小企业板两板块上市条件基本相同，挂牌交易场所的不同主要取决于发行股本规模等因素；主板和中小板主要适合具有稳定业绩的成熟企业。创业板的上市条件低于主板和中小企业板，主要针对高成长性的中小型高科技企业。

主板、中小板、创业板上市条件对比

条件＼板块		主板	中小板	创业板
名词解释		指沪深交易所的主板	全称中小企业板。是从深交所的主板市场中单独设立一个板块。上市条件与主板完全相同。以“小盘”为最突出的特征，流通盘约为1亿以下	于2009年在深交所启动，相对于主板，创业板的上市条件门槛较低
主体资格	主体类型	依法设立且合法存续的股份有限公司	同主板	依法设立且合法存续的股份有限公司
	经营年限	持续经营三年以上	同主板	同主板
	主营业务	最近三年内没有发生重大变化	同主板	应当主要经营一种业务，最近两年内没有发生重大变化
	董事、高级管理人员	最近三年内没有发生重大变化	同主板	最近两年内没有发生重大变化
	实际控制人	最近三年内没有发生变更	同主板	最近两年内没有发生变更
财务与会计	净利润	最近3个会计年度净利润均为正数且累计超过人民币3000万元	同主板	最近两年连续盈利，最近两年净利润累计不少于1000万元；或者最近一年盈利，最近一年营业收入不少于5000万元
	收入	最近3个会计年度经营活动产生的现金流量净额累计超过人民币50000万元；或者最近3个会计年度营业收入累计超过人民币3亿元	同主板	
	股本总额	发行前股本总额不少于人民币3000万元	同主板	发行后股本总额不少于3000万元
	资产	最近一期末无形资产（扣除土地使用权、水面养殖权和采矿权等后）占净资产的比例不高于20%	同主板	最近一期末净资产不少于2000万元
	其他	最近一期末不存在未弥补亏损	同主板	最近一期末不存在未弥补亏损

[13] 发行价：当股票上市发行时，上市公司从公司自身利益及确保股票上市成功等角度出发，对上市的股票不按面值发行，而制订一个较为合理的价格来发行，这个价格就称为股票的发行价。

股票面值和发行价的区别：

股票票面价值又称“股票票值”“票面价格”，是股份公司在所发行的股票票面上标明的票面金额，它以元 / 股为单位，其作用是用来表明每一张股票所包含的资本数额。

股票发行价格是指发行公司将股票出售给投资人时的价格。股票发行价格的确定对发行人是至关重要的。发行价格越高，公司的发行收入就越高，发行成本也相应降低。

但发行价格定得太高，可能会使投资人望而生畏，导致发行失败；但发行价格过低也不行，这将无法满足发行人的资金需求，并损害原有股东的利益。

[14] 溢价发行：指新上市公司以高于面值的价格办理公开发行或已上市公司以高于面值的价格办理现金增资。

高出票面金额多少，则由发行人与承销的证券公司协商确定，报国务院证券监督管理机构核准，这种决定股票发行价格的体制，就是发挥市场作用，由市场决定价格，但是受证券监管机构的监督。在股票发行价格中，溢价发行或者等价发行都是允许的。

[15] 折价发行：指以低于面前的价格发行。这种发行方式是不被允许的，因为会使公司实有资本少于公司应有资本，致使公司资本中存在着虚数不符合公司资本充实原则；另一方面，公司以低于票面金额的价格发行股票，实际上就意味着公司对债权人有负债行为，不利于保护债权人的利益。

[16] 二级市场：指流通市场，是已发行股票进行买卖、转让和流通等交易的场所。简单来说，企业在未完成证券化，未完全进入标准化的市场流通之前所处于市场范畴为一级市场，常见的股权方面参与机构有私募基金、投资银行等；而企业在完成证券化，进入证券交易市场中流通交易的市场环节为二级市场，常见的交易标的有股票、债券、公募基金等。

[17] A 股：正式名称是人民币普通股票。它是由我国境内公司发行，供境内机构、组织或个人（从 2013 年 4 月 1 日起，境内、港、澳、台居民可开立 A 股账户）以人民币认购和交易的普通股股票。A 股不是实物股票，以无纸化电子记账，实行“T+1”交割制度，有涨跌幅（10%）限制。

[18] B 股：正式名称是人民币特种股票。它是以人民币标明面值，以外币认购和买卖，在中国境内（上海、深圳）证券交易所上市交易的外资股。B 股公司的注册地和上市地都在境内。

	代码	名称		涨幅%	现价	涨跌	买价	卖价	总量	现量	涨速%
1	000001	平安银行	R	-3.81	12.11	-0.48	12.11	12.12	118.0万	17908	-0.15
2	000002	万科A	R	-3.53	28.16	-1.03	28.16	28.17	485412	3870	0.00
3	000004	国农科技		10.00	21.67	1.97	21.67	—	46226	44	0.00
4	000005	世纪星源		1.03	3.93	0.04	3.93	3.94	394617	5299	0.00
5	000006	深振业A	R	0.88	6.84	0.06	6.84	6.85	556422	4933	-0.28
6	000007	全新好		-3.75	7.69	-0.30	7.68	7.69	125872	1610	0.13
7	000008	神州高铁	R	-3.23	4.50	-0.15	4.50	4.51	627614	5153	0.00
8	000009	中国宝安	R	-4.50	7.22	-0.34	7.22	7.23	100.7万	8005	0.00
9	000010	美丽生态		-3.05	3.81	-0.12	3.81	3.82	75913	962	-0.25
10	000011	深物业A		1.17	12.07	0.14	12.06	12.07	239519	1538	0.00
11	000012	南玻A	R	-2.80	5.56	-0.16	5.55	5.56	241816	1800	0.18
12	000014	沙河股份		0.08	12.08	0.01	12.08	12.09	205494	2012	0.17
13	000016	深康佳A		-2.43	5.63	-0.14	5.62	5.63	512338	8781	0.00
14	000017	深中华A		4.78	5.92	0.27	5.92	5.93	362404	5598	0.00
15	000018	神州长城		-3.65	2.90	-0.11	2.90	2.91	371059	19062	-0.33
16	000019	深粮控股		0.11	8.72	0.01	8.72	8.73	171654	1759	0.00
17	000020	深华发A		10.04	14.25	1.30	14.25	—	96094	103	0.00
18	000021	深科技		7.94	10.87	0.80	10.86	10.87	164.1万	29114	-1.89
19	000023	深天地A		1.87	16.35	0.30	16.34	16.35	80913	837	0.00
20	000025	特力A		1.78	33.65	0.59	33.65	33.66	80469	1206	-0.32

[19] H 股：注册地在内地、上市地在香港的外资股。H 股为实物股票，实行“T+0”交割制度，无涨跌幅限制。中国大陆地区只有机构投资者可以投资 H 股，大陆地区个人投资者目前尚不能直接投资 H 股。

[20] S 股：沪深证券交易所 2006 年 10 月 9 日起一次性调整有关 A 股股票的证券简称。其中，1014 家 G 公司取消“G”标记，恢复股改方案实施前的股票简称；其余 276 家未进行股改或已进行股改但尚未实施的公司，其简称前被冠以“S”标记，以提示投资者。此标记从 2006 年 10 月 9 日起启用，日涨跌幅仍为上下 10%（ST 股为 5%）。从 2007 年 1 月 8 日起，日涨跌幅调整为上下 5%。

	代码	名称	涨幅%	现价	涨跌	买价	卖价	总量	现量	涨速%
1	200011	深物业B	-0.52	5.74	-0.03	5.68	5.74	5060	8	0.70
2	200012	南玻B	-2.27	3.02	-0.07	3.01	3.02	11290	208	0.00
3	200016	深康佳B	-2.04	2.88	-0.06	2.88	2.89	15205	336	-0.34
4	200017	深中华B	1.82	2.24	0.04	2.24	2.25	11539	73	0.00
5	200018	神州B	-2.03	1.45	-0.03	1.45	1.46	8599	10	-0.67
6	200019	深粮B	-0.71	4.17	-0.03	4.15	4.17	1093	1	0.48
7	200020	深华发B	4.15	5.27	0.21	5.26	5.27	4051	92	0.96
8	200025	特力B	-0.23	8.81	-0.02	8.81	8.84	1577	25	0.11
9	200026	飞亚达B	-0.19	5.34	-0.01	5.34	5.37	3390	17	0.00
10	200028	一致B	-1.65	30.37	-0.51	30.37	30.56	669	7	0.00
11	200029	深深房B	–	–	–	停牌	–	0	0	–
12	200030	富奥B	-1.06	3.72	-0.04	3.72	3.75	1599	1	0.00
13	200037	深南电B	4.08	5.10	0.20	5.10	5.11	31070	116	0.39
14	200045	深纺织B	3.70	4.76	0.17	4.75	4.76	6056	173	-0.82
15	200054	建车B	-2.22	7.91	-0.18	7.91	7.92	650	6	-0.12
16	200055	方大B	1.16	4.35	0.05	4.33	4.35	24508	304	-0.45
17	200056	皇庭B	-0.35	2.85	-0.01	2.83	2.85	3689	21	0.71
18	200058	深赛格B	-2.58	3.02	-0.08	3.03	3.04	6973	2	-0.32
19	200152	山航B	-6.40	11.84	-0.81	11.84	11.85	13265	73	0.00
20	200160	东沣B	0.71	1.42	0.01	1.41	1.42	9312	2	0.00

[21] T 股票：ST 板块股就是指在沪深股市上挂牌的股票，通常被称作带帽。它们因经营亏损或其他异常情况，中国证监会为了提醒股民注意特别处理的股票。ST 的股票涨跌幅限制会缩小为 ± 5%，另外创业板没有 ST 的概念。

学习延伸突破小细节

过去 A 股有炒作 ST 股票的疯狂历史。个股被 ST 后通常短期会有大幅下跌，甚至连续一字跌停，这样就导致个股单价会很低，给人一种很便宜的错觉。另外，以前上市的时间周期跨度很长，很多公司急于上市会选择收购或换股等方式借壳上市，这样反而导致一些ST的公司充满了重组的希望，吸引到散户投资者进场赌博。科创板注册制的推行未来将极大地改变这一不合理现象。

指	代码	名称	涨幅%	现价	最高	涨跌	涨速%
1	000048	*ST康达	-0.40	19.99	20.13	-0.08	-0.39
2	000409	*ST地矿	5.03	5.22	5.22	0.25	1.75
3	000422	*ST宜化	0.00	4.12	4.23	0.00	0.24
4	000585	*ST东电	4.83	3.04	3.05	0.14	0.33
5	000655	*ST金岭	-0.19	5.24	5.26	-0.01	0.00
6	000707	*ST双环	1.03	3.91	3.93	0.04	0.77
7	000720	*ST新能	5.09	5.37	5.37	0.26	0.19
8	000737	*ST南风	3.39	4.58	4.60	0.15	1.33
9	000816	*ST慧业	-1.92	2.56	2.58	-0.05	0.39
10	000893	*ST东凌	-3.23	4.79	4.93	-0.16	0.00
11	000912	*ST天化	-1.16	5.95	5.99	-0.07	0.34
12	000939	*ST凯迪	-0.80	1.24	1.25	-0.01	0.00
13	000953	*ST河化	0.00	4.21	4.25	0.00	-0.46
14	000972	ST中基	0.53	3.76	3.82	0.02	0.00
15	000982	*ST 中绒	1.39	1.46	1.46	0.02	0.00
16	000995	*ST皇台	4.94	4.89	4.89	0.23	0.00
17	002018	*ST华信	-0.76	1.30	1.31	-0.01	0.78
18	002086	ST东海洋	3.06	5.05	5.05	0.15	0.40
19	002102	ST冠福	0.48	2.08	2.09	0.01	0.00
20	002122	*ST天马	5.07	3.11	3.11	0.15	0.00

[22] 蓝筹股：是指资本雄厚，股本和市值较大的信誉优良的上市公司发行的股票。上证50指数的成分股即为鲜明代表。

[23] 红筹股：是指香港和国际投资者把在境外注册、在香港上市的那些带有中国大陆概念的股票。

[24] 绩优股：是指过去几年业绩和盈余较佳，展望未来几年仍可看好，只是不会再有高度成长的可能的股票。该行业远景尚佳，投资报酬率也能维持一定的高水平。

[25] 垃圾股：指的是业绩较差的公司的股票。这类中公司或者由于行业前景不好，或者由于经营不善等，有的甚至进入亏损行列。其股票在市场上的表现萎靡不振，股价走低，交投不活跃，年终分红也差。

[26] 成长股：指经营各方面未来能够保持高增长的公司股票，它们通常集中在新兴产业中。成长股的股价会跟随公司本身的增长呈不断上涨的趋势。牛散大学堂的投资理念立足根本就在这里，十二字真经“成长为王、引爆为辅、博弈融合”以“成长为王”当首。我们可以通过股威宇宙的系列书籍来学习和感悟这一投资真理。

[27] 冷门股：是指交易量小，流通性差，价格变动小的股票。

[28] 龙头股：指的是某一时期在股票市场的炒作中对同行业板块的其他股票具有影响和号召力的股票，它的涨跌往往对其他同行业板块股票的涨跌起引导和示范作用。龙头股并不是一成不变的，它的地位往往只能维持一段时间。

[29] 国家股：是指有权代表国家投资的部门或机构（国资委）以国有资产向公司投资形成的股份，包括公司现有国有资产折算成的股份。它是国有股权的一个组成部分。

[30] 法人股：是指企业法人或具有法人资格的事业单位和社会团体，以其依法可支配的资产投入公司形成的非上市流通的股份。

[31] 公众股：是指社会公众依法以其拥有的财产投入公司时形成的可上市流通的股份。

[32] 基本面：包括宏观经济运行态势和上市公司基本情况。宏观经济运行态势反映出上市公司整体经营业绩，也为上市公司进一步的发展确定了背景，因此宏观经济与上市公司及相应的股票价格有密切的关系。上市公司的基本面包括财务状况、盈利状况、市场占有率、经营管理体制、人才构成等各个方面。获取基本面基础信息最直接也是最常用的便是透过 F10 栏目。之所以叫 F10，是因为在行情软件上要打开基本面信息，一般按键盘上的 F10 按钮便可。不同的行情软件 F10 栏目的子栏目大同小异，但基本包括了下面图片上的 16 个子栏目，为了方便大家快速认知它们的作用，我们还做了相应的比喻或注解。

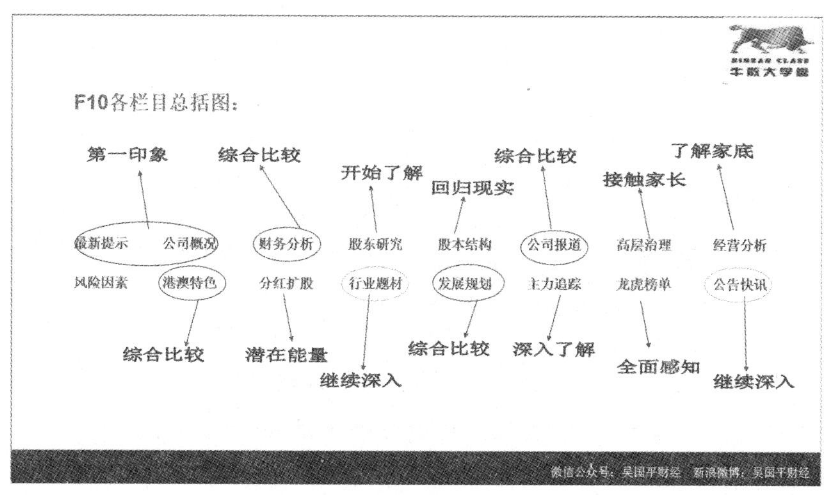

[33] 技术面：指反映价格变化的技术指标、走势形态以及 K 线组合等。技术分析有三个前提假设：

a. 市场行为包容一切信息。

b. 价格变化有一定的趋势或规律。

c. 历史会重演。

由于认为市场行为包括了所有信息，那么对于宏观面、政策面等因素都可以忽略，而认为价格变化具有规律和历史会重演，就使得以历史交易数据判断未来趋势变得简单了。本书的第二堂课会着重讲解常见的 K 线组合和形态，

[34] 牛市：也称多头市场，指市场行情普通看涨，延续时间较长的大升市。A 股市场共出现过 5 次指数翻番的牛市行情，其中 2 次牛市运行 1 年时间，3 次牛市运行 2 年时间。

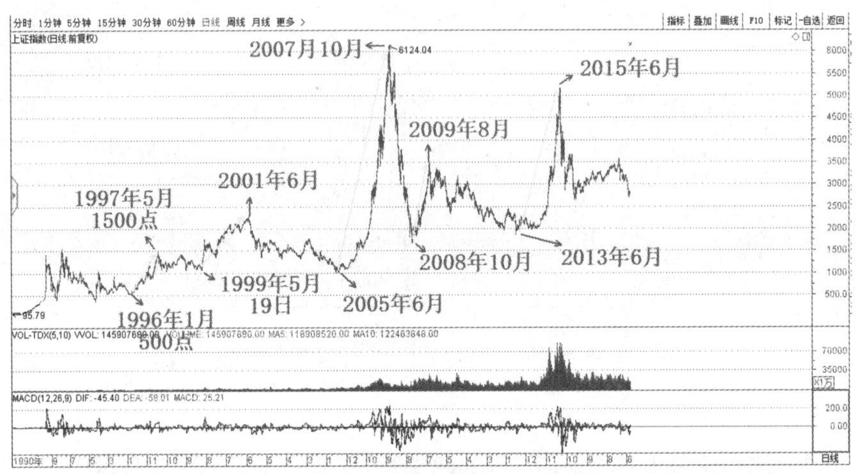

[35] 熊市：也称空头市场，指行情普通看淡，延续时间相对较长的大跌市。从统计情况上来看，从 1996 年开始 A 股市场共出现过 4 次熊市行情，其中 1 次熊市运行 1 年时间，2 次熊市运行 4 年时间，1 次熊市运行 2 年时间。也就是说，A 股熊市最短 1 年，最长不过 4 年。

当然这不是绝对的和一成不变的，很多经验亦是如此，我们需要多观察和总结，不断更新认知才能避免落后。通常来讲，熊市时间越长，牛市的高度也会更高。这不难理解，筹码沉淀时间越长，筹码结构越是牢固，爆发力也就越强。

[36] 牛皮市：指在所考察交易日里，证券价格上升、下降的幅度很小，价格变化不大，市价像被钉住了似的，如牛皮之坚韧。在牛皮市里，很多技术指标都会失效，比如常用的 MACD 指标，它

在牛皮市或者震荡市中就会反复纠缠，参考意义就不大了。

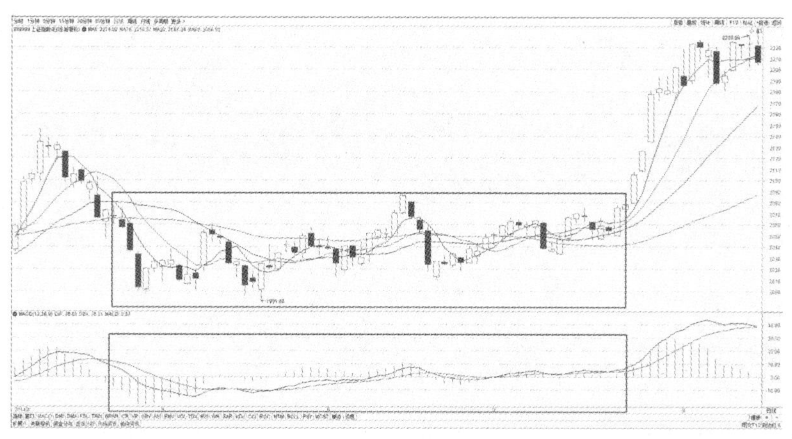

[37] 集合竞价：就是在当天还没有成交价的时候，根据前一天的收盘价和对当日股市的预测来输入股票价格，而在这段时间里输入计算机主机的所有价格都是平等的，不需要按照时间优先和价格优先的原则交易，而是按最大成交量的原则来定出股票的价位。这个价位就被称为集合竞价的价位，而这个过程被称为集合竞价。

目前沪深两市集合竞价在开盘前 15 分钟和收盘前最后 3 分钟进行，在实际操作中值得注意的是，早盘的 15 分钟竞价（9:15–9:30），其中 9:15–9:20 既可以挂单也可以撤单，不会成交。9:20–9:25 只可以挂单，不能够撤单，9:25–9:30 既不可以挂单，也不可以撤单。我们可以透过集合竞价解读出很多的信息，这个以后有机会再讲。

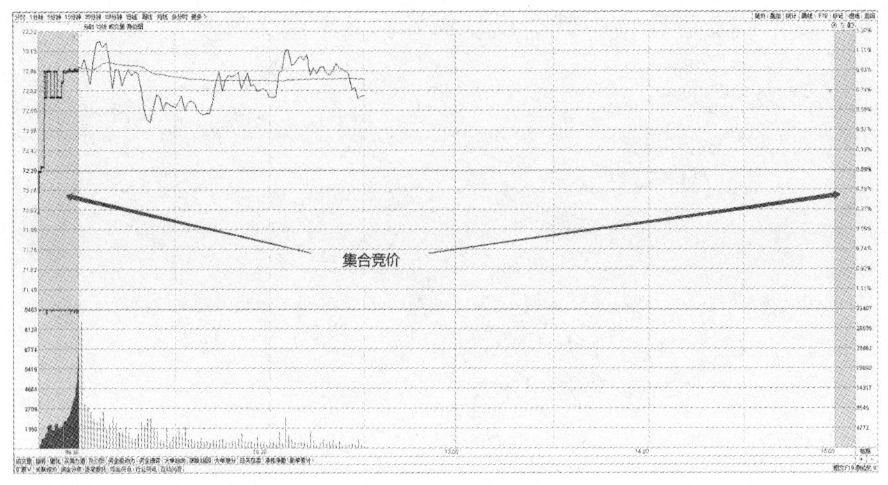

[38] 连续竞价：所谓连续竞价，即是指对申报的每一笔买卖委托。

[39] 零股交易：不到一个成交单位（1 手 =100 股）的股票，如 1 股、10 股，称为零股。在卖出股票时，可以用零股进行委托；但买进股票时不能以零股进行委托，最小单位是 1 手，即 100 股。

[40] 涨跌幅限制：涨跌幅限制是指在一个交易日内，除上市首日证券外，证券的交易价格相对上一交易日收市价格的涨跌幅度不得超过 10%；超过涨跌限价的委托为无效委托。

[41] 涨停板：证券市场中交易当天股价的最高限度称为涨停板，涨停板时的股价叫涨停板价。

[42] 跌停板：证券交易当天股价的最低限度称为跌停板，跌停板时的股价称跌停板价。

[43] 托管：托管是在托管券商制度下，投资者在一个或几个券商处以认购、买入、转换等方式委托这些券商管理自己的股份，并且只可以在这些券商处卖出自己的证券；券商为投资者提供证券买卖、分红派息自动到帐、证券与资金的查询、转托管等各项业务服务。

[44] 转托管：转托管是在托管券商制度下，投资者要将其托管股份从一个券商处转移到另一个券商处托管，就必须办理一定的手续，实现股份委托管理的转移，即所谓的转托管。

[45] 指定交易：指定交易指投资者可以指定某一证券营业部为自己买卖证券的唯一的交易营业部。

[46] 派息：股票前一日收盘价减去上市公司发放的股息称为派息。

[47] 含权：凡是有股票有权未送配的均称含权。

[48] 除权：除权是由于公司股本增加，每股股票所代表的企业实际价值（每股净资产）有所减少，需要在发生该事实之后从股票市场价格中剔除这部分因素，而形成的剔除行为。

[49] 填权：指除权后该股票价格出现上涨，将除权前后的价格落差部分完全补回的情形。

[50] 贴权：贴权是指在除权除息后的一段时间里，如果多数人不看好该股，交易市价低于除权（除息）基准价，即股价比除权除

息前有所下降，则为贴权。

[51] XR：证券名称前记上 XR，表示该股已除权，购买这样的股票后将不再享有分红的权利。当股票名称前出现 XR 的字样时，表明当日是这只股票的除权日。

[52] 除息：除息由于公司股东分配红利，每股股票所代表的企业实际价值（每股净资产）有所减少，需要在发生该事实之后从股票市场价格中剔除这部分因素，而形成的剔除行为。

[53] DR：证券代码前标上 DR，表示除权除息，购买这样的股票不再享有送股派息的权利。

[54] XD：证券代码前标上 XD，表示股票除息，购买这样的股票后将不再享有派息的权利。

[55] 配股：配股是上市公司根据公司发展的需要，依据有关规定和相应程序，旨在向原股东进一步发行新股、筹集资金的行为。

[56] 分红配股：分红即是上市公司对股东的投资回报；配股是上市公司按照公司发展的需要，根据有关规定和相应程序，向原股东增发新股，进一步筹集资金的行为。

[57] 送红股：送红股是上市公司将本年的利润留在公司里，发放股票作为红利，从而将利润转化为股本。

[58] 转增股本：转增股本是指公司将资本公积转化为股本，转

增股本并没有改变股东的权股益，但却增加了股本规模，因而客观结果与送红股相似。

[59] 股权登记日：上市公司在送股、配股和派息的时候，需要定出某一天，界定哪些股东可以参加分红或参与配股，定出的这一天就是股权登记日。

[60] 买壳上市：买壳上市是指一些非上市公司通过收购一些业绩较差、筹资能力弱化的上市公司，剥离被购公司资产，注入自己的资产，从而实现间接上市的目的。

[61] 大小非减持：非是指非流通股，由于股改使非流通股可以流通。持股低于 5% 的非流通股叫小非，大于 5% 的叫大非。非流通股可以流通后，他们就会抛出来套现，就叫减持。

[62] 估值：股票估值是使用一定的方法发现股票内在价值，并买入价值被低估的股票或卖出价值被高估的股票来获得投资收益的股票投资方法和理念。

[63] 价值回归：当股指或股票价格和其内在价值严重背离后，股指或股票价格降低至其内在价值的过程。

[64] QFII：合格境外机构投资者。

[65] DQII：合格境内机构投资者。

（2）技术分析部分

[66] K 线：又称为日本线，起源于日本。K 线是一条柱状的线条，由影线和实体组成。影线在实体上方的部分叫上影线，下方的部分叫下影线。实体分阳线和阴线两种，又称红（阳）线和黑（阴）线。一条 K 线的记录就是某一种股票一天的价格变动情况。

[67] 实体：当日收盘价与开盘价之差。收盘价大于开盘价叫做阳实体，收盘价小于开盘价叫做阴实体。一般情况下，出现阳实体说明买盘比较旺盛，推动股价向上攀升，出现阴实体说明卖盘踊跃，迫使股价节节走低。

[68] 阳线（红线）：在 K 线图中矩形长条叫实体，如果开盘价高于收盘价，则实体为阳线或红线。

[69] 阴线（黑线）：如果收盘价高于开盘价，则实体为阴线或黑线。

[70] 上影线：在 K 线图中，从实体向上延伸的细线叫上影线。在阳线中，它是当日最高价与收盘价之差；在阴线中，它是当日最高价与开盘价之差。

[71] 下影线：在 K 线图中，从实体向下延伸的细线叫下影线。在阳线中，它是当日开盘价与最低价之差；在阴线中，它是当日收盘价与最低价之差。

[72] 趋势：就是股票价格市场运动的方向。趋势的方向有三

个：上升方向、下降方向和水平方向。趋势的类型有主要趋势、次要趋势和短暂趋势三种。

[73] 趋势线：趋势线是用来衡量价格波动方向的直线，由趋势线的方向可以明确地看出股价的趋势。在上升趋势中，将两个低点连成一条直线，就得到上升趋势线。在下降趋势中，将两个高点连成一条直线，就得到下降趋势线。上升趋势线起支撑作用，下降趋势线起压力作用，也就是说，上升趋势线是支撑线的一种，下降趋势线是压力线的一种。

[74] 支撑线：又称为抵抗线。当股价跌到某个价位附近时，股价停止下跌甚至有可能回升，这是因为多方在此买入造成的。支撑线起阻止股价继续下跌的作用。这个起着阻止股价继续下跌的价位就是支撑线所在的位置。

[75] 压力线：又称为阻力线。当股价上涨到某个价位附近时，股价会停止上涨，甚至回落，这是因为空方在此抛出造成的。压力线起阻止股价继续上升的作用。这个起着阻止股价继续上升的价位就是压力线所在的位置。

[76] 轨道线：又称通道线或管道线，是基于趋势线的一种方法。在已经得到了趋势线后，通过第一个峰和谷可以做出这条趋势线的平行线，这条平行线就是轨道线。轨道的作用是限制股价的变

动范围，让它不能变得太离谱。一个轨道一旦得到确认，那么价格将在这个通道里变动。对上面的或下面的直线的突破将意味着有一个大的变化。

[77] 骗线：主力或大户利用市场心理，在趋势线上做手脚，使散户做出错误的决定。

（3）交易术语部分

[78] 筹码：投资人手中持有的一定数量的股票。

[79] 多头：预期未来价格上涨，以当下价格买入一定数量的股票，等价格上涨后，高价卖出，从而赚取差价利润的交易行为，特点为先买后卖的交易行为。

[80] 空头：预期未来价格下跌，将手中股票按当下价格卖出，待行情跌后买进，获利差价利润。其特点为先卖后买的交易行为。

[81] 利多：对于多头有利，能刺激股价上涨的各种政策和消息，如：银根放松，GDP 增长加速等。

[82] 利空：对空头有利，能促使股价下跌的政策和信息，如：利率上升，经济衰退，公司经营亏损等。

[83] 多头陷阱（诱多）：即为多头设置的陷阱，通常发生在指数或股价屡创新高，并迅速突破原来的指数区且达到新高点，随后迅速下跌，并跌破以前的支撑位，结果使在高位买进的投资者严重

被套。

[84] 空头陷阱（诱空）：通常出现在指数或股价从高位区以高成交量跌至一个新的低位区，并造成向下突破的假象，使恐慌性抛盘卖出后，迅速回升至原先的密集成交区，并向上突破原压力线，使在低点卖出者踏空。

[85] 跳空缺口与回补：是指相邻的两根 K 线间没有发生任何交易，由于突发消息的影响，或者投资者比较看好或看空时，股价在走势图上出现空白区域，这就是跳空缺口；在股价之后的走势中，将跳空的缺口补回，称之为补空。

[86] 反弹：在股市上，因股价下跌速度过快而反转回升到某一价位的调整现象称为反弹。

[87] 反转：股价往原来趋势的相反方向移动，分为向上反转和向下反转。

[88] 回档：在股市上，股价上涨速度过快而反转回跌到某一价位，这一调整现象称为回档。

[89] 回探：股指或股票价格在缓慢上升后，趋势发生改变，缓慢下跌到前期低点区域时，即为回探。

[90] 盘整：股价经过一段快速上升或下降后，因阻力或支撑，股价在有限幅度内波动，一般是指上下 5% 的幅度内的波动。

[91] 超买：股价持续上升到一定高度，买方力量基本用尽，股价即将下跌。

[92] 超卖：股价持续下跌到一定低点，卖方力量基本用尽，股价即将回升。

[93] 吃货：指庄家在低价时暗中买入股票。

[94] 出货：指庄家在高价时暗中卖出股票。

[95] 多翻空：原本打算买入股票的一方，看法改变，变为卖方。

[96] 空翻多：原本打算卖出股票的一方，看法改变，变为买方。

[97] 多杀多：普遍认为当天股价将上涨，买方抢着买入股票，然而股价却没有大幅上涨，无法高价卖出，等到交易快要结束时，竞相卖出，因而造成收盘时股价大幅下挫的情形。

[98] 满仓：所有闲置资金都买了股票。

[99] 半仓：闲置资金的一半买入股票。

[100] 空仓：手上没有股票，全都卖空了。

[101] 斩仓：把价格低于成本价的股票卖掉。

[102] 建仓：投资者开始买入看涨的股票。

[103] 补仓：把以前卖掉的股票再买回来，或在某只股票上再追买一些。

[104] 增仓：第一笔买入某股票称建仓，以后继续买入称增仓。

[105] 突破：指股价经过一段盘档时间后，产生的一种价格波动。

[106] 探底：股价一次或多次持续下跌至某价位时便止跌回升。

[107] 割肉：指高价买进股票后，持续下跌，为避免继续损失，低价赔本卖出股票。

[108] 追高：当股价处于较高位时，不断地买入股票。

[109] 逼空：指多头连续大幅上涨，逼迫空头高位追涨。

[110] 抛售：立刻卖出手中所有的股票。

[111] 离场：当下跌趋势形成时，预计未来一段时间不参与操作股票。

[112] 死多：看好股市前景，买进股票后，就算股价下跌，宁愿放上几年，不赚钱绝不脱手。

[113] 护盘：庄家为了保持股价稳定，投入资金购买市场上抛售的股票。

[114] 崩盘：证券市场上由于某种利空原因，证券被大量抛出，导致证券市场价格无限度下跌。

[115] 跳水：短时间内股价快速下跌。

[116] 抬拉：用非常方法将股价大幅度抬起。通常大户在抬拉吸引散户买入后，便大量抛出以牟取暴利。

[117] 打压：用非常方法将股价大幅度压低。通常大户打压，散户抛售股票后，便大量买进以牟取暴利。

[118] 洗盘：指庄家为降低拉升成本和阻力，拉升前先把股价大幅度杀低，回收散户恐慌抛售的股票，然后抬高股价获取价差利益的行为。

[119] 整理：股价经过大幅度迅速上涨或下跌后，遇到阻力线或支撑线，原先上涨或下跌趋势明显放慢，开始出现幅度为15%左右的上下波动，并持续一段时间。

[120] 获利盘和套牢盘：每一只股票都有获利盘和套牢盘，获利盘是指能够卖出赚钱的那部分股票，套牢盘就是买入的股票亏本。

[121] 放量缩量：它们是指股票的交易量，与以前的某段时间相比，放大了或是缩小了，称为放量、缩量。

[122] 止损：是指当某一投资出现的亏损达到预定数额时，及时斩仓出局，以避免形成更大的亏损。其目的就在于投资失误时把损失限定在较小的范围内。

[123] 利空出尽：在证券市场上，证券价格因各种不利消息的影响而下跌，跌到一定的程度，空方的力量开始减弱，投资者不再被这些利空的因素所影响，重新买入，证券价格开始反弹上升，这

种现象就被称作利空出尽。

[124] 强势调整：就是主力在洗盘，通过洗盘，将意志不坚定的获利盘和解套盘清洗出去，同时又抬高了市场成本，从而为主力扫清障碍和减轻上行压力。

[125] 惯性：处于涨势或者跌势的时候，其趋势一般会延续。

[126] 冲高回落：指股指或股价在一段时间内涨到一定位置后，趋势发生改变，形成下跌。

[127] 大幅振荡：指在较短时间内股指或股票价格在最高点与最低点不断变化，幅度大于 5%。

[128] 震荡调整：买方与卖方的力量相当，在某一价格附近上下波动，把价格尽力调整到它的价值，围绕着价值而上下波动、震荡。

[129] 背离：背离是指当股票或指数在下跌或上涨过程中，不断创新低（高），而一些技术指标不跟随创新低（高），称为背离。

[130] 钝化：当股票走势形成单边上涨（或下跌）时，技术指标产生死叉（或金叉）后，股价并不向相反方向运行，只是在高位（或低位）横盘，指标线有时会拧在一起，像绳子一样。这种情况被称为“钝化”。

[131] 震仓：震仓就是指主力明明想把股价做上去，但是由于有短线买家利用图表分析跟风持货，或收到该股票的小道消息入

货，而主力又不想让这些人白坐轿子白赚钱，于是明明想往上拉抬的，偏偏有意把股价打下去。多数短线炒家都是买涨不买跌，或追涨杀跌的，当股价出乎意料地向下跌，就会令多数短线跟风者斩仓离场，被主力震出来。也有人称此为洗盘。

[132] 套牢：预期股价上涨而买入股票，结果股价却下跌，又不甘心将股票卖出，被动等待获利时机的出现。

[133] 阴跌：指股价进一步退两步，缓慢下滑的情况，如阴雨连绵，长期不止。

[134] 做多动能：支持股价上涨的所有条件。

[135] 空仓观望：判断未来不易操作股票，即空仓观望。

（4）行情术语部分

[136] 日开盘价：日开盘价是指每个交易日的第一笔成交价格，这是传统的开盘价定义。目前中国市场采用集合竞价的方式产生开盘价。

[137] 日收盘价：日收盘价是指每个交易日的最后一笔成交价格。因为收盘价是当日行情的标准，又是下一个交易日开盘价的依据，可据以预测未来证券市场行情，所以投资者对行情分析时一般采用收盘价作为计算依据。

[138] 日最低价：指当天该股票成交价格中的最低价格。

[139] 日最高价：指当天该股票成交价格中的最高价格。

[140] 日成交额：指当天已成交股票的金额总数。

[141] 日成交量：指当天成交的股票数量。

[142] 总手：总手是到目前为止该股的总成交量（手数）。

[143] 现手：现手是刚成交的一笔交易的手数。

[144] 盘口：股票交易中，具体到个股买进与卖出 5 个挡位的交易信息。“盘口”是在股市交易过程中，看盘观察交易动向的俗称。

[145] 内盘：委托以买方成交的纳入“内盘”，成交价是买入价时成交的手数总和称为内盘。当外盘累计数量比内盘累计数量大很多，而股价也在上涨时，表明很多人在抢盘买入股票。

[146] 外盘：委托以卖方成交的纳入“外盘”，成交价是卖出价时成交的手数总和称为外盘。

[147] 量比：当日总成交手数与近期平均成交手数的比值。如果量比数值大于 1，表示这个时刻的成交总手量已经放大；若量比数值小于 1，表示这个时刻成交总手萎缩。

[148] 委比：委买手数和委卖手数之差与委买手数和委卖手之和的比例。

[149] 换手率：换手率是指在一定时间内市场中股票转手买卖

的频率，是反映股票流通性的指标之一。计算公式为：换手率 =（某一段时间内的成交量 / 流通股数）×100%。

[150] 光头大阳线：收盘价等于当日最高价的 K 线。

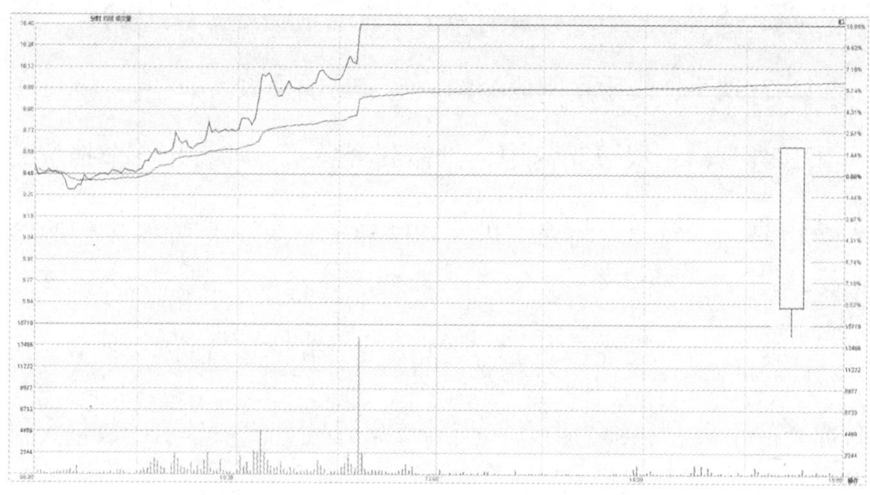

[151] 光脚大阴线：收盘价等于当日最低价的 K 线。

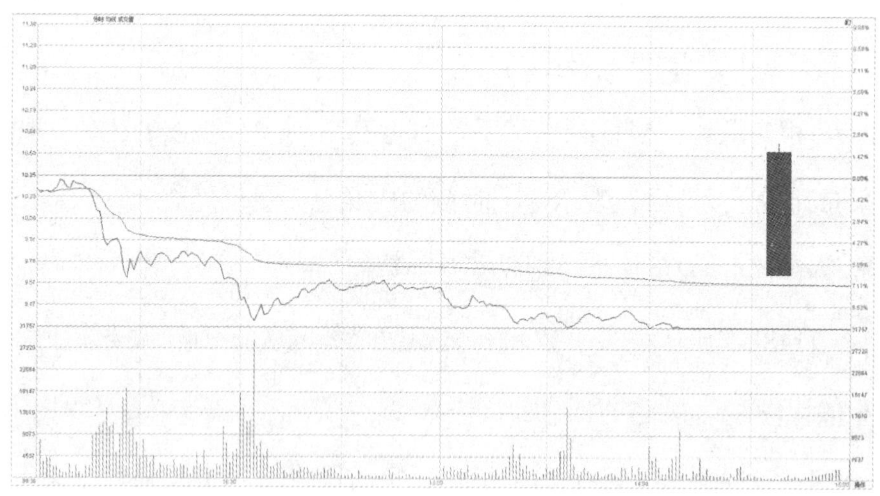

[152] 十字星：盘中股价有波动，但最终收盘价等于开盘价的K线。

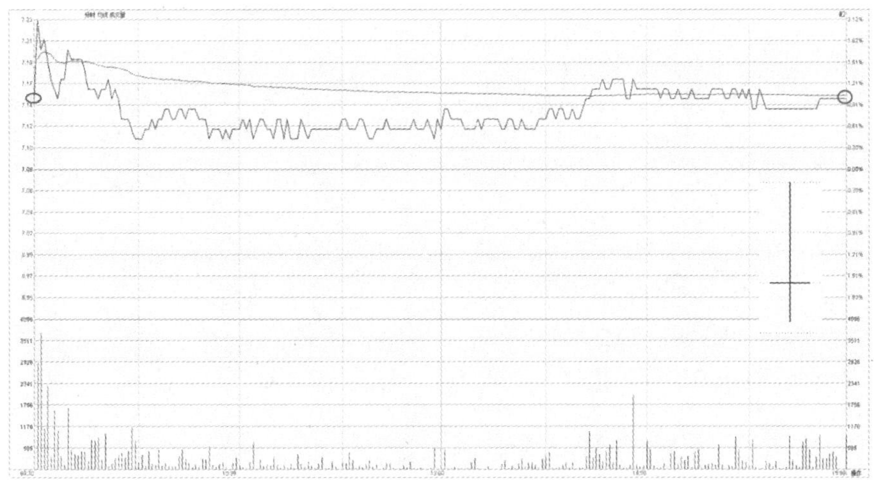

[153] 天地板：开盘价为涨停价，收盘价为跌停价的K线，仿佛从天堂走向了地狱。

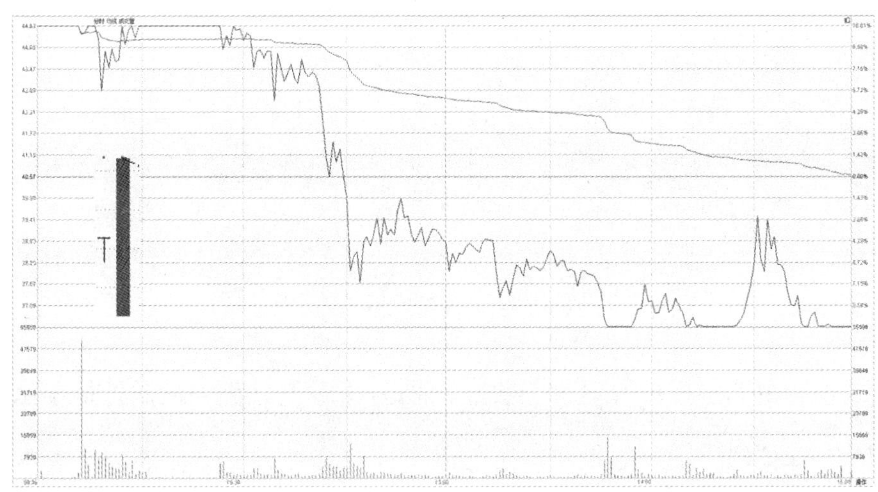

[154] 地天板：开盘价为跌停价，收盘价为涨停价的 K 线。

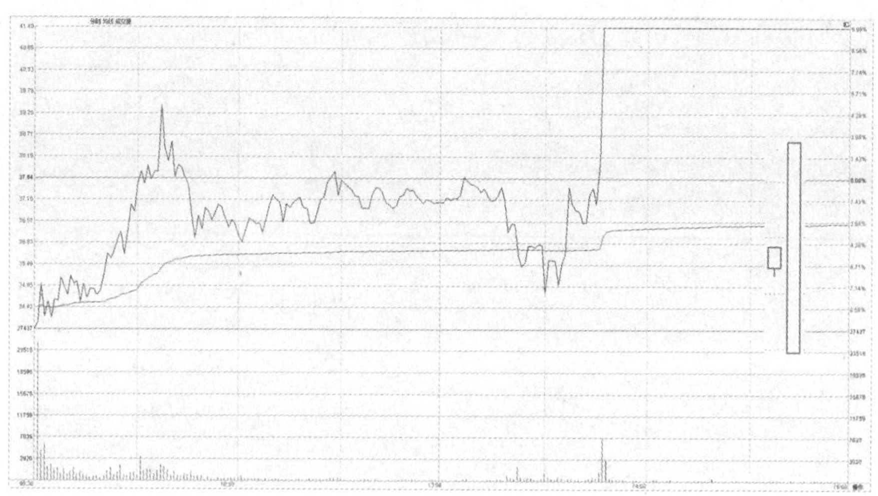

[155] 一字板：股价全天维持在涨停价的 K 线。

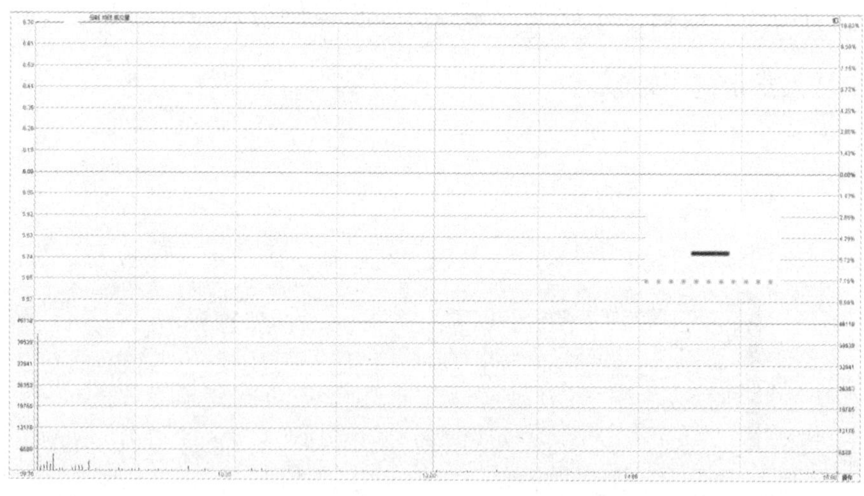

[156] T 字板：开盘价与收盘价均为涨停价，盘中最低价低于涨停价的 K 线。

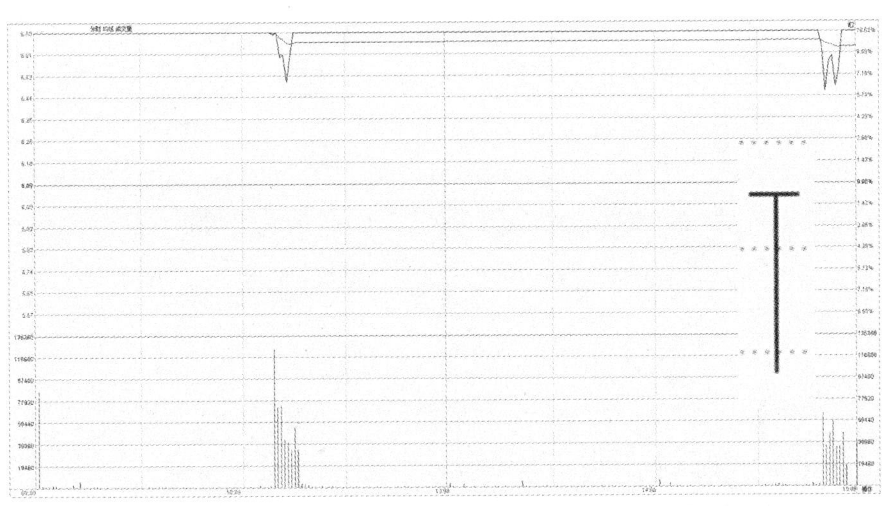

[157] 假阴线：收盘价低于当日开盘价但高于前一日收盘价的K线（下图为连续两日的分时图）。

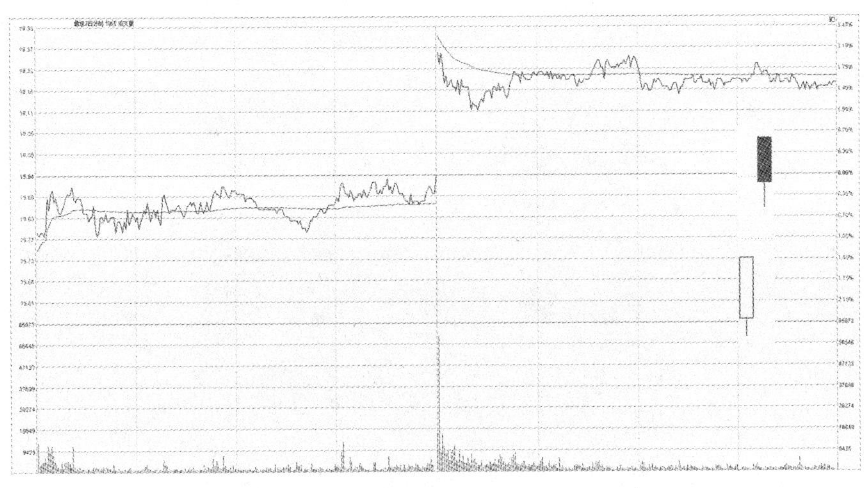

[158] 假阳线：收盘价高于当日开盘价但低于前一日收盘价的K线（下图为连续两日的分时图）。

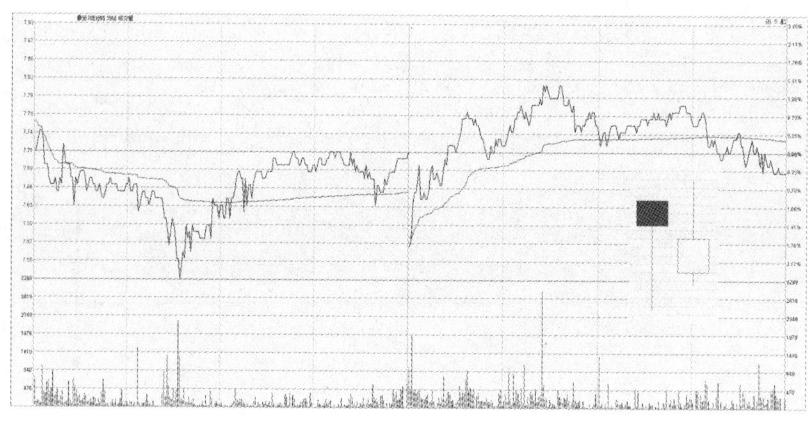

总结：单一 K 线形态大家族

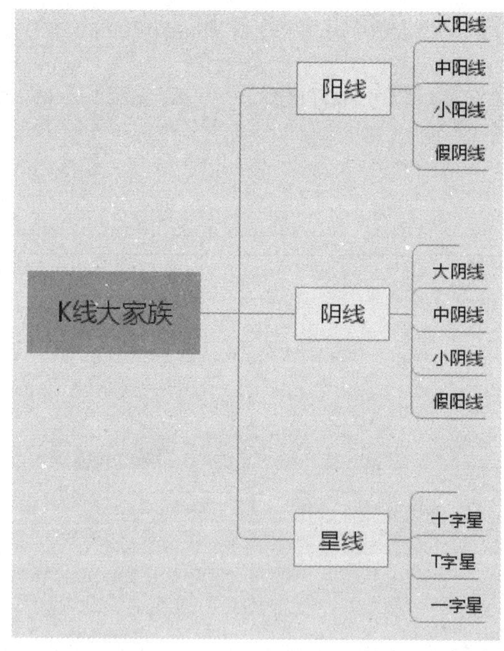

（5）财务名词部分

[159] 市盈率（PE）：市盈率又称股份收益比率或本益比，是

股票市价与其每股收益的比值，计算公式是：市盈率 = 当前每股市场价格 / 每股税后利润。

[160] 市净率（PB）：是股票市价与每股净资产的比值，市净率 = 股票市价 / 每股净资产。

[161] 每股税后利润：每股税后利润又称每股盈利，可用公司税后利润除以公司总股数来计算。

[162] 市值：即为股票的市场价值，亦可以说是股票的市场价格，它包括股票的发行价格和交易买卖价格。股票的市场价格是由市场决定的。股票的面值和市值往往是不一致的。

（6）宏观经济名词部分

[163] 货币政策：指中央银行为实现既定的经济目标（稳定物价，促进经济增长，实现充分就业和平衡国际收支）运用各种工具调节货币供给和利率，进而影响宏观经济的方针和措施的总和。

[164] 财政政策：是指国家根据一定时期政治、经济、社会发展的任务而规定的财政工作的指导原则，通过财政支出与税收政策来调节总需求。增加政府支出，可以刺激总需求，从而增加国民收入，反之则压抑总需求，减少国民收入。税收对国民收入是一种收缩性力量，因此，增加政府税收，可以抑制总需求从而减少国民收

入，反之，则刺激总需求增加国民收入。

[165] 通货紧缩：当市场上流通的货币减少，人民的货币所得减少，购买力下降，物价下跌，造成通货紧缩。长期的货币紧缩会抑制投资与生产，导致失业率升高及经济衰退。

[166] 通货膨胀：通货膨胀是指流通中货币量超过实际需要量所引起的货币贬值、物价上涨的经济现象。

[167] 消费者物价指数（CPI）：是反映与居民生活有关的商品及劳务价格统计出来的物价变动指标，通常作为观察通货膨胀水平的重要指标。相关的宏观数据有多种渠道查询，常用的如国家统计局官方网站。

[168] 生产者物价指数（PPI）：生产者物价指数主要的目的在衡量各种商品在不同的生产阶段的价格变化情形。PPI 是衡量工业企业产品出厂价格变动趋势和变动程度的指数，是反映某一时期生产领域价格变动情况的重要经济指标，也是制定有关经济政策和国民经济核算的重要依据。

[169] 再贴现率：商业银行在票据未到期以前将票据卖给中央银行，得到中央银行的贷款，称为再贴现。中央银行在对商业银行办理贴现贷款中所收取的利息率，称为再贴现率。

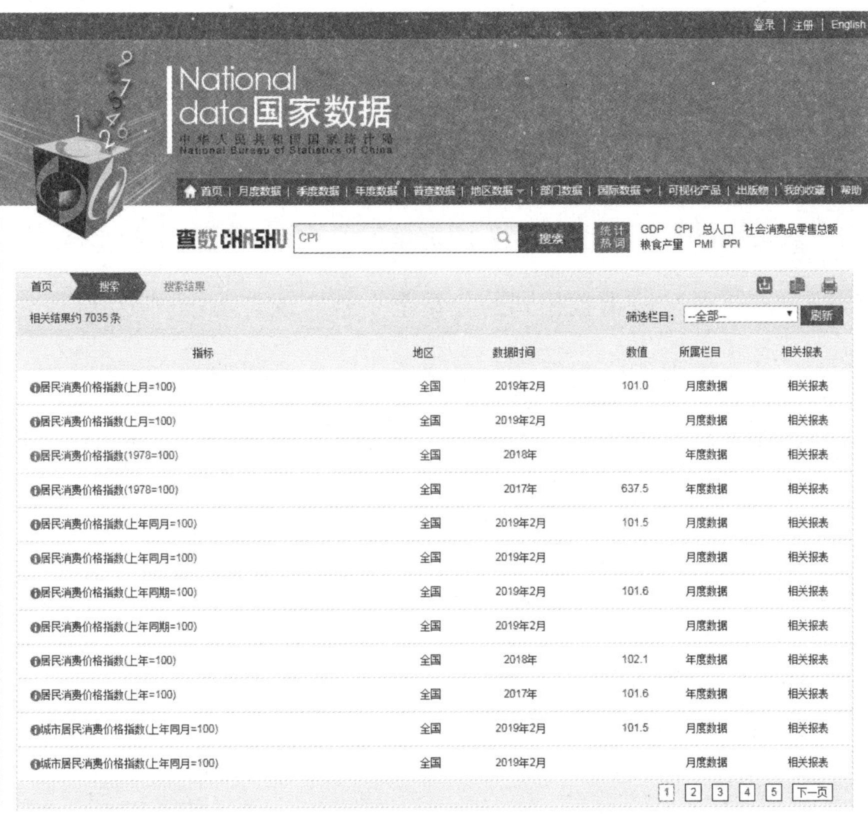

指标	地区	数据时间	数值	所属栏目	相关报表
居民消费价格指数(上月=100)	全国	2019年2月	101.0	月度数据	相关报表
居民消费价格指数(上月=100)	全国	2019年2月		月度数据	相关报表
居民消费价格指数(1978=100)	全国	2018年		年度数据	相关报表
居民消费价格指数(1978=100)	全国	2017年	637.5	年度数据	相关报表
居民消费价格指数(上年同月=100)	全国	2019年2月	101.5	月度数据	相关报表
居民消费价格指数(上年同月=100)	全国	2019年2月		月度数据	相关报表
居民消费价格指数(上年同期=100)	全国	2019年2月	101.6	月度数据	相关报表
居民消费价格指数(上年同期=100)	全国	2019年2月		月度数据	相关报表
居民消费价格指数(上年=100)	全国	2018年	102.1	年度数据	相关报表
居民消费价格指数(上年=100)	全国	2017年	101.6	年度数据	相关报表
城市居民消费价格指数(上年同月=100)	全国	2019年2月	101.5	月度数据	相关报表
城市居民消费价格指数(上年同月=100)	全国	2019年2月		月度数据	相关报表

[170] 公开市场业务：是指中央银行通过买进或卖出有价证券，吞吐基础货币，调节货币供应量的活动。

[171] 法定存款准备金率：是法律规定的商业银行准备金与商业银行吸收存款的比率。商业银行吸收的存款不能全部放贷出去，必须按照法定比率留存一部分作为随时应付存款人提款的准备金。

（7）基金名词部分

[172] 指数基金：顾名思义就是以特定指数（如沪深300指数、标普500指数、纳斯达克100指数、日经225指数等）为标的指数，按照该指数的构成标准，购买该指数包含的证券市场中的全部或部分证券，获得与该指数相同的收益水平，实现与市场同步成长。指数基金受人为因素影响很小、费率低（一般股票型基金申购和赎回费率是1%～1.5%，而指数基金是0.5%～1.2%）、长期投资风险小、回报优等。

基金名称丨代码	基金类型	净值丨日增长率	近1周	近1月	近3月	近6月	今年来	近1年	近2年	近3年	手续费丨购买起点
人保沪深300指数 006600	股票指数	1.0082（-1.46%） 日期：03-25	-1.73%	---	---	---	---	---	---	---	0.06% ~~0.60%~~丨100元
申万菱信沪深300指数增强 310318	股票指数	2.2621（-1.73%） 日期：03-25	-1.89%	3.37%	18.45%	7.90%	18.25%	2.95%	8.81%	31.39%	0.12% ~~1.20%~~丨100元
易方达沪深300量化增强 110030	股票指数	2.2499（-2.17%） 日期：03-25	-1.96%	2.07%	21.67%	8.46%	21.98%	-2.28%	15.04%	37.01%	0.15% ~~1.50%~~丨100元
泰达宏利沪深300指数增强A 162213	股票指数	1.4225（-2.18%） 日期：03-25	-2.01%	1.56%	23.62%	9.37%	23.74%	-0.99%	13.38%	33.43%	0.12% ~~1.20%~~丨100元
泰达宏利沪深300指数增强C 003548	股票指数	1.4266（-2.18%） 日期：03-25	-2.02%	1.58%	23.58%	9.27%	23.72%	-1.18%	13.71%	---	0.00%丨100元
兴全沪深300指数(LOF) 163407	股票指数	1.8435（-2.02%） 日期：03-25	-2.11%	0.74%	20.66%	9.16%	20.71%	2.63%	24.55%	52.18%	0.12% ~~1.20%~~丨100元
广发沪深300指数增强A 006020	股票指数	1.0681（-2.35%） 日期：03-25	-2.12%	0.00%	22.52%	8.70%	22.18%	---	---	---	0.15% ~~1.50%~~丨100元
广发沪深300指数增强C 006021	股票指数	1.0655（-2.36%） 日期：03-25	-2.12%	-0.03%	22.41%	8.53%	22.08%	---	---	---	0.00%丨100元
万家沪深300指数增强A 002670	股票指数	0.9737（-2.09%） 日期：03-25	-2.14%	0.28%	20.02%	7.93%	19.65%	-2.21%	-2.92%	---	0.10% ~~1.00%~~丨100元
富荣沪深300指数增强A 004788	股票指数	0.8468（-1.96%） 日期：03-25	-2.15%	2.16%	17.76%	-0.47%	19.39%	-15.24%	---	---	0.12% ~~1.20%~~丨100元

【沪深300指数基金】

[173] 保本基金：指在一定期限内，对投资者的本金提供一定保证比例（一般在 80% ~ 100%）的基金，即在投资期限到期日，投资者根据投资结果至少可取回一定比例的本金，未获保证的部分本金仍存在一定风险。保本基金一般采取恒定比例投资组合保险技术来实现保本，将大部分资产投入固定收益证券，确保保本周期内的本金安全，另将小部分资金投入高风险投资提高回报潜力。此类基金基本无风险（在不考虑通货膨胀的前提下），但是投资期至少 3 年，若提前赎回将不受保本优待。

[174] 货币市场基金：指投资于货币市场短期（一年以内，平均期限 120 天）有价证券的投资基金。货币市场基金的风险主要来源于短期债券与市场利率变化。

基金名称 代码	基金类型	净值 日增长率	近1周	近1月	近3月	近6月	今年来	近1年	近2年	近3年	手续费	购买起点
诺安鸿鑫保本混合 000066	保本型	1.1020（0.00%） 日期：03-25	0.18%	0.27%	1.94%	2.80%	1.75%	5.35%	8.68%	10.07%	0.12% ~~1.20%~~	100元
广发稳裕保本 002622	保本型	1.1190（0.09%） 日期：03-25	0.18%	0.00%	1.63%	1.82%	1.45%	4.19%	11.29%	---	0.10% ~~1.00%~~	10元
平安安盈保本混合 002537	保本型	1.0510（0.00%） 日期：03-25	0.10%	0.38%	1.84%	2.54%	1.74%	2.94%	4.16%	---	0.12% ~~1.20%~~	100元
国泰民利保本混合 002458	保本型	1.0510（0.00%） 日期：03-25	0.10%	0.00%	0.86%	1.45%	0.77%	2.44%	4.79%	---	0.12% ~~1.20%~~	100元
前海开源恒泽保本混合 C 002691	保本型	1.0680（0.09%） 日期：03-25	0.09%	0.19%	0.76%	1.52%	0.66%	2.90%	5.86%	---	0.12% ~~1.20%~~	100元
前海开源恒泽保本混合 A 002690	保本型	1.0710（0.00%） 日期：03-25	0.09%	0.19%	0.85%	1.52%	0.66%	2.98%	6.25%	---	0.12% ~~1.20%~~	100元
长城久鼎保本混合 002542	保本型	1.0616（0.02%） 日期：03-25	0.06%	0.11%	0.63%	1.11%	0.51%	2.37%	5.74%	---	0.12% ~~1.20%~~	100元
国联安保本混合 000058	保本型	1.0407（0.02%） 日期：03-25	0.05%	0.04%	0.53%	1.31%	0.44%	2.77%	4.80%	3.68%	0.10% ~~1.00%~~	100元
中银证券保本1号 002601	保本型	1.0369（0.00%） 日期：03-25	0.04%	0.08%	1.36%	2.05%	1.25%	1.47%	2.28%	---	0.13% ~~1.30%~~	100元
银华保本增值 180002	保本型	1.0103（0.00%） 日期：03-25	0.03%	0.20%	0.94%	1.13%	0.89%	2.15%	5.60%	5.64%	0.15% ~~1.50%~~	100元

【保本基金种类】

[175] 交易所交易基金（ETFs）：也称交易所交易组合，指可以在交易所上市交易的基金。

[176] 上市型开放式基金（LOF）：即发行结束后，投资者可以在一级市场申购赎回又可以在二级市场买卖的开放式基金。

基金名称|代码	基金类型	净值|日增长率	近1周	近1月	近3月	近6月	今年来	近1年	近2年	近3年	手续费|购买起点
国泰国证航天军工指数 501019	股票指数	0.8312（3.74%） 日期：03-25	5.90%	11.12%	36.20%	17.88%	38.23%	12.42%	---	---	0.12% ~~1.20%~~ | 100元
易方达军工分级 502003	股票指数	1.3298（4.05%） 日期：03-25	5.17%	9.86%	33.11%	15.06%	34.35%	8.97%	-20.35%	-19.01%	0.10% ~~1.00%~~ | 100元
鹏华中证空天一体（LOF） 160643	股票指数	0.9162（3.60%） 日期：03-25	5.14%	9.36%	33.23%	13.36%	36.12%	5.52%	---	---	0.12% ~~1.20%~~ | 100元
国投瑞银瑞盈混合（LOF） 161225	混合型	1.2080（0.00%） 日期：03-25	1.94%	10.93%	30.03%	19.01%	32.75%	-0.90%	9.42%	37.56%	0.15% ~~1.50%~~ | 100元
融通人工智能指数（LOF） 161631	股票指数	1.0449（-0.30%） 日期：03-25	1.88%	11.17%	40.92%	23.72%	44.44%	5.32%	---	---	0.12% ~~1.20%~~ | 100元
汇添富中证互联网医疗指数C 501008	股票指数	0.9728（-1.02%） 日期：03-25	1.68%	13.34%	28.19%	11.55%	29.81%	2.08%	-2.26%	---	0.00% | 100元
汇添富中证互联网医疗指数A 501007	股票指数	0.9774（-1.02%） 日期：03-25	1.67%	13.33%	28.23%	11.63%	29.85%	2.21%	-1.89%	---	0.08% ~~0.80%~~ | 100元
国投瑞银瑞盛混合（LOF） 161232	混合型	0.6880（0.00%） 日期：03-25	1.62%	8.52%	25.55%	14.10%	28.36%	-11.34%	-29.87%	---	0.15% ~~1.50%~~ | 100元
工银中证京津冀协同发展指数A 164811	股票指数	1.1422（-2.01%） 日期：03-25	1.25%	9.69%	25.65%	15.74%	26.56%	12.60%	23.70%	32.80%	0.10% ~~1.00%~~ | 100元
金鹰持久增利债券（LOF）C 162105	债券型	1.0730（0.04%） 日期：03-25	1.25%	4.13%	10.81%	5.79%	11.09%	1.79%	-0.90%	0.57%	0.00% | 100元

【LOF种类】

[177] 基金成立日：指基金达到成立条件后，基金管理人宣布基金成立的日期。

[178] 基金募集期：指自招募说明书公告之日起到基金成立日的时间段。

[179] 存续期：指基金合同生效至终止之间的不定期期限。

[180] 认购：在基金募集期限内，投资者按照基金合同规定进行申请购买基金份额的行为。

[181] 申购：指在基金合同生效后的存续期间，投资者在特定平台网站申请购买基金份额的行为。

[182] 赎回：指在基金合同生效后的存续期间，基金份额持有人按基金合同规定的条件要求基金管理人购回基金份额的行为。

[183] 基金转换：指基金份额持有人按基金管理人规定的条件，申请将其持有的基金管理人管理的某一基金的基金份额转换为基金管理人管理的，且由同一登记结算机构办理登记结算的其他基金的基金份额的行为。

[184] 开放日：指为投资者办理基金申购、赎回等业务的工作日。

[185] 基金单位净值：基金所拥有的资产每个营业日根据市场收盘价所计算出之总资产价值，扣除基金当日之各类成本及费用后，所得到的就是该基金当日之净资产价值。除以基金当日所发行在外的单位总数，就是每单位净值。

[186] 基金累计净值：是指基金最新净值与成立以来的分红业绩之和，体现了基金从成立以来所取得的累计收益（减去一元面值即是实际收益），可以比较直观和全面地反映基金在运作期间的历史表现，结合基金的运作时间，则可以更准确地体现基金的真实业绩水平。

[187] 资本利得：二级市场上买卖证券的价差。

[188] 红利再投资：将投资者分得的收益再投资于基金，并折算成相应数量的基金单位，这实际上是将应分配的收益折为等额的新的基金单位送给投资者。

5. K 线的涨跌幅

通过前面的介绍，我们知道了 K 线的基本构成，顺利完成了万里行的第一步。接下来我们来认识一下 K 线的涨跌幅。

A 股市场在世界范围里是一个新兴的资本市场，机构化程度不高，散户是市场中不可忽视的重要力量。正因为如此，中国证券交易所为了抑制市场过度的投机行为，防止出现过分的暴涨暴跌，而在每天的交易中规定当日的证券交易价格在前一个交易日收盘价的基础上上下波动的幅度。股票价格上升到该限制幅度的最高限价为涨停板，而下跌至该限制幅度的最低限度为跌停板。这个幅度通常是 ±10%，被 ST 的股票则是 ±5%。

学习温馨小提示

ST 在股票上是指境内上市公司连续两年亏损，被进行特别处理的股票。

K 线根据实体大小的不同，又可分为大、中、小三等。值得注意的是，K 线大小的划分具有很明显的主观色彩，并不是绝对的。不同标的的标准不一样，比如通常情况下，大盘指数涨两三个点就可以称作大阳线，这个涨幅放到个股上，一般也只能算作中阳线。当然，同一标的的不同周期划分标准也不一样，这很好理解，周 K 线一般是五个交易日的涨跌幅之和，自然整体波动幅度会更大一些，月 K 线、年 K 线更是如此。

之所以要对 K 线进行这样的主观区分，主要是便于观察和总结。我们可以透过不同级别的 K 线快速发现盘面异动，及早做出应对策略。以大盘股为例，一个超级大盘股出现涨停的大阳线，这绝非偶然，背后一定是有原因的，参与的资金也绝非凡人。你想流通市值上千亿的超级大盘股，每天卖盘上压着金额数以亿计的卖单，场外资金能一路横扫上去，必定不是普通散户所为，而是有备而来的大资金。下面我们通过 2019 年 2 月份期间的京东方 A 日线图表现和龙虎榜变动来感知一二。

学习温馨小提示

龙虎榜是指每日两市中涨跌幅、换手率等由大到小的排名榜单。交易所在满足以下条件的个股中有选择性的公布龙虎榜数据：

a. 日价格涨幅偏离值 ±7%

b. 日换手率达到 20%

c. 日价格振幅达到 15%

d. 连续三个交易日内，涨幅偏离值累计达到 20%

每个条件都选前 3 名的上榜，深市是分主板、中小板、创业板分别取前 3 的。我们可以透过个股的龙虎榜单来一探当天该个股大资金的买卖情况。通常我们可以在上面看到这么几种类型的席位：

a. 以 XX 营业部命名的席位，通常是一些资金雄厚的个人；

b. 机构专用；

c. 深股通专用、沪股通专用等。

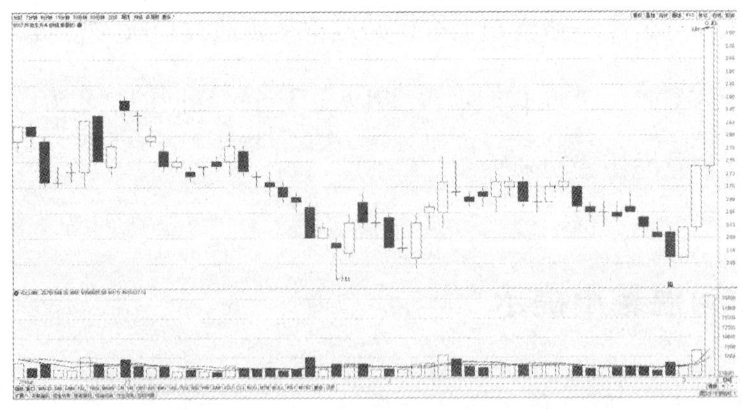

图案回顾点睛：2019年2月12号京东方A日线图

买入金额最大的前5名							
序号	交易营业部名称		买入金额(万)	占总成交比例	卖出金额(万)	占总成交比例
1	国元证券股份有限公司上海中山北路证券营业部	3次 100.00%	12942.04	2.13%	50.01	0.01%
2	机构专用	249次 62.65%	10563.30	1.74%	0.00	0.00%
3	中国银河证券股份有限公司绍兴证券营业部	77次 59.74%	7272.52	1.20%	7343.95	1.21%
4	南京证券股份有限公司南京大钟亭证券营业部	17次 64.71%	6546.46	1.08%	127.99	0.02%
5	长江证券股份有限公司上海世纪大道证券营业部	58次 51.72%	6254.33	1.03%	71.55	0.01%
卖出金额最大的前5名						
序号	交易营业部名称		买入金额(万)	占总成交比例	卖出金额(万)	占总成交比例
1	华泰证券股份有限公司上海普陀区江宁路证券营业部	29次 48.28%	15.70	0.00%	29793.93	4.90%
2	华泰证券股份有限公司北京雍和宫证券营业部	2次 50.00%	815.08	0.13%	17296.41	2.84%
3	中国银河证券股份有限公司绍兴证券营业部	77次 59.74%	7272.52	1.20%	7343.95	1.21%
4	深股通专用	92次 64.13%	5703.84	0.94%	4977.37	0.82%
5	招商证券股份有限公司北京知春东里证券营业部	1次 0.00%	164.22	0.03%	4489.31	0.74%
	(买入前5名与卖出前5名)总合计:		50277.50	8.27%	64150.51	10.55%

图案回顾点睛：2019年2月12号京东方A龙虎榜

京东方A市值过千亿，股价在3元下方盘整了整整四个月。在2019年2月12号突然放巨量涨停站上3元，单日成交额突破60亿。你要知道，当天深证综指全天成交额2085亿，板块下有2100多家公司，京东方A一只个股的成交额就占了整体的近2.9%，异动已经不能更明显了。

从龙虎榜上，买入前五位的席位成交占比达7.18%，这仅是买入前五名的数据。另外，龙虎榜上的营业部也很可能只是某个大户的冰山一角，分营业部买入也是常见的事。

2月12号往后几天交易情况亦是如此，京东方A成了大资金的主战场。

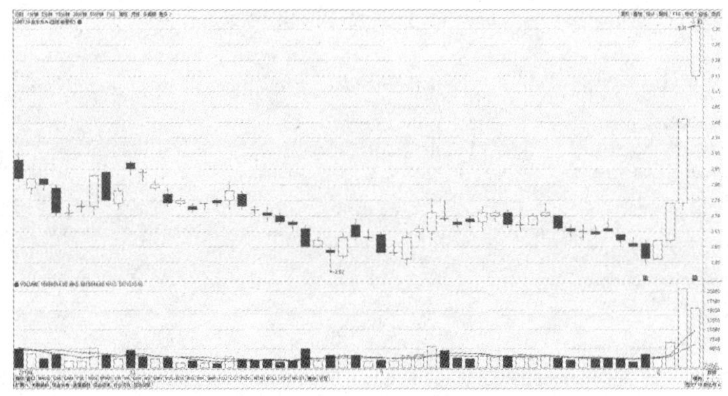

图案回顾点睛：2019年2月13号京东方A日线图

买入金额最大的前5名						
序号	交易营业部名称		买入金额(万)	占总成交比例	卖出金额(万)	占总成交比例
1	中国银河证券股份有限公司绍兴证券营业部	77次 59.74%	16738.68	3.34%	4898.79	0.98%
2	申万宏源证券有限公司上海徐汇区龙漕路证券营业部	2次 50.00%	12448.36	2.49%	111.36	0.02%
3	中信证券股份有限公司上海分公司	22次 63.64%	9931.35	1.98%	25.05	0.01%
4	机构专用	249次 62.65%	8169.79	1.63%	0.00	0.00%
5	中国银河证券股份有限公司杭州庆春路证券营业部	20次 55.00%	7055.08	1.41%	48.62	0.01%
卖出金额最大的前5名						
序号	交易营业部名称		买入金额(万)	占总成交比例	卖出金额(万)	占总成交比例
1	国元证券股份有限公司上海中山北路证券营业部	3次 100.00%	7.57	0.00%	8582.12	1.71%
2	南京证券股份有限公司南京大钟亭证券营业部	17次 64.71%	12.89	0.00%	7005.23	1.40%
3	深股通专用	92次 64.13%	5697.54	1.14%	5799.54	1.16%
4	方正证券股份有限公司广州兴盛路证券营业部	2次 100.00%	991.79	0.20%	5025.59	1.00%
5	中国银河证券股份有限公司绍兴证券营业部	77次 59.74%	16738.68	3.34%	4898.79	0.98%
	(买入前5名与卖出前5名)总合计:		61053.04	12.19%	31496.30	6.29%

图案回顾点睛：2019年2月13号京东方A龙虎榜

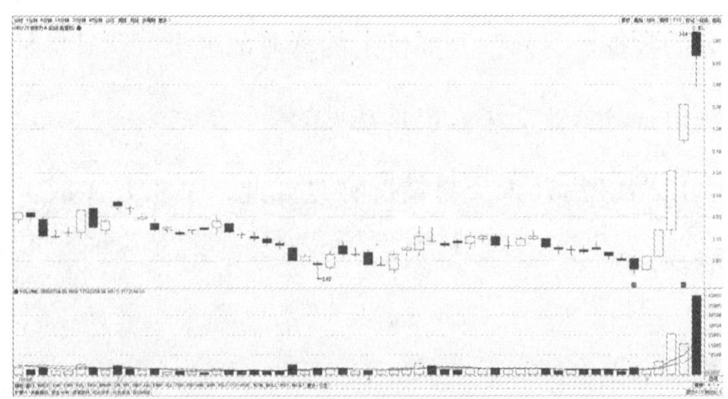

图案回顾点睛：2019年2月14号京东方A日线图

买入金额最大的前5名						
序号	交易营业部名称		买入金额(万)	占总成交比例	卖出金额(万)	占总成交比例
1	中国银河证券股份有限公司绍兴证券营业部	77次 59.74%	41345.79	1.64%	37195.16	1.48%
2	华鑫证券有限责任公司南昌红谷中大道证券营业部	23次 56.52%	17923.15	0.71%	2844.28	0.11%
3	西藏东方财富证券股份有限公司拉萨团结路第二证券营业部	720次 42.92%	17046.54	0.68%	11473.60	0.46%
4	深股通专用	92次 64.13%	16867.51	0.67%	16506.52	0.65%
5	国泰君安证券股份有限公司上海江苏路证券营业部	28次 67.86%	16217.50	0.64%	1069.19	0.04%
卖出金额最大的前5名						
序号	交易营业部名称		买入金额(万)	占总成交比例	卖出金额(万)	占总成交比例
1	中国银河证券股份有限公司绍兴证券营业部	77次 59.74%	41345.79	1.64%	37195.16	1.48%
2	华泰证券股份有限公司上海普陀区江宁路证券营业部	29次 48.28%	407.80	0.02%	30112.25	1.19%
3	华泰证券股份有限公司北京雍和宫证券营业部	2次 50.00%	1944.13	0.08%	18517.37	0.73%
4	深股通专用	92次 64.13%	16867.51	0.67%	16506.52	0.65%
5	华泰证券股份有限公司南通姚港路证券营业部	3次 33.33%	13628.88	0.54%	13923.65	0.55%
(买入前5名与卖出前5名)总合计:			125381.40	4.97%	131642.02	5.22%

图案回顾点睛：2019年2月14号京东方A龙虎榜

6. 一个觉悟：打破经典定式，透过 K 线看透本质

如今市面上讲解 K 线基础知识的书籍有很多，但理论派居多并且不能跟随市场进行演化。我们透过一个案例来感受教条式炒股的隐患，过去很流行这样教科书式的说法，K 线出现长上影线，是股价见顶的标志，理由似乎也很充分：股价做多动能衰竭，上攻途中无法抵御空头力量的强烈打击，即为见顶调整的先兆。

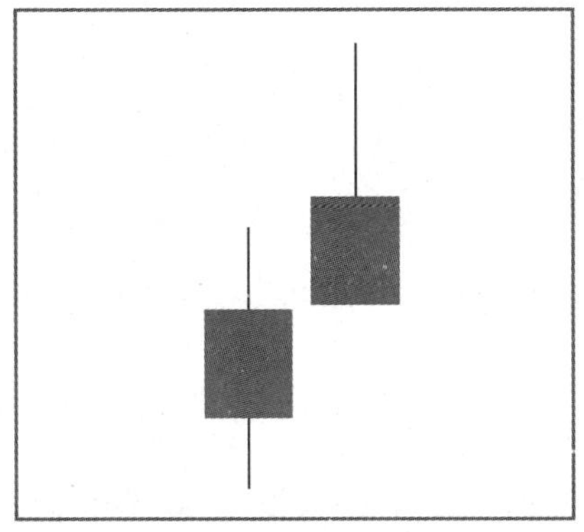

图案回顾点睛：倒锤子线

学习温馨小提示

所谓倒锤子线是一种形象的比喻，单一K线上留下一根长长的上影线，与K线实体搭配在一起仿佛一个倒挂着的锤子。

但事实真的就是这么简单吗？在我多年操盘大资金的经验来看，很多时候主力便是善于利用散户之间这些约定俗成、不假思索的认识。就拿前面倒锤子线这个例子来说，出现倒锤子线可能并不是做多动能衰竭，而是主力拿出一部分资金投石问路，测试一下上方的抛压。

学习温馨小提示

做多就是做多头，多头对市场判断是上涨，就会立即进行股票买入，所以做多就是买入股票、外汇或期货等。反之则是做空。

如果抛压较小，说明股价上行阻力较小，主力很有可能就在近期甚至就是次日开始迅速抬升股价。比如下面这个例子：

顺鑫农业股价突然跳空向上出现了我们所说的倒锤子线。我们首先来观察这个日线图，首先从单一K线来说，当天顺鑫农业开盘便创出阶段性新高，但最终上涨途中似乎遇到了阻力，成交量明显放大。从下面分时图来看，股价早盘冲击涨停失败，随后震荡回落，股价在分时均线处盘整，直至收盘。

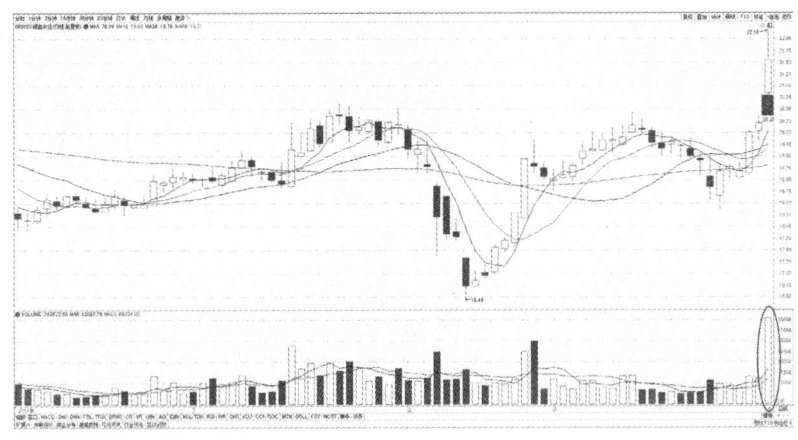

图案回顾点睛：2018年4月2号顺鑫农业日K线图

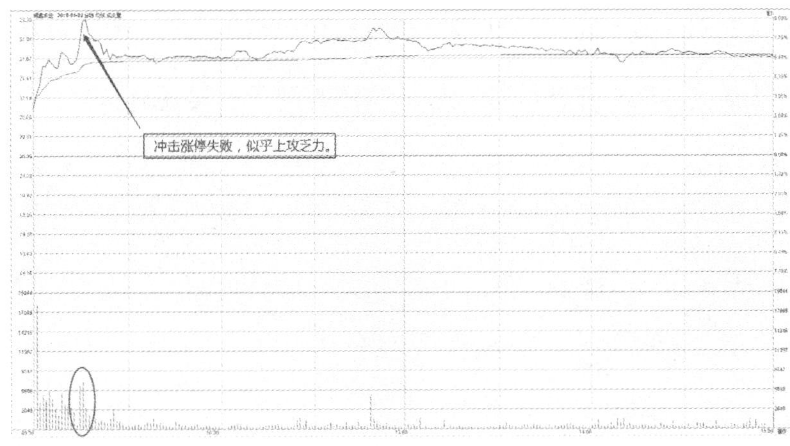

图案回顾点睛：2018年4月2号顺鑫农业分时图

实际情况真如经典说法那样是见顶的前兆吗？我们接着往下说，书中开篇便提到了我的九字真言中“大格局”的思想。我们放大来看一下顺鑫农业目前股价所处的真实位置。

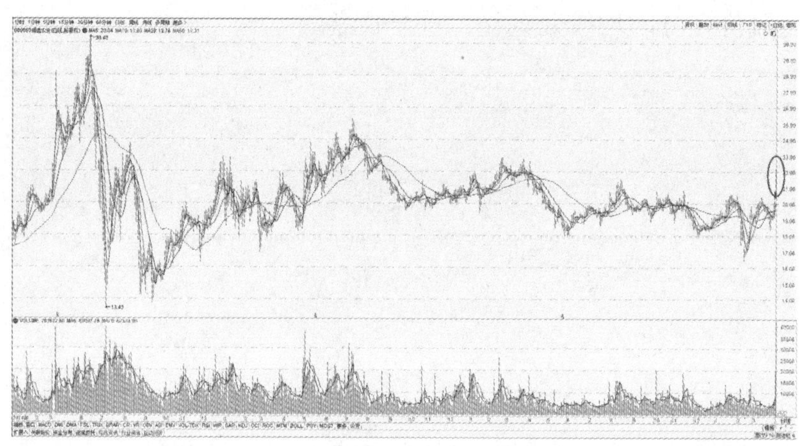

通过纵观整个股价运行格局，我们发现顺鑫农业的股价从2015年牛市顶峰时期的30块跌下来，股价仍然还有20块。你要知道，在这个期间很多公司股价都是打一折的，比如说利源精制，股价从最高24.37跌到最低2.36，这样的例子其实还有很多。

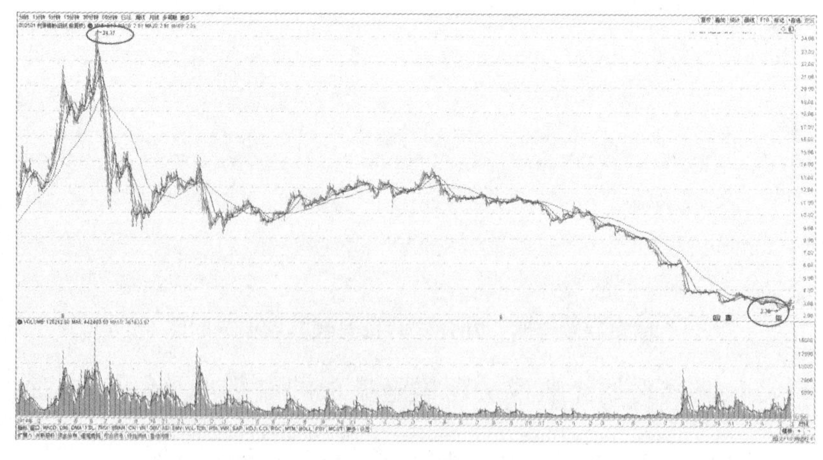

图案回顾点睛：利源精制2015年-2019年日K线图

所以，顺鑫农业相对强势的背后一定是有原因的。研究发现，顺鑫农业是一家老牌白马股，主营产品有我们非常熟知的牛栏山二锅头。公司业绩表现优良，这样盈利稳定、且现金流充沛的公司在熊市中不失为防守的好品种。

科目\年度	2017	2016	2015	2014	2013	2012 »
基本每股收益	0.7683	0.7231	0.6594	0.7124	0.4507	0.2869
净利润(元)	4.38亿	4.13亿	3.76亿	3.59亿	1.98亿	1.26亿
净利润同比增长率	6.25%	9.65%	4.68%	81.85%	57.09%	-58.99%
扣非净利润(元)	3.45亿	2.29亿	3.73亿	3.60亿	1.97亿	1.24亿
扣非净利润同比增长率	50.74%	-38.66%	3.83%	82.81%	59.29%	-24.54%
营业总收入(元)	117.34亿	111.97亿	96.37亿	94.81亿	90.72亿	83.42亿
营业总收入同比增长率	4.79%	16.18%	1.65%	4.50%	8.76%	10.05%
每股净资产	10.67	10.07	9.46	8.90	6.98	6.58
净资产收益率	6.32%	7.09%	7.20%	8.85%	6.64%	4.40%
净资产收益率-摊薄	6.18%	6.12%	6.97%	7.08%	6.46%	4.36%
资产负债比率	61.29%	61.75%	65.38%	66.64%	76.96%	76.07%
每股资本公积金(元)	4.90	4.90	4.90	4.90	2.80	2.83
每股未分配利润(元)	3.89	3.42	2.93	2.45	2.53	2.18
每股经营现金流	4.33	1.77	0.61	0.52	1.70	-0.64
销售毛利率	33.92%	34.54%	37.28%	33.67%	31.20%	26.82%
存货周转率	0.99	0.95	0.81	0.88	1.02	1.26
销售净利率	3.77%	3.79%	3.98%	3.85%	2.26%	1.57%

图案回顾点睛：顺鑫农业2013年-2017年年度重要财务指标

另外，顺鑫农业 2018 年业绩将大幅增长，这点在公司 2018 年一季度报里便初现端倪，一季度扣非净利润 3.68 亿，比往年一年的利润还要多，这明显是业绩爆发前的预兆。后来随着半年报、三季度报的公布，业绩表现持续亮眼。

以上财务信息可以在个股的 F10 界面查询到，当然通过本书前面的股市“黑话”小节，我们知道，F10 涵盖的内容还远不止这些。

按报告期

科目\年度	2018-09-30	2018-06-30	2018-03-31	2017-12-31	2017-09-30	2017-06-30 »
基本每股收益	0.9400	0.8436	0.6411	0.7683	0.4771	0.4287
净利润(元)	5.36亿	4.81亿	3.66亿	4.38亿	2.72亿	2.45亿
净利润同比增长率	97.03%	96.78%	94.61%	6.25%	10.30%	6.04%
扣非净利润(元)	5.57亿	4.83亿	3.68亿	3.45亿	2.74亿	2.46亿
扣非净利润同比增长率	103.26%	96.60%	94.80%	50.74%	9.75%	5.45%
营业总收入(元)	92.03亿	72.33亿	39.73亿	117.34亿	88.49亿	65.48亿
营业总收入同比增长率	4.01%	10.45%	3.37%	4.79%	0.79%	4.47%
每股净资产	11.41	11.33	11.30	10.67	10.39	10.36
净资产收益率	7.33%	6.58%	5.03%	6.32%	3.97%	3.57%
净资产收益率-摊薄	7.14%	6.45%	4.91%	6.18%	3.93%	3.54%
资产负债比率	57.71%	59.06%	58.29%	61.29%	60.50%	61.65%
每股资本公积金(元)	4.90	4.90	4.90	4.90	4.90	4.90
每股未分配利润(元)	4.63	4.55	4.52	3.89	3.75	3.72
每股经营现金流	1.25	2.60	1.53	4.33	1.05	1.11
销售毛利率	38.15%	39.75%	43.15%	33.92%	35.10%	36.16%
存货周转率	0.75	0.59	0.30	0.99	0.72	0.53
销售净利率	5.65%	6.62%	9.19%	3.77%	3.14%	3.81%

学习温馨小提示

F10是指键盘上的F10快捷键。

△股票非行情类的基本面资料统称为股票F10，比如财务报表、经营信息、股东结构、公司公告、资本运作、行业信息等。

△在各种金融行情终端软件中，用户通过键盘上的F10快捷键，可迅速查看上市公司的非行情信息。

但考虑到本书以教授K线基础知识为主，这里就不展开说，有兴趣进一步深入学习的读者可以读一读我的《看透F10》，在这本书里我用较为通俗的方式系统地为读者介绍了研究公司基本面的方法。

如此看来，股价4月2号虽然跳空创出阶段性高点，但还是处于历史较低的位置。其背后又有这样的上涨逻辑在，所以这个倒锤子线可能并不能按照经典说法那样简单的理解。

细节中见真知。我们再来回顾刚才顺鑫农业4月2号的分时图，顺鑫农业当日全天成交4.42亿，但是股价拉升的两根量柱对应的成交额合计不到3000万，且回调时明显成交萎缩。另外，当日大盘沪指也是冲高回落。

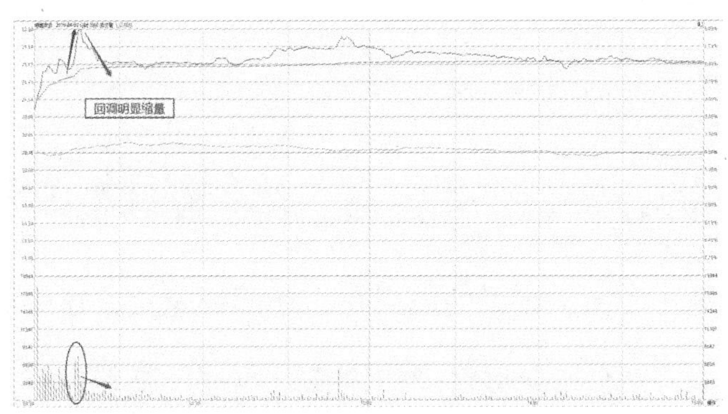

图案回顾点睛：2018年4月2号顺鑫农业分时图

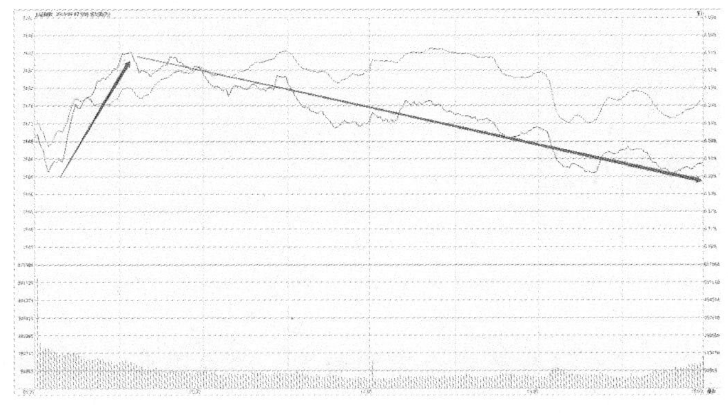

图案回顾点睛：2018年4月2号上证指数分时图

综上所述，我们基本可以确定这个冲高回落的长上影线是主力试盘所致。了解到这一层，是否见顶就显而易见了。下面是顺鑫农业4月2号之后的日K线图：

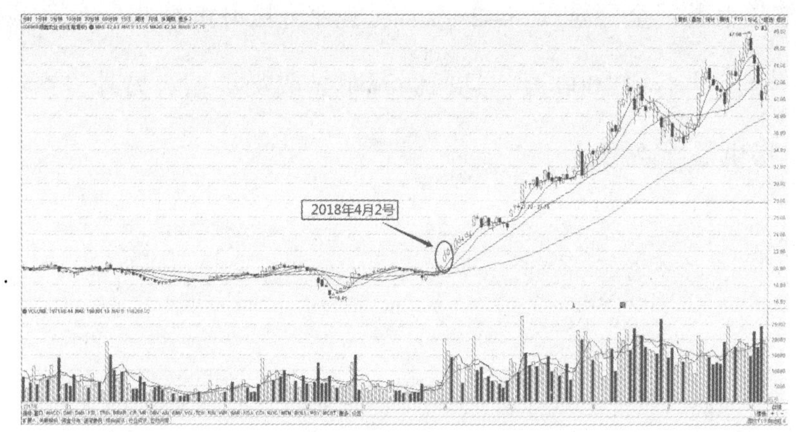

如果抛压较大，则说明筹码意志还不够坚定，还有需要清洗的浮筹。主力则会选择暂时震荡休整，通过反复的抬拉打压，清洗掉浮筹，这也就是我们常说的洗盘。我们来看下面特锐德的例子。

学习温馨小提示

浮筹字面意思就是浮动的筹码，这是个形象的比喻，表示持股不坚定的散户，一般指散户手中的股票，流动性强，短线投机心态较强，操作时每拉升到一个关键的技术点位，这部分投资者手中的股票容易变现。主力往往采取急拉急跌等技术手段将这部分人手中的筹码振荡出去，然后自己将这部分筹码吃下，自己的持股比例自然就高了，利于主力来拉升获取最大利益。这种清洗浮筹的做法也称为洗盘。

特锐德自 2018 年年中见底以来走出了趋势性上涨行情，但一路走来并非一帆风顺，中间也几经波折，上涨过程中伴随主力资金的积极运作。

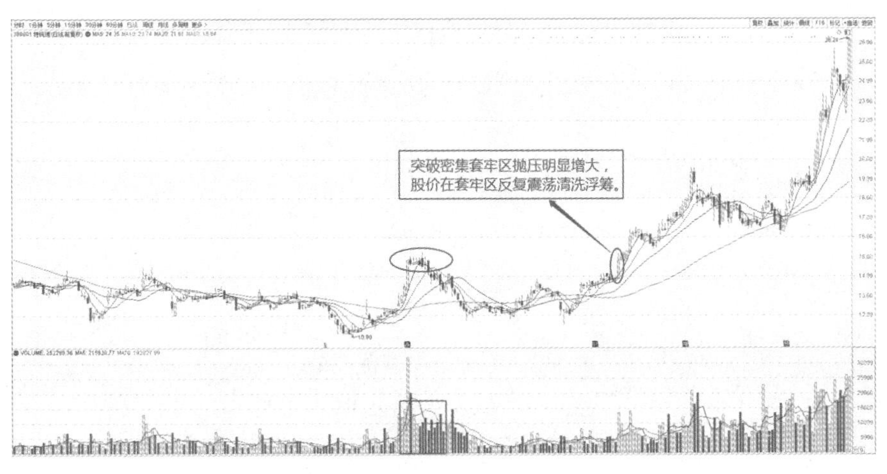

图案回顾点睛：特锐德2018年及2019年初日线图

可以看到，特锐德 2018 年 11 月 8 号股价到达 14.80 附近时，面对的是同年 7 月底 8 月初的密集成交区，股价到达这个位置迎来了套牢盘的抛售，我们从当天分时来感受，如下图：

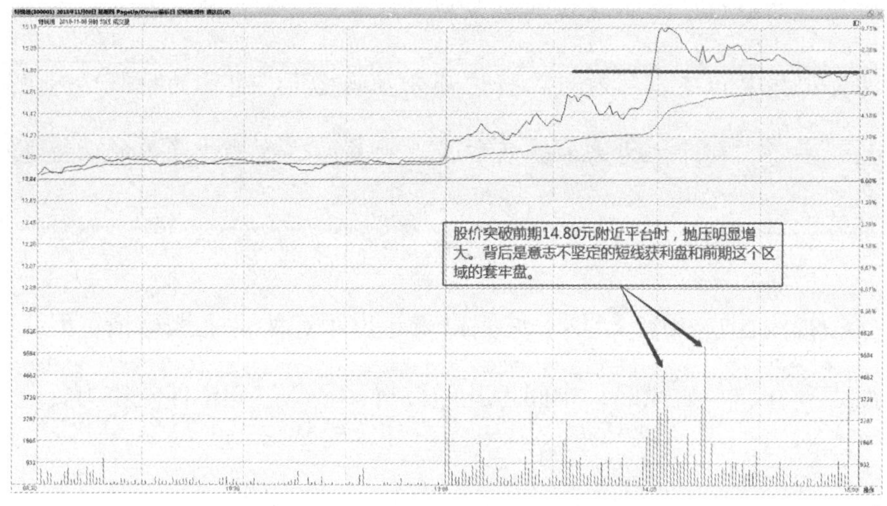

图案回顾点睛：特锐德2018年11月8号分时图

这一点从 11 月 8 号之后几天的股价波动情况中也有所表现。

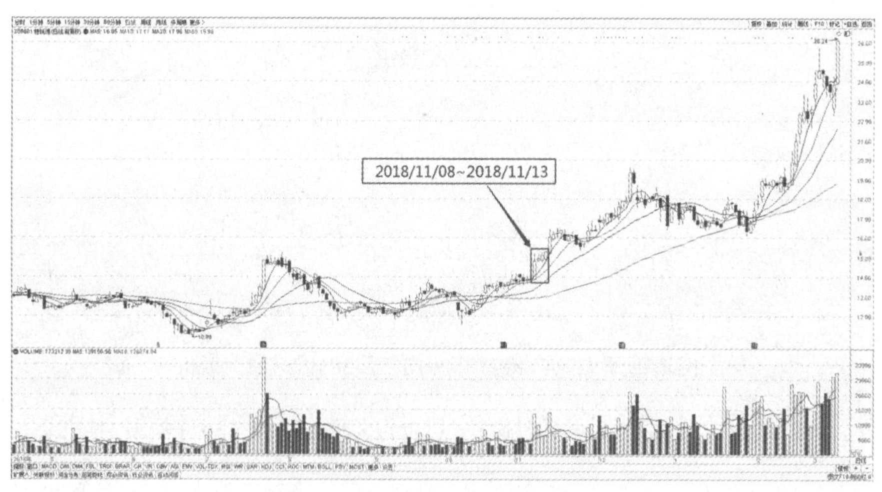

图案回顾点睛：特锐德2018年及2019年初日线图

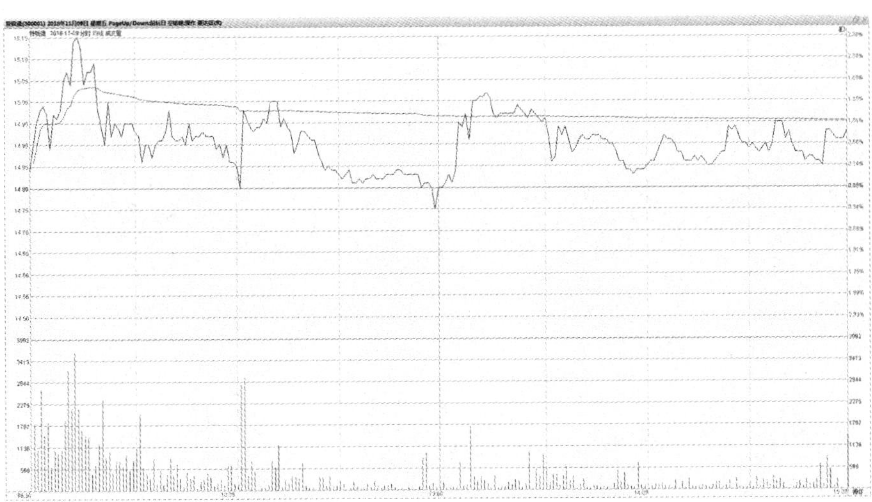

图案回顾点睛：特锐德2018年11月9号分时图

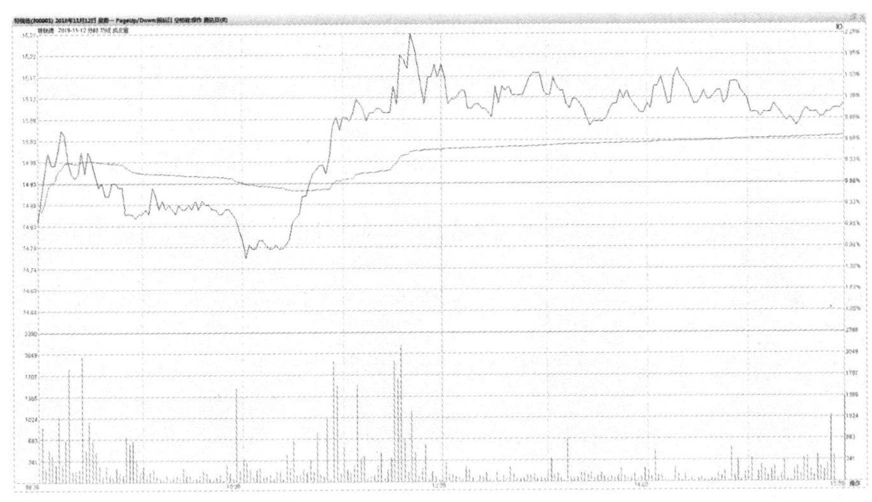

图案回顾点睛：特锐德2018年11月12号分时图

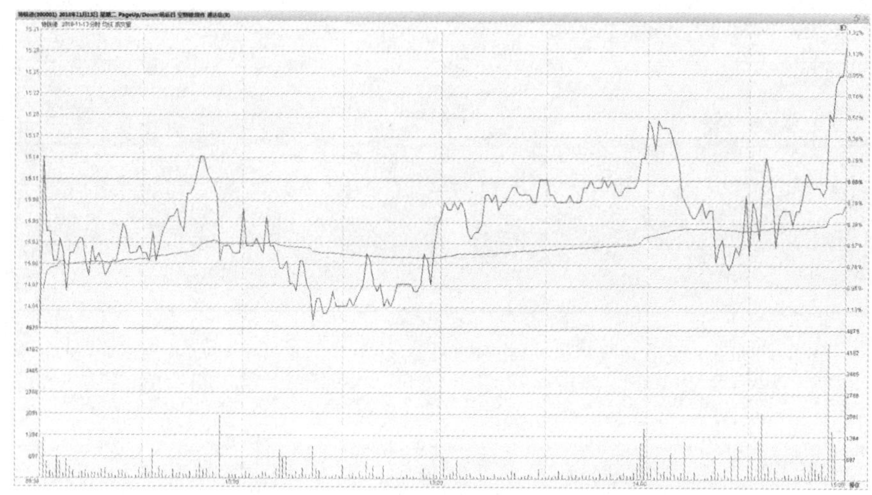

图案回顾点睛：特锐德2018年11月13号分时图

看过特锐德11月8号之后几天的分时波动有什么样的感觉？没错，日内波动变大了，股价拉升很快就被打下来，下杀又有资金拉回来，小白看了完全不知道股价最终会去往哪里。主力运作资金在通过反复的抬拉打压股价，让里面不坚定的持筹者倍感煎熬，最终在震荡的过程中交出手中的筹码，为股价未来的上涨清除障碍。这么做的目的只有一个，抬升持筹者的平均持仓成本，降低持筹者的抛售欲望，通常来讲，获利越少抛售欲望越低。

当然，并不是说在这里清除浮筹后，股价就会一骑绝尘般的上涨。清洗浮筹的工作会一直进行，这很好理解，股价10元你不想抛，并不代表股价11元你还不想抛。特别是到了关键点位洗盘尤为重要，如前期套牢区、前高、新高等等。

可以看到，特锐德股价 11 月 14 再度起涨，之后还有几次明显的震荡洗盘。试问，在这个过程中你是看懂个股成长性坚定吃肉的人群，还是为短期波动影响被三振出局的人群？

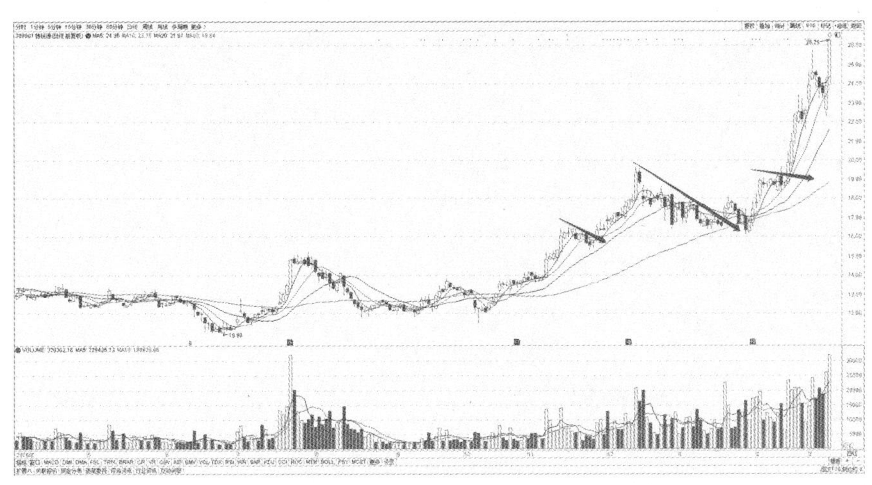

图案回顾点睛：特锐德2018年及2019年初日线图

我们要形成一种意识或常识，单一 K 线出现某种形态后，后市如何并没有必然性，只是给我们一个方向性的指引。K 线一定要处于趋势中才能发挥本身的代表含义，K 线只是点，趋势才是面，点放在面里才有意义。单根的 K 线的作用是很弱化的，需要和其他 K 线组合交叉验证，也就是说一根 K 线是警示作用，不足以让你下决策，我们还需要结合个股质地、股价当前位置、市场环境等一系列因素来综合研判。

第二堂课

K线组合与形态

上一堂课我们认识了股市的专属语言 K 线。通过对单一 K 线和分时图的学习，我们已经具备了从 K 线盘面获取信息的能力，比如四价（开盘价、收盘价、最高价、最低价），同时，我们也掌握了常见的专业术语，可以读懂 70% 的财经新闻。更重要的是我们有了大多数散户没有的一个觉悟，让我们为自己阶段性的学习成果点赞。“千里之行，始于足下”，有了基础之后我们就要朝着下一个里程碑进军，把知识由点及面，将单一 K 线拓展到 K 线组合。这部分的内容较为关键和丰富，让我们开始吧！

学前须知

1. 第二堂课将着重介绍关于 K 线组合及形态。这个环节体现的是一种基本功，是最浅的认识，也是必须要清楚的常识性内容。学好了组合和形态，接下来盖大楼才能平稳而起。

2. 本堂课的内容在牛散大学堂股威宇宙的等级为：小学。其余级别结合自身状况采取是否学习或阅读的策略。

形态是投资者必须面对的一个重要环节，也是一种运用最广泛的股票技术分析手法。它看似简单实则复杂，看懂容易，但要娴熟运用很难，需要长久的积累与总结。

形态学归属于技术分析范畴，那么什么是技术分析？很多刚接触股票的投资者会有这样的误解：价值分析才是王道，技术分析只是片面的看图说话。其实不然，与价值分析相比，技术分析在可学习性和实操性方面的价值丝毫不逊色于价值分析。还记得本书前面基础知识部分第33条对技术面的三大假设吗？a.市场行为包含一切信息；b.价格成趋势运动；c.历史会重演。

技术分析是基于人的心理波动规律以及大自然的基本规律而总结出来的可供借鉴的规律性技能。只要利用过去的数据能够描绘出具体的图形走势，也就具备了技术分析的前提条件。比如，利用以往的数据预期经济增长的未来走势，看起来似乎有点神奇，但只要你能够深入地去了解技术分析，一切都将变得十分自然。

同时，技术分析的研究范围可以扩展到所有可以利用图形来分析的市场，如商品期货市场、股指期货等。

股市技术分析包含的范围是非常广泛的，要想全部学通不仅不现实，实际意义也不大。技术分析要学要懂，但过于沉迷反而会走偏。面对那么多的技术分析方法，结合自己过去的学习经历，我建议投资者在开始学习的时候，首先学习形态分析。毕竟我们每天都要在电脑或者手机的行情软件前看各种各样的图形，而从这些最直观的图形里去发现一些有价值的信息是最基础的功夫。

形态分析首先要弄清楚的就是类别和概念的问题。形态无非就两类：反转形态与持续形态。反转形态表明趋势中的重要转折正在发生；持续形态显示市场仅仅是暂作停留，可能是要对短期的超买或超卖作出调整，此后现存的趋势将恢复。

最常见的反转形态有五种：头肩顶、三重顶（底）、双顶（底）、圆弧顶（底）形态、“V”形态（顶）部反转形态。

持续形态，则包括三角形、旗形、楔形以及矩形。这些形态通常反映出现行趋势的停顿而不是反转，因此相对于主要形态而言，它们通常被归为中级形态或小形态。

两类形态结合起来后看上去是不是有点复杂？确实如此，但花点心思好好去研究和学习还是非常具有现实价值的。记得我刚开始学习形态分析的时候，心态很幼稚，认为自己一旦把这些都很好地掌握了，就可以在市场中战无不胜了。现在回过头来看，掌握后战无不胜固然是个笑话，但为自己进一步提升打下了坚实的基础倒是事实。学形态分析不要怕麻烦，要静下心去学。如果你真的想要在这个市场有所成就，首先要做的就是掌握好形态分析。

1. 反转形态第一式：头肩顶与头肩底形态

头肩顶形态

头肩顶形态

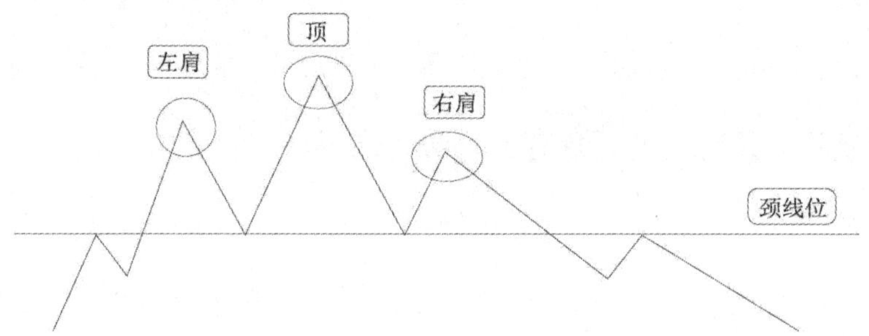

上图是一个头肩顶形态的简化图，这里化繁为简用直线代替了一连串的K线组合，这样做是为了让大家看得更清楚什么是头肩顶形态，但在股价的实际走势中，K线很少会呈直线运动，期间会有各种各样的变化，但万变不离其宗，道理是一样的。

形态要点：

头肩顶形态给人的直观感受就犹如一个人的上半身，一个头两个肩膀。正常情况下，一个人头部的高度自然是高于两个肩膀的，头肩顶形态因此而得名，至于两肩的相对高度则会受到很多因素的影响，具体问题具体分析，不做定论。

内在机理：

股价经历过一段时间多头明显占优的右侧行情，上涨到一定高度时，多空双方出现了第一次重大分歧，部分获利盘开始涌出，致使股价开始从高处回落。当到达重要支撑位时，趋势交易者和技术交易者开始进场抢反弹，运作主力资金由于资金介入程度较深，无法在短时间内出货完毕，当股价到达重要支撑位时，主力资金也会开始进行护盘，为抢反弹者“保驾护航”。

如此交投再度活跃，这个过程往往伴随着成交量的再次放大，股价重拾涨势。在惯性和突破新高的一致性预期下，股价一举突破了左肩的最高价，主力资金也需要用这样的虚假繁荣来掩盖背后出货的真实意图。正因为是“虚晃一枪”，股价新高后买盘开始枯竭，股价再度回落，等股价回落到左肩的低位附近，前期一些踏空的“看图者”进场吸纳筹码博再度反弹，两次低点连线形成了形态的关键组成部分——颈线位。

买盘的再度活跃，促使股价回升，但在无利好消息刺激的情况下，股价到达前高位置附近时，持筹者规避前高回落风险的意识会明显影响筹码的稳定性，股价在反复的过程中，多方的力量

“一而再，再而三,三而竭”，表现出来的现象就是整体成交量的持续萎缩。你要知道前面低位进场的投资者本意只是抢技术性的反弹，遇到重要支撑位他们会进场，而遇到重要阻力位，他们也会头也不回的离场，因此右肩的最高价通常会比头部的最高价要低。如此，股价三度回落到颈线位，然而从运作主力资金的角度来说，在股价高位反复的过程中，筹码已经派发完毕，没有再继续护盘的必要，于是股价一举跌破颈线位，头肩顶形态就此形成。

一般的操作策略：

放量实体中大阴线甚至跳空跌破颈线位，则要及时离场。但如果是小阴线跌破颈线位，一般来说可以先做观察，三个交易日股价无法收回到颈线位上方，则选择卖出。

下面我们来看一个例子 ST 中南，2015 年那会还叫中南重工，2018 年 10 月由于公司因未履行内部审批决策程序开具商业承兑汇票、对外担保、控股股东及实际控制人资金占用等原因，股票被实行其他风险警示。ST 中南在 2015 年中至 2016 年初的这半年里，K 线构建了一个很标准的日线级别的头肩顶形态。

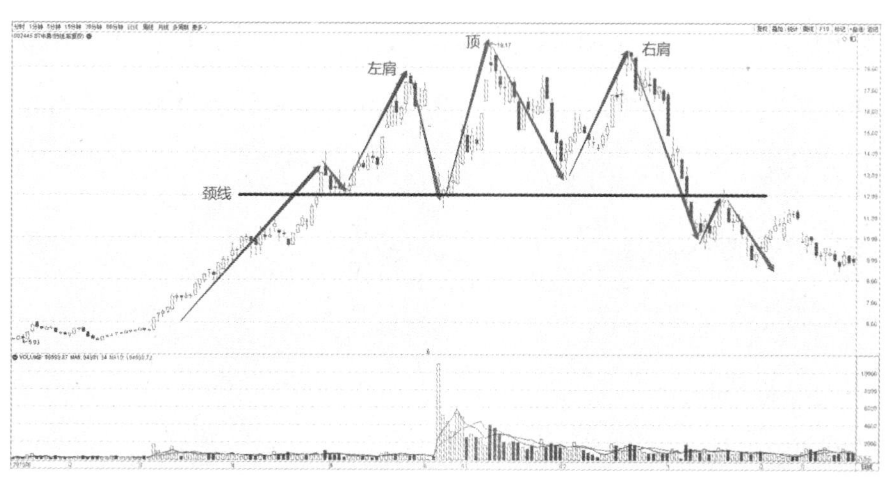

图案回顾点睛：ST中南2015年初至2016年初日K线走势

ST中南在60个交易日内积累了超过200%的涨幅，这时候出现了第一次震荡，震荡的位置处于前期积累一定涨幅之后，对于在场资金而言，是存在一定的套现欲望的；但是ST中南顶住了这次波动，走势继续延续强势，并没有出现大幅度回调的走势；直到第二次震荡，股价有一个大幅的回调动作，直接回调到了上一次的低点，但是没有突破低点。

ST中南左肩的构成较为特殊，在左肩的高点处有过一次为时近5个月的停牌，原因是筹划重大事项。

看到2015年6月这个时间段，很多老股民肯定是记忆犹新的。那是A股2015年牛市最后时间，最低跌到了3400点下方。ST中南因为机缘巧合的停牌，完美地躲过了股灾最凶猛的两个月。2015

年 10 月 22 日，ST 中南复牌重新开始交易。我们看下页图，10 月 22 日沪指经过几轮的杀跌已经企稳回升，但整体下跌幅度依然超过了 30%。所以 ST 中南复牌后是有补跌需求的。

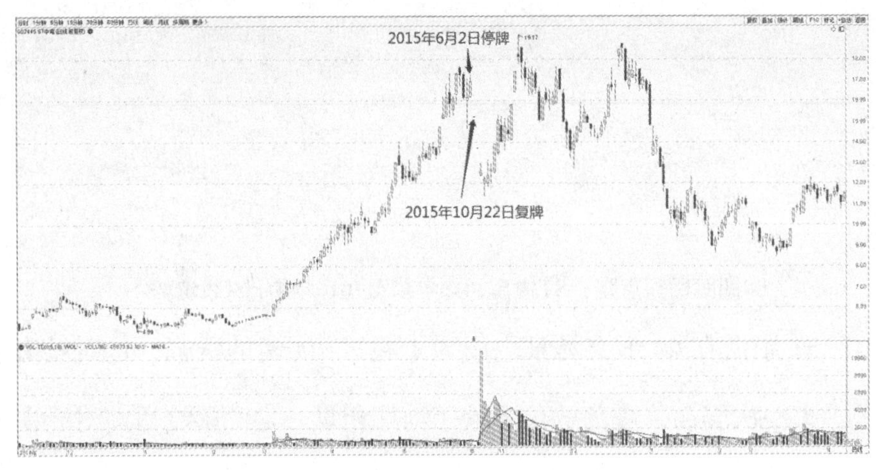

图案回顾点睛：ST中南2015年停牌时间示意图

学习温馨小提示

个股相对下跌的大盘或者板块有明显的抗跌和背离迹象，往往后期某个时点会集中释放风险。当然，有的是庄股的原形毕露，抗到最后资金链断掉，只能顺应大环境趋势下跌；有的则是优质个股背后主力资金的最后洗盘动作，谓之“黄金坑”。文中提到的例子则是因为停牌被动“抗跌”，所以我们在实战中遇到此类情况需要注意补跌带来的风险。

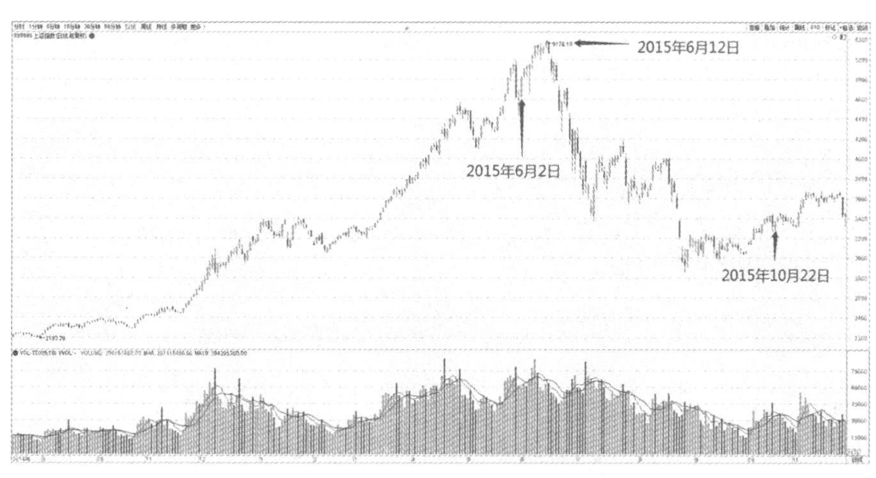

图案回顾点睛：上证指数日K线走势

于是我们可以看到 ST 中南复牌后连续一字板跌停。但由于大环境已经充分释放了恐慌情绪，ST 中南在第三个跌停板遭到抄底资金的突袭，开盘便成交 4.75 亿元，放出巨量打开跌停。

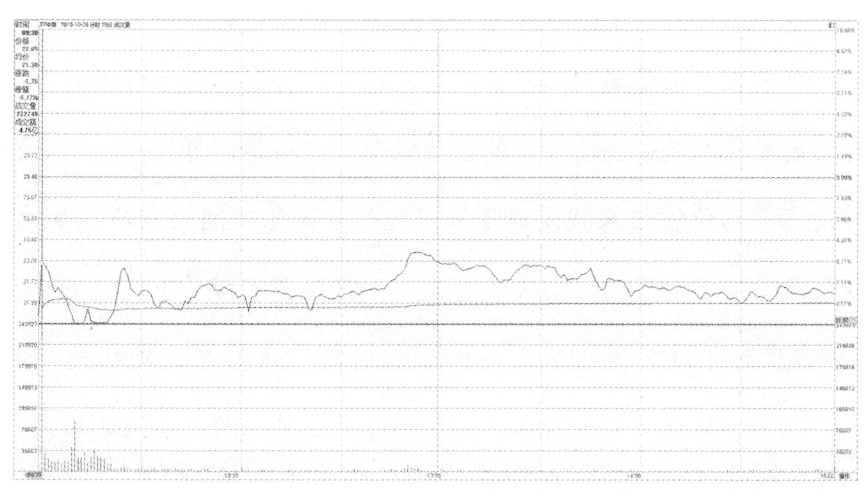

最后在阶段性前低位置以及生命线 60 日均线附近企稳，显

然里面的资金并不想让它的行情就此结束，随后股价开始企稳回升。

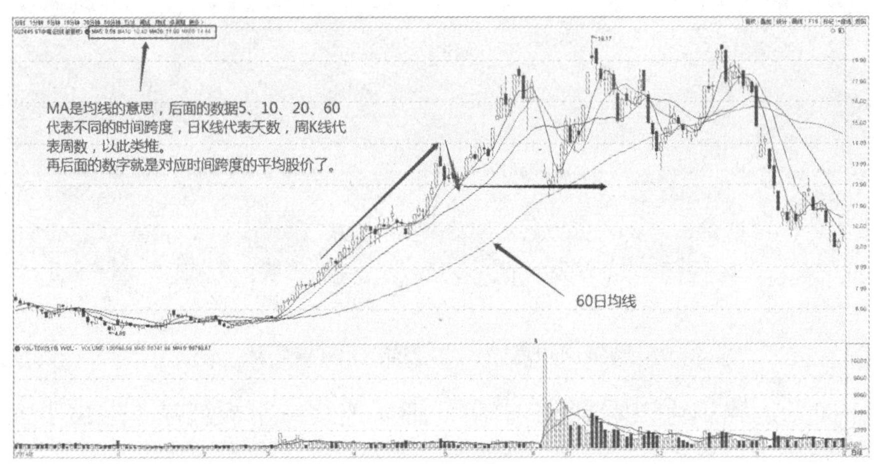

学习温馨小提示

将最近一个时间段的股价平均可得到均价，比如把最近五个交易日的股价加起来平均得出的数值就是五日均价，再把每一个交易日的五日均价连起来就变成了五日均线，其他时间周期亦是如此。我们在实战中常用到的均价线有5日、10日、20日、30日、60日、125日（半年线）和250日（年线），时间跨度越长，均线走得越是平缓，趋势性意义也越强，但弹性也就越差，所以不同的均线在实战应用的意义是不尽相同的。

经过短暂的震荡蓄势后，ST 中南以涨停的姿态重拾升势。

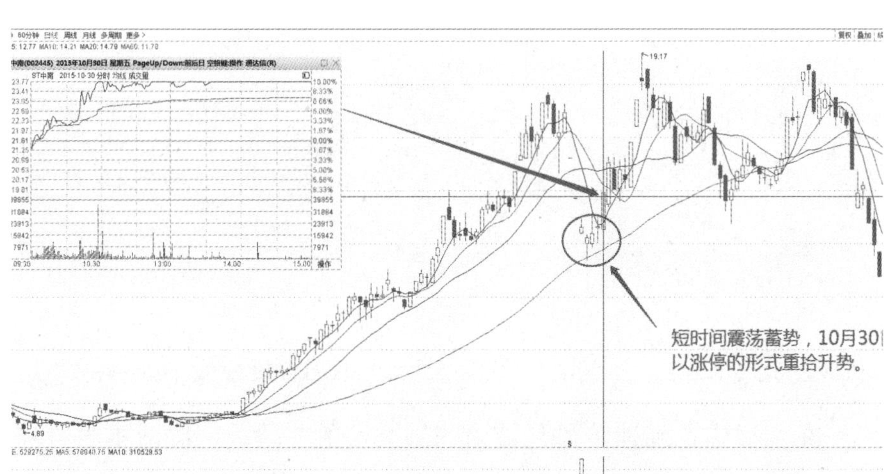

11 月 6 日，ST 中南股价上涨进入了加速阶段。我们可以看到股价呈现连续涨停的态势，同时上涨的量能是相对萎缩的。

学习温馨小提示

缩量涨停从资金的角度来看一般分为两种，一种是持筹者极其看好股票后市行情，产生了惜售心理，也就是不愿意卖出，上方抛压较小，买盘又争先恐后地买入，因此股价便很容易触及涨停。第二种是买盘稀少，持筹者抱着观望的态度继续持有股票，呈现无量空涨的态势，但只要有一点风吹草动便有大量抛盘杀出。

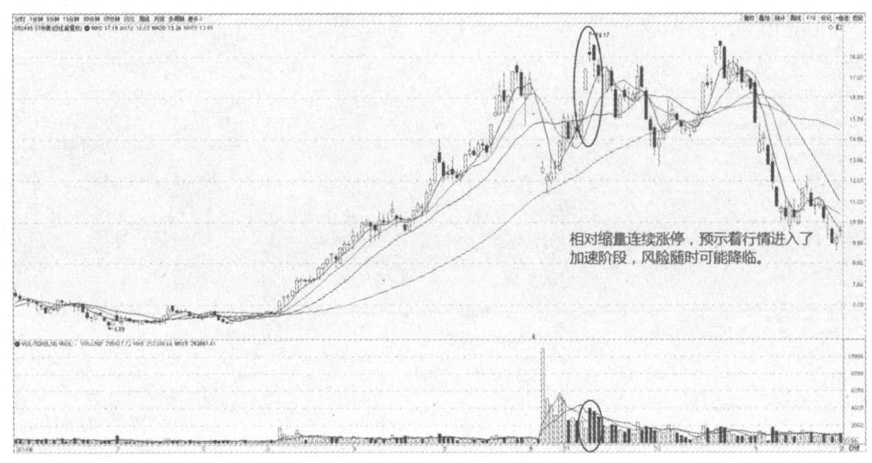

在实战中，加速阶段是最为酣畅淋漓的一段，时间成本少且涨幅惊人，对于大多数人来说是具备相当诱惑力的。但没有股票会一直暴涨，一旦短期涨幅透支了未来的空间，或者说高估值使得股价过度偏离其真实价值，行情结束时便会是一地鸡毛。我们在参与任何加速阶段的股票时，要有这样的心理准备，当出现见顶信号时，应迅速离场。这里的见顶信号就是 11 月 10 日新高后的长上影线。

我们可以先感受一下 11 月 6 日和 9 日的实体涨停阳线分时的博弈状况。

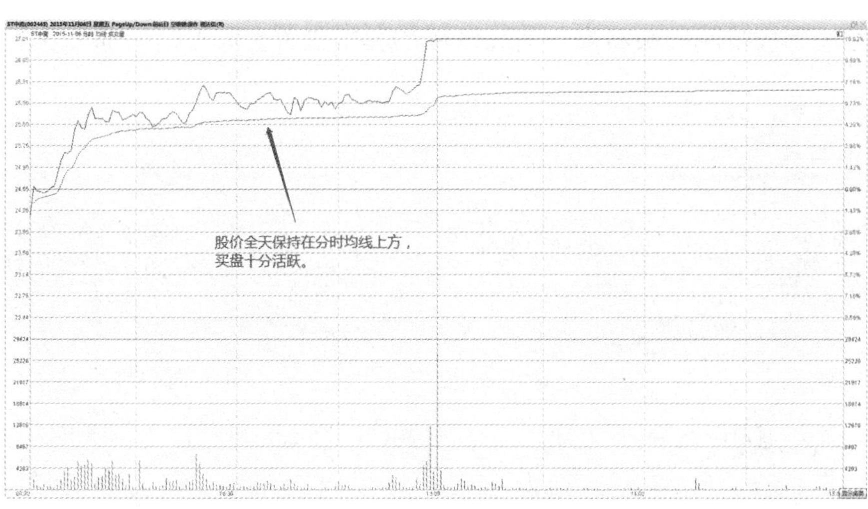

图案回顾点睛：ST中南2015年11月6日分时图

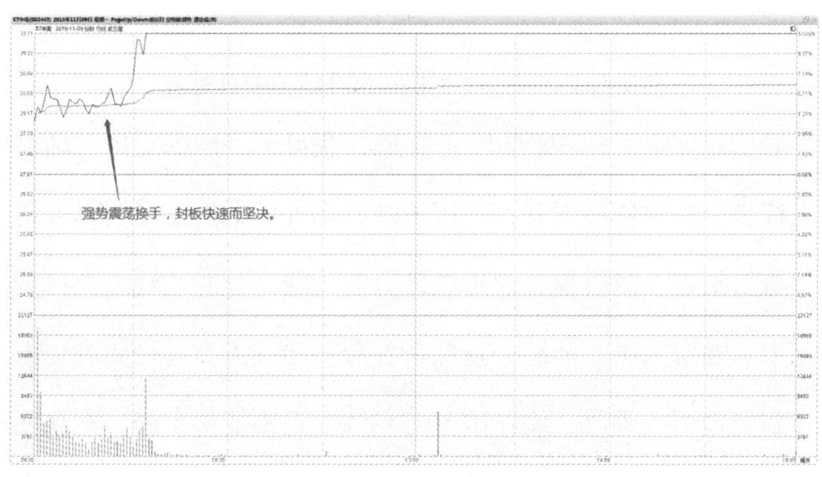

图案回顾点睛：ST中南2015年11月9日分时图

两个涨停大阳线使得股价直逼前期高点。11 月 10 号股价再度高开，顺势突破新高，通过对比分时我们可以感知到这一天多空双方的分歧明显加剧。早盘高开小幅冲高后急转直下，跳水 4%，但考虑到股价刚突破新高，前高区域的套牢盘解套和近期的部分获利盘兑现，股价短时间剧烈波动也实属正常。

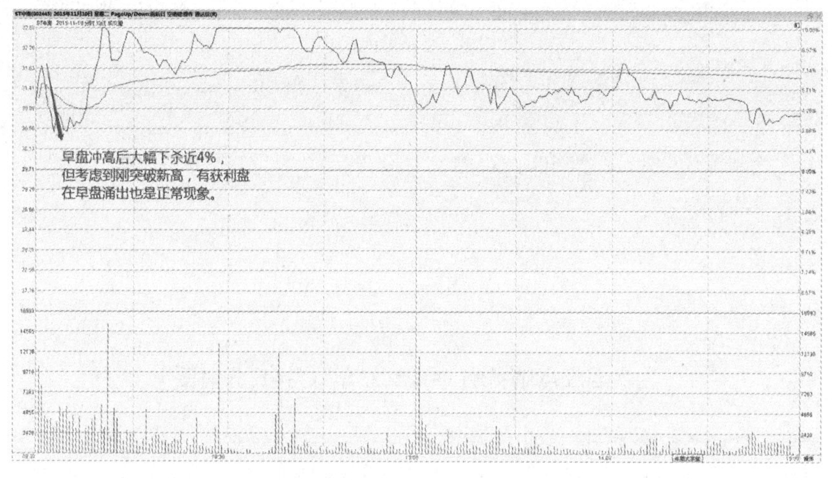

图案回顾点睛：ST中南2015年11月10日分时图

股价跳完水后在3%的附近企稳，获得了一定的支撑。随后迅速上板，但很快便被砸开，开板不断，场外资金的态度明显变得犹豫，最后临近午盘收盘，股价跌破分时均线，分时均线由支撑变为了压力。通常来讲，能够一直保持在分时均线上方，说明有场外资金在积极地买入筹码，而跌破分时均线迟迟不能再突破，则说明股价受到了打压。

ST中南在突破新高后，分时走势显得犹豫，场外资金买入意愿不强烈，股价逐级走低。从日成交量来看，突破新高放量不够。此种情况买入性价比并不高，持筹者可以先作观望，次日由弱转强便可积极看待，若不能则要考虑头部的形成，应及时离场。

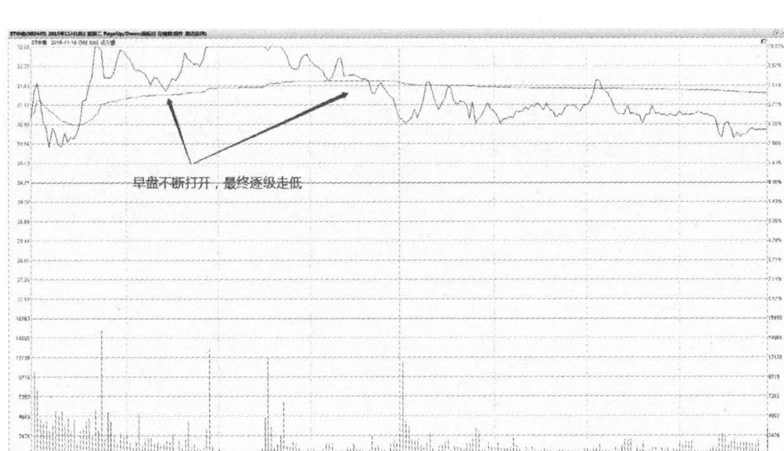

图案回顾点睛：ST中南2015年11月10日分时图

学习温馨小提示

日内分时均线是我们在实战中观察盘口强弱的一个参考点。分时均线可以视为日内的平均持仓成本线，怎么理解？股价每个价位成交的数量是不一样的，比如某一分钟内在 2.01 成交了 20 手，在 2.02 成交了 5 手，2.03 成交了手，此时的平均持仓成本并不是（2.01+2.02+2.03）/3=2.02，而是（2.01×20+2.02×5+2.03×1）/20=2.0175，举的这个例子数值差别很小，在实际个股盘口上，有时差别会很大，所以一旦股价过度偏离分时均价，幅度一般是 3% 以上，冲高回落的概率就会变大，非最佳买点，应谨慎操作。

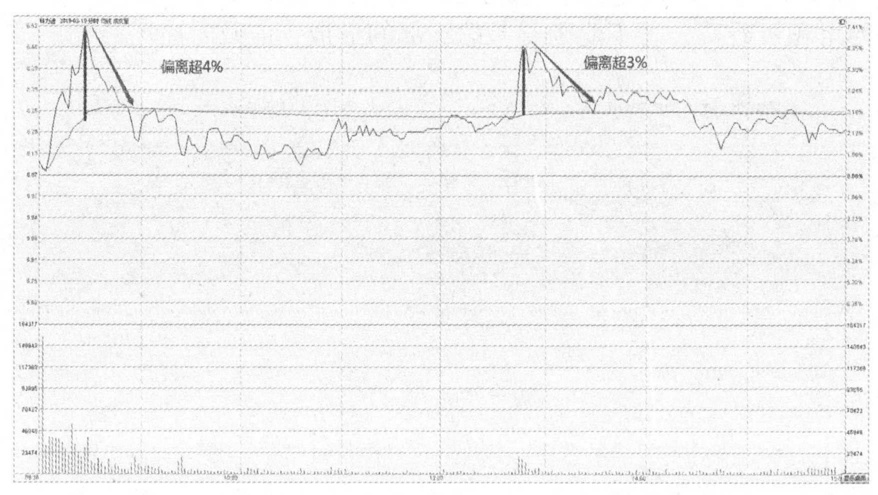

当然也有另类的存在，就是股价封板的一瞬间有些时候反而是不错的买点。下面这张图是美锦能源 2019 年 4 月 3 日的分时图，盘中有两次比较大的日内偏离，第一次不是很好的买点，第二次涨停处是很好的买点，可能会有人有所疑问，为什么不买在低一点的价格，却一定要去追最高价？有这样的疑问是忽略了一个维度——确定性。以这张图为例，第一次冲高偏离，股价不上不下，有可能继续向上，也有可能冲高回落，十分不确定。第二次冲高可以感觉到买入资金十分坚决，没有前一波的来回波动，一笔直插云霄，虽然股价偏离分时均线很远，但更多是抛盘枯竭的原因，想抛的基本在前面震荡时都抛光了，这点我们可从分时量能不断缩小看出。

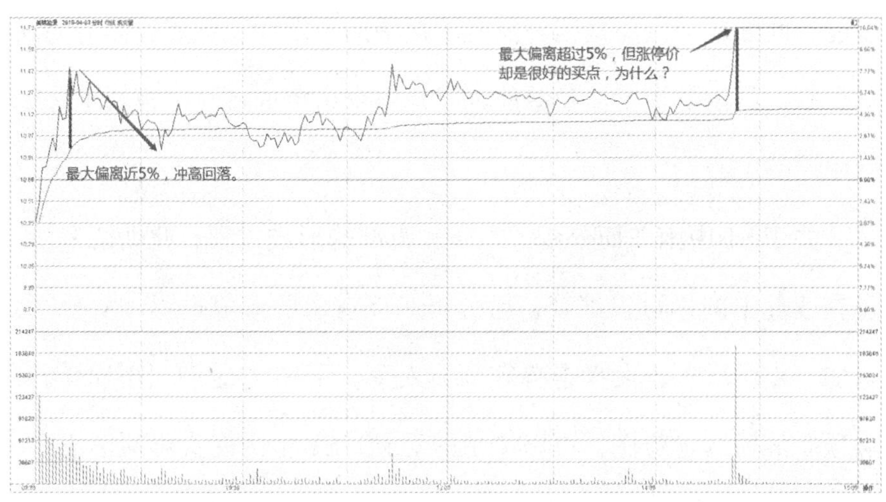

次日美锦能源股价高举高打，最终再次封住涨停。

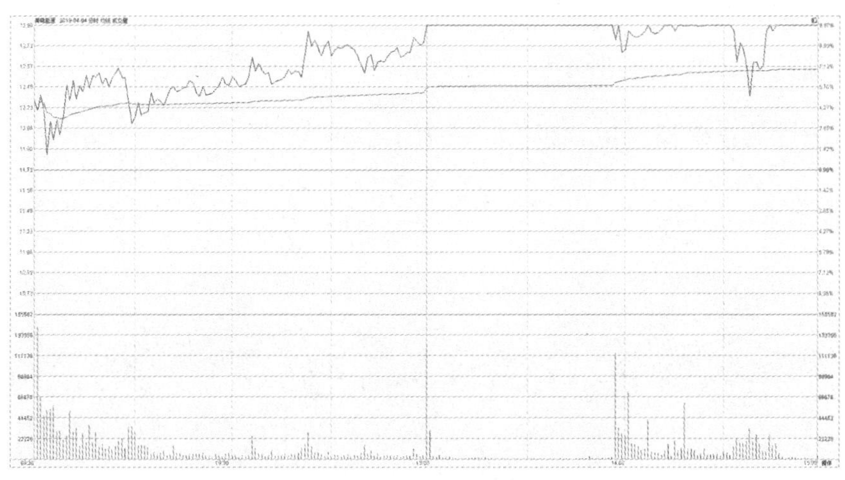

值得注意的是，我们这里仅仅是从分时形态的角度进行剖析，为自选股选择买点提供了一个参考，在实际操作中不能简单的依葫芦画瓢，仅凭这一点就不假思索地买入，那样就与赌博无异了，投资的重点还是你对个股本身的研究深度和买卖逻辑。美锦能源之所

以能如此强势，主要是因为氢能源板块的爆发和美锦能源本身的高辨识度。所谓辨识度，简单地讲就是整个市场或者一个板块中最吸引眼球的个股。

关于 ST 中南前面分析了左肩和头部的形成过程，此处留个白，正在读此书的你可以试着自己分析一下右肩的形成过程，从分时、量能、K 线形态、大盘走势等细节入手。下图便是 ST 中南形成头肩顶后的后续走势图，可以清楚的看到，ST 中南在头肩顶形成后，股价如大江东去一般不复还，从最高 19.17 元一路杀跌，最低才 1.83 元，股价实打实的打了一折不止。最后，不同 K 线级别的头肩顶其威力也会有所不同。一般来说，K 线级别越大的技术形态，前瞻性的正确概率也就越大，威力也会越大。

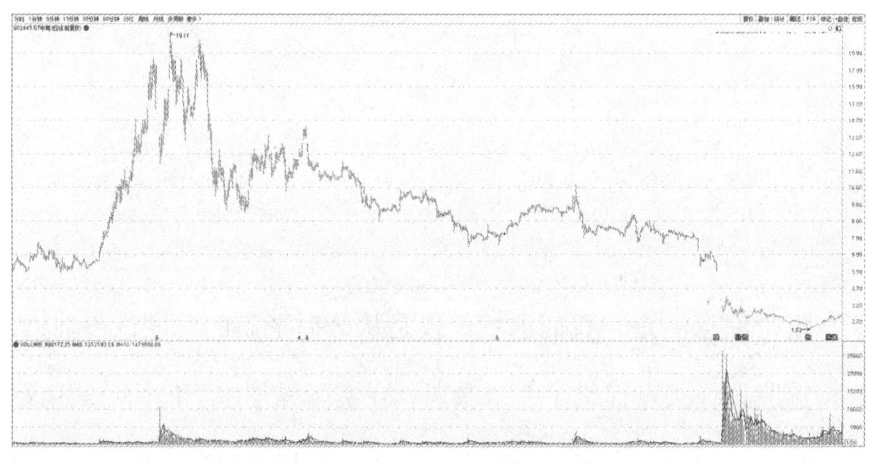

图案回顾点睛：ST中南头肩顶形成后的日K线走势

那么，头肩顶就一定是股价终结者了吗？并不一定，K 线形态是一种外在体现，无论是哪种形态的形成，可以是买卖双方互搏自然产生，也可能是主力运作资金的将计就计。我们都知道，各种经典图形是一代人的智慧结晶，被各路投资者所熟知，那么试想，作为运作主力资金来说，是否可以利用这些经典形态带来的共识达到阶段性的运作目的。比如利用头肩顶形态洗出浮筹，答案是有的。

下图是中国国旅日 K 线图，中国国旅经历了一波趋势性上涨后，在 2018 年 5 月至 10 月形成了一个显著的头部结构。

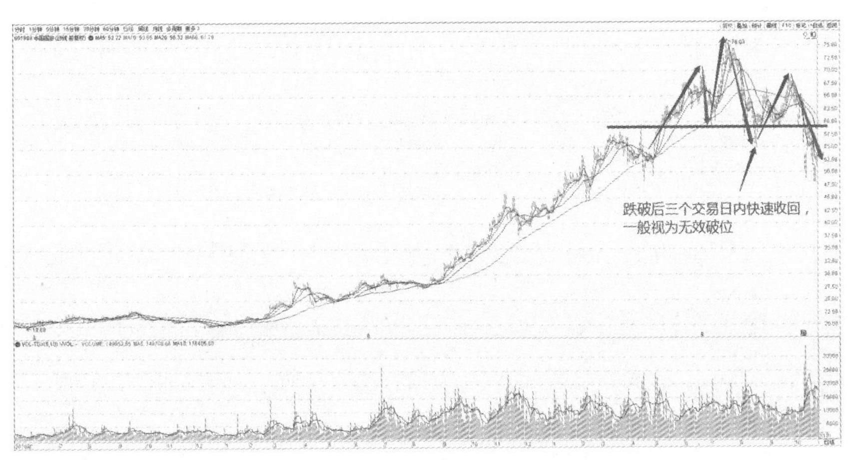

按照形态学的说法，后续迎接中国国旅的将是一轮明显的回调行情，那么事实如何呢？我们接着往下看。

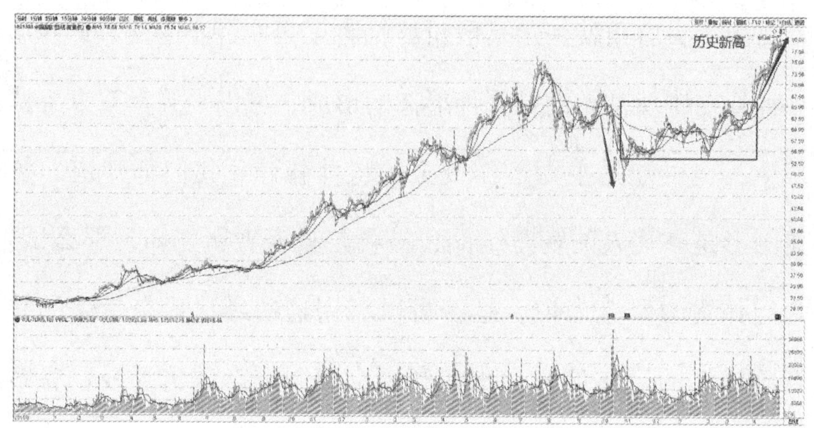

中国国旅从右肩破位处60元附近跌到50元附近企稳，最大跌幅不过20%。企稳后形成箱体震荡格局，2019年3月份左右重拾升势，随后不久又再度刷新历史新高。

中国国旅之所以能“逆势”而行，还是得益于本身主营业务的高增长和高成长性。透过中国国旅的财务报表我们可以发现公司2018年的毛利率为41.46%，同比增长11.64%。这样的毛利率增幅对于一家年营收近500亿的上市公司而言，无疑是非常大的提升。进一步挖掘原因就可以发现公司本身产品结构和议价能力的改善和免税政策的巨大受益。

所以，我们在实战投资中，一定要基于行业和公司本身进行深度挖掘，也只有这样才敢于建仓和持股，同时也只有知己知彼才知道何时该获利了结。

反转形态第一式我们做了一个解析示范，以形态为出发点，综合其他方面来进行解析。不过本堂课主要为初学者设置，后面的各类形态我们将以讲形态本身为主，帮助初学投资者快速建立对形态的感知，有兴趣的读者朋友可以模仿第一式进行过程解析。

头肩底形态

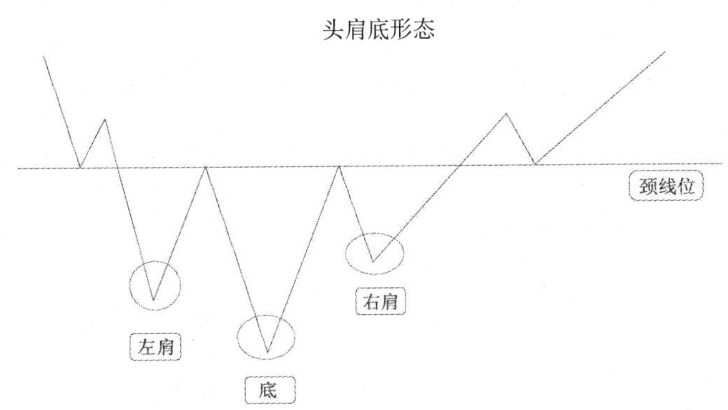

形态要点：

仔细观察不难发现，头肩底形态很像把头肩顶形态反转过来，有许多相似之处。当然在辨别头肩底形态时，除了观察 K 线形态外，成交量也是一个很重要的观测点。具体来说，头肩底一样由左肩、底、右肩及颈线形成，通常头部最低，右肩会比左肩稍高一些，但与头肩顶不同的是，头肩底的三个波谷成交量是逐步放大的。

内在机理：

头肩底左肩的形成通常是股价在下降通道中主力吸筹所致，因为有了新主力资金的潜入，买盘开始变得活跃，下方的承接力量变强，股价止跌回升，开启一定幅度的反弹。由于短期的连续反弹吸引了很多短线资金进入，同时原本不稳定的持筹者也产生了观望情绪。这些对于运作主力资金来讲都是未来较近一段时间潜在的阻力，必须得清洗出去。于是运作主力运用自己在左肩收集到的筹码对股价进行刻意的打压，乃至砸出新低，这个具有恐慌色彩的过程极易让不坚定的持筹者抛出筹码。这对于运作主力资金来讲，不仅能清洗浮筹，也能在低位收集到更多的筹码。当主力将股价刻意打压到一定价位时，便开始反手做多，使股价迅速脱离低点，此时通常主力资金已经完成了底仓的建立。完成建仓后，为了不过早暴露意图，股价进入黎明前最后的黑暗，主力佯装股价仍然未重拾升势，在颈线位附近再次刻意往下打压，很多人的心理都是“事不过三”，在这一波三折反复的走势中最终黯然离场。在图形上形成了头肩底的右肩。

一般的操作策略：放量突破颈线或者回踩颈线后可买进。

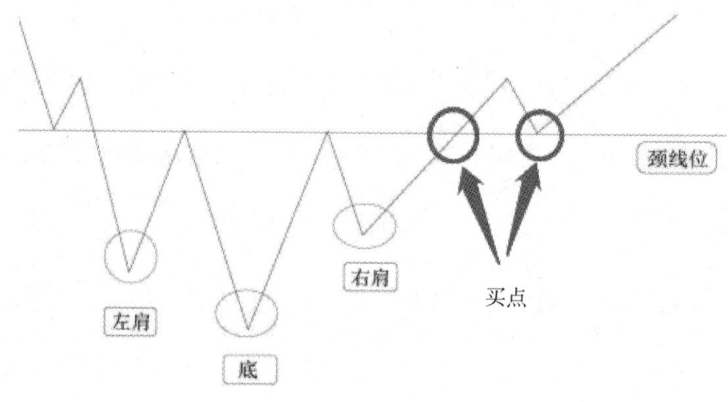

不过值得注意的是，并非所有头肩底形态都可以参与，从形态角度来讲，实际操作我们需要留意这么几个点：

①突破颈线位是较好的第一买点，作为关键的技术点位，未真的突破前，还是属于压力位，所以正常来讲会是空头部队重兵把守的地方，多方主力需要突破必然要与空方重兵进行激烈对抗，这表现在图形上就是成交量的显著放大。因此若股价突破颈线时没有放量则很有可能是假突破，此时便不宜建仓，继续保持观望才是上上之策。

②多空在颈线位激烈对峙后，最终多方取得了胜利，股价顺利放量突破。正常来讲，空方失去了最重要的防线，力量开始明显下降，股价会进入到右侧行情之中。但是如果股价一反常态，放量突破颈线位后仍然滞涨，上攻乏力，那么这里面的资金博弈情况就要比我们事先想象的更为复杂，作为大多数没有主导权的散户来讲，不必急于进场，等情况明朗之后再做打算也不失为一个好选择。

③突破颈线后，主力资金在正式拉升股价之前有些时候会最后做一次确认，即再让股价回到颈线位处接受考验，如果此时颈线位成功由阻力位转变为支撑位，基本就可以认定筹码意志在这个价位

附近已经非常的坚定，上涨阻力较小。当然也并非所有头肩底都会有一次回调确认，很多时候遇上大环境优良或者个股碰上了短期炒作风口，市场自发的做多力量充沛，股价便可一鼓作气直接进入到主升浪中，这一点我们在实战操作中需要注意大环境的影响，以免一味等待回调确认而踏空主升行情。

④头肩底双肩的时间周期跨度不宜过长，横盘时间过长一方面投资者持筹的时间成本会很高，另一方面也是运作主力不够强大的表现，反而具有一定的风险。另外由于下跌是洗盘和吸筹，通常来讲，股价反弹的速度应比下跌的速度要快。你想，如果你是主力资金，愿意让其他人有更多的时间在较低位吸纳筹码吗？道理就是如此。

⑤学会止损，一旦失败要注意及时止损。越是大周期的（如月线，周线）头肩底形态，则其上涨就越可靠。所以从月线或周线中寻找标准的头肩底形态个股参与是较稳健的选股思路之一。

一般来讲，头肩底是一个具有十足上涨潜力的底部形态，需要有一定资金实力的运作主力才能够运作的游刃有余。作为普通投资者，很难直接了解到运作主力的真实意图和最终目标，但我们可以通过研究行业和公司本身来一窥究竟，市场合力往往也是这样逐步达成共识的过程中形成的。那么哪些股票容易达成做多的共识呢？这需要我们深入的挖掘其基本面，本书多为 K 线基础知识，更多的内容可以关注股威宇宙体系中的其他系列书籍。

下面我们来看一个例子，中通国脉上市开板后在 37 块盘整一段时间之后，向下跌破，然后在 22 元附近筑底，可以发现中通国脉构筑了一个头肩底的形态，随后以放量涨停的形式突破颈线位，迎来了一波主升浪。

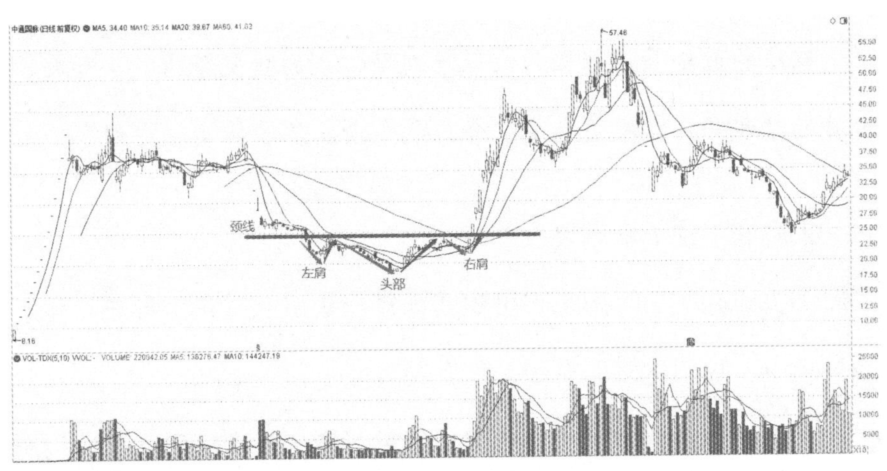

图案回顾点睛：中通国脉2017年9月头肩底形成后的日K线走势

这个头肩底形态走势非常流畅，为什么后面能走的那么凶悍，14 个交易日就实现了翻倍，完全超越了一倍的量度涨幅，整个结构非常清晰，形态也很清楚，在形成头肩底形态时不断地蓄势，股价突破颈线之后，开启了凌厉的主升浪。其实他能够走这么牛，是因为当时中通国脉成为了 5G 阶段性的龙头个股，5G 想必就不用过多解释了，中长期的大主线，在东方通信爆发之前，中通国脉就是走得比较不错的一只 5G 个股，而且走势非常果断，直接放量涨停突破颈线，而且不回踩，直接大涨，相当的凶悍。

学习延伸突破

双底的最小量度涨幅为最低点到颈位线的垂直距离，实际向上突破的过程一定需要成交量配合，也必须反复才能实现突破。

头肩底（顶）形态要点总结：

①头肩底（顶）形态都可演变为复合头肩底（顶）形态，在实战过程中，我们更多面对的是复合头肩底（顶）形态。

②成交量在突破颈线位所体现的重要性，头肩底形态远比头肩顶形态来得重要，道理就是向上需要更多的能量，向下往往可以自由落体。

③头肩底（顶）的最小量度涨（跌）幅等于最低（高）点到颈线位的垂直距离。

课后思考和作业

①能否分别找出两个假突破与真突破的案例，并说明理由？

②成交量在头肩底形态中做起的作用是什么？

感知形态：

图案回顾点睛：飞亚达A2018年11月前后日K线图

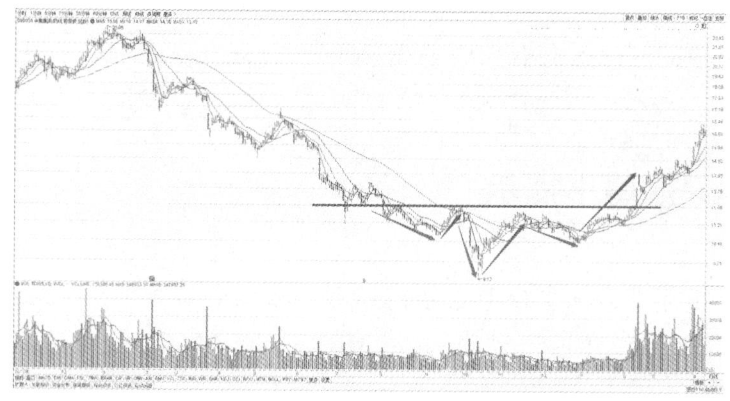

图案回顾点睛：中集集团2018年10月前后日K线图

2. 反转形态第二式：双顶与双底形态

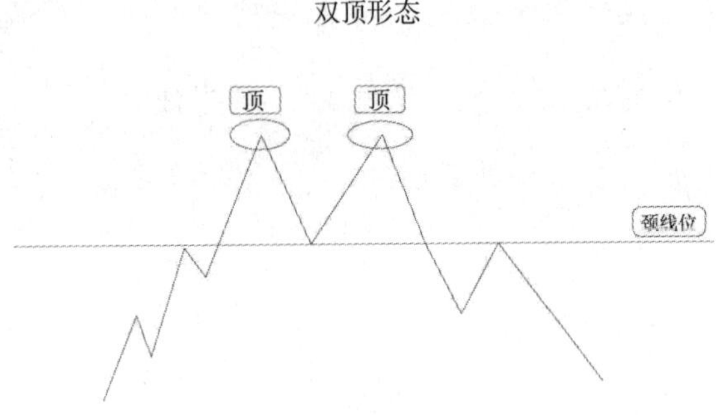

形态要点：

双顶形态类似于英文字母“M”，所以又称“M”头。双顶形态是指股价在一段时间内连续两次到达相同高度后逐步回落的形态。双顶一般出现在股价大幅上涨后，并且前期积累的涨幅越大，后期下跌的动能也会相应的增强，下跌幅度自然也会更深。同时，两个顶的成交量也会有明显差异，正常情况下，第二个顶的成交量相比第一个顶的成交量会有显著萎缩。

学习温馨小提示

双顶形态、三重顶形态等顶部形态在完全形成前，与矩形上涨中继形态不易区分，容易混淆。

面对这种情况，首先我们可以先观察股价前期涨幅情况，比如从前期低点算起只有二三十个点的涨幅，显然是顶部的概率会比较小。如果是整数倍的重要心理涨幅关口，则要警惕高位的风险。第二，可以通过观察两个“顶”对应的成交量情况，如果第二个顶出现进一步放量的情况，则需要进一步观察接下来的走势，不能过早判断是顶部。第三，观察颈线位的支撑效果，不破位则不需要先入为主认为顶部已经形成。

当然，这些是较为直观的观察角度，方便快速做出初步的判断。最终的根本还是这家公司值不值这个价。公司的市值有没有被过分高估，企业未来的成长性是否能支持股价维持在高位或进一步拓展空间，行业是否具备向上的想象空间，公司的属性是否符合市场资金的审美等等。所以只有回归基本面和成长性，才能真正有效判断出股价是否真的见顶。

内在机理：

双顶形态出现在股价大幅上涨之后，当上涨到一定水平时，成交量显著放大。背后是多空双方的意见分歧激增，双方对市场或个股后市的看法不一。由于持筹者获利颇为丰厚，占据一定的优势，随着多方的力量衰竭，股价开始掉头回落。但股价下跌至某一位置时，如形态支撑位、重要均线位等，个股开始得到前期踏空资金和技术分析派的关注买入。重整旗鼓的多方力量开始发挥作用，股价逐步企稳回升，直至逼近前期高点。

但由于股价的回升本质只是“抢反弹”，所以下方买盘随着股价的回升会变得越来越弱，交投活跃程度的下降表现为成交量的明显萎缩（相比第一个顶）。最终股价在前高位置附近再次回落，直至一举跌破颈线位，原本的支撑位转变为压力位，股价经历短期的反复后（也可能没有这个过程），形势彻底反转，从右侧行情走向左侧还债行情，双顶形态形成。

一般的操作策略：

双顶是一种强烈的转势信号，一旦形成，作为持筹者来说迅速离场是明智的选择。因此，观察颈线位的支撑效果和成交量的变化就显得尤为重要。

接着我们来看一下双顶的案例：

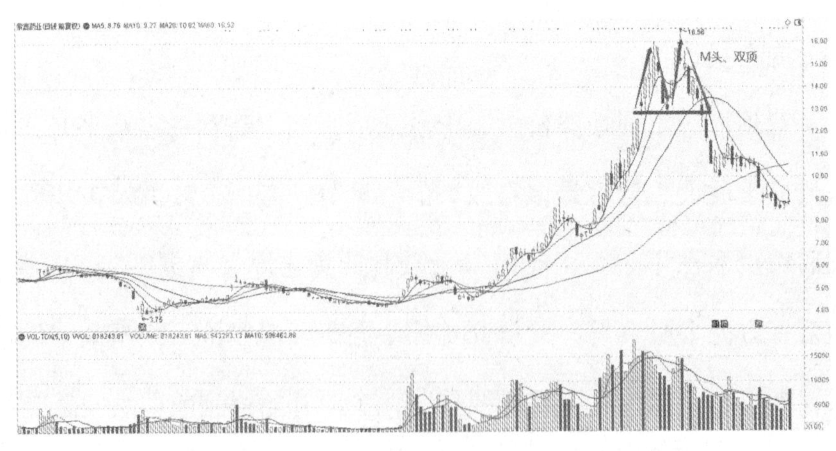

图案回顾点睛：紫鑫药业双顶形态破位后的走势

紫鑫药业的双顶结构非常漂亮，在构筑顶部前，该股的整体涨幅已经接近两三倍，涨幅已经比较大，而且工业大麻的炒作也告一段落了，主力自然需要落袋为安了，M头形成之后，下跌也比较直接，反抽确认的力度也不强，最终直接下跌到现在。

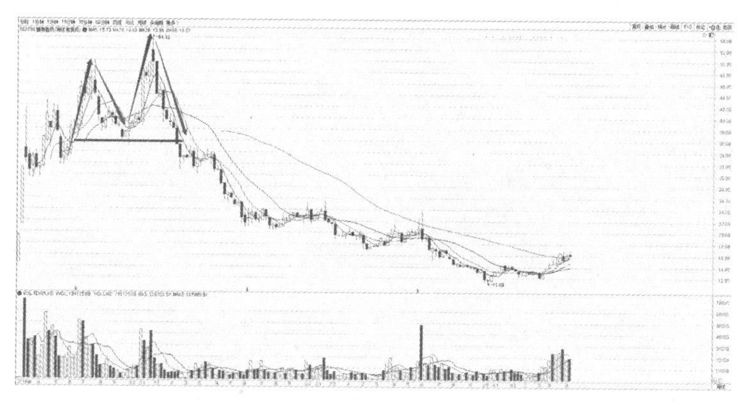

图案回顾点睛：鹭燕医药周线级别的双顶形态形成后的破位走势

周线级别的双顶，振幅较大，后面下跌的幅度也很大，鹭燕医药周线双顶破位后最大跌幅近70%，可以想象，如果仓位较重，套在上面，不仅是心灵的摧残，资金也被消耗殆尽，鹭燕的持续下跌，市场环境也占据了一定的因素，2017、2018年的行情是比较熊的，溢价过高的品种一旦掉下来，也是相当惨的。

学习温馨小提示

技术分析，一般小周期要服从大周期，周期越大作用力越强，这也就解释了“横有多长竖有多高”这句话，但这也并不是绝对，如果缺失引爆逻辑，或者行情不给力，又或者业绩爆雷等等，也许就演变成另外一句话“横久必跌”了，不过一般这句是用在相对高位的时候，所以单一的技术形态也是非常不完整的。

感知形态：

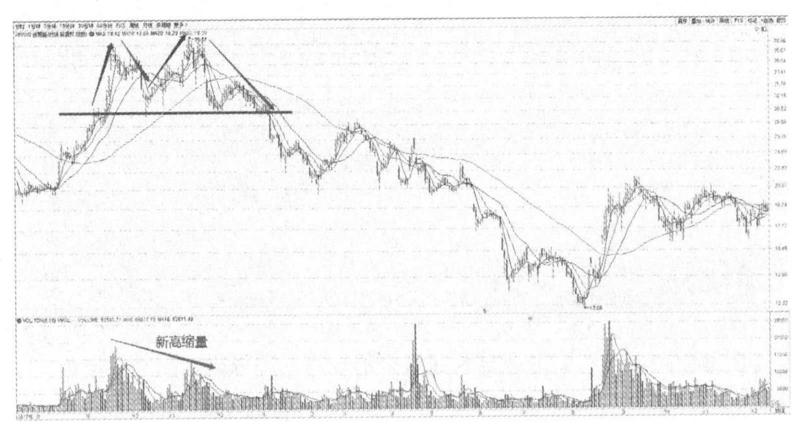

图案回顾点睛：新易盛2017年11月前后日K线图

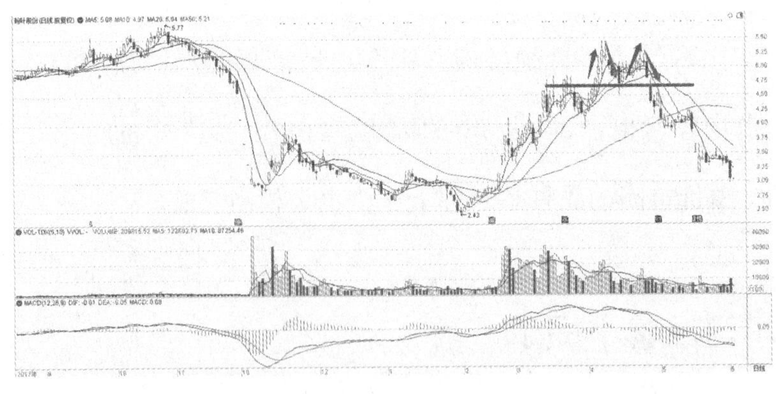

图案回顾点睛：瀚叶股份2019年4月前后日K线图

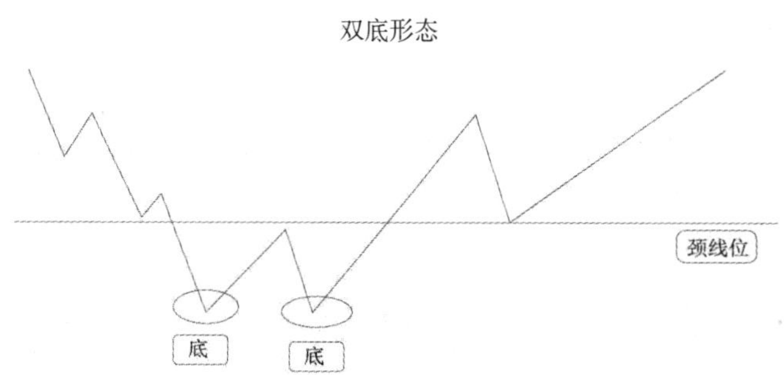

形态要点：

一个完整的双底包括两次探底的过程，也反映了买卖双方力量的博弈，在市场上形成圆底的机会相对较少，反而形成双底的机会较多。因为投资者往往难以忍耐股价多次探底，当股价第二次回落而无法创新底的时候，投资者大多开始补仓介入了。

一般来说，双重底的两个低点通常在同一水平线附近，但也会见到两个低点或高或低。当第二个低点比第一个低点高时，较被市场看好，双重底在突破不成功时，也常常会演变为三重底或多重底，这就演变成俗语讲的横有多长、竖有多高。底部越扎实，且在底部运行的时间越长，那随后产生的行情可能就越大。

学习温馨小提示

注意这里的用词，是可能！并不代表筑底时间越长就一定能越高，凡事没有绝对，也会有失败，也会有时间很短却很高的情况，具体我们还是要具体案例具体分析，结合基本面、引爆点等。

最佳的双底应该是这样的，即股价第二次下探时，成交量迅速萎缩，显示出无法下跌或者是没有人肯抛的状态，事情发展到这个阶段，双底形态可以说成功了一半，而另一半决定于什么呢？决定于有没有新的买入力量愿意在这个价位上接货，即有没有主动性买盘介入。

一般来讲，股价跌无可跌时总有人去抄底，但有没有人愿意出稍高的价钱就不一定了。如果股价二次探底之时抛压减轻，但仍然无人肯接货，那么这个双底形态可能会出问题，股价在悄无声息中慢慢跌破上次低点，这样探底就失败了。

内在机理：

股价在长期下跌后，遇到合理支撑，此时持有者亏损严重，普遍惜售，抛压很轻，在抄底盘和空头回补者的买入下，股价出现一次较为有力的反弹，当上升至某水平时，由于前期的连绵下跌导致投资人看淡后市，于是套牢盘及短线获利盘逢高卖出，股价再度回落，在股价二次探底的过程中，错过上次行情以及对后市充满信心的投资者，就会趁回调时买入，令股价无法跌穿上次低点，随着股价的回升，越来越多投资者加入买方阵营，最终股价在巨大成交量配合下，突破上次高点，上升趋势确立，双底形态也因此形成。

只有当二次探底时抛压极轻，成交萎缩之后，又有人愿意重新介入该股，那二次探底才能成功。在这种主动性买盘的推动下，股价又开始上升，并以比第一次反弹更大的成交量向上突破，这个双底形态才算成功。

操作策略：

①双重底的颈线被向上有效突破时，是一个较为可靠的买入点。

②股价突破颈线压力后，有时会有一次回抽，来确认颈线的支撑和是否形成有效突破，此时成交量要小，当颈线的支撑被确认有效，再次反身上攻时，可作为较佳的买点。

③双重底的第一个低点与第二个低点之间，如果时间跨度太短，那么形成的双底的信号就不太可靠，有时机构会用这种手法来骗线，对此大家要警觉。

下面我们来看一下简单的双底案例。

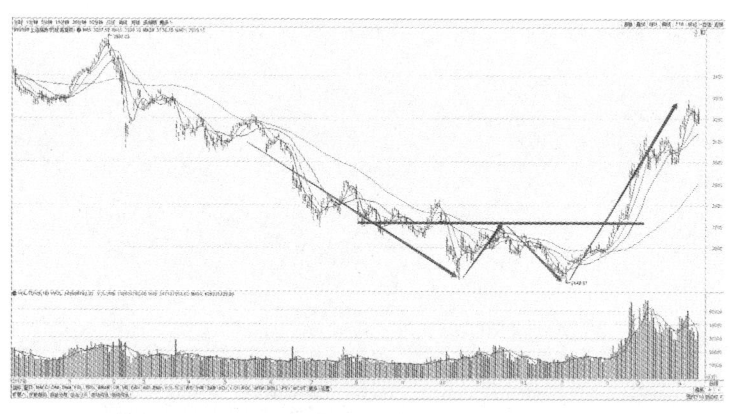

图案回顾点睛：上证指数双底构成成功之后的走势

这是2019年春季攻势开启的一波上涨行情，上证指数从2440点开始走出了一波不错的走势，从K线图我们就可以直观的看到，一个W的形态，看下成交量，其实也是一个W的形态，但是突破颈线时，右边的成交量明显是温和放大的，说明突破有效，走出了右侧。形态上一眼就看到了，但是在2440开启的这波行情走势中，深有体会的人就很清楚的知道，2440点开始这一个月的时间，各种各样的雷，业绩爆雷，商誉风险等等，很多人是非常悲观的，是很看空的，等完成了双底形态上来了，还有人没反应过来，甚至还有完美全程踏空者，在这里主要讲形态，那我们看下双底的颈线位，其实还给了一次回踩的上车机会，所以技术的辅助性也还是很重要的，就算错过了双底，但是双底形态的买入点及时介入的话，还是能吃到后面这部分的，至少也不至于会踏空。

刚才是成功的案例，那这里再看个失败的案例。

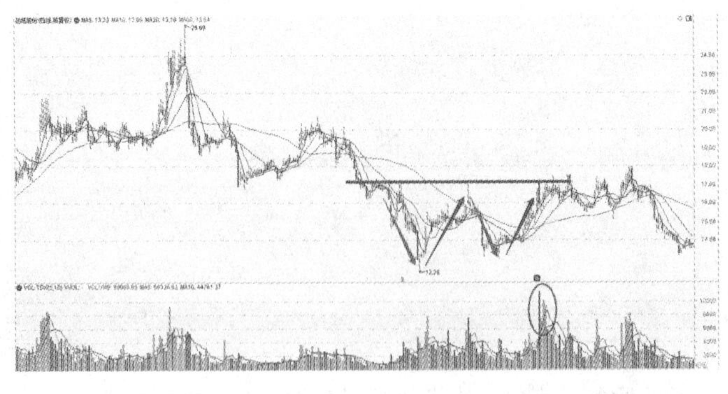

图案回顾点睛：劲拓股份2017年6月双底部形态

劲拓股份的双底为什么没有成功，我们从技术形态上来看一下，多次上攻颈线无果，上方压力非常巨大，没有成功突破颈线，形态并没有完成！而且再来看下成交量，很明显是放量滞涨的，说明资金分歧很大，合力也没能形成。

学习延伸突破

什么是形态的完全体？说白了，就是完成突破了，形成了一个完整的形态结构。如果没有没有突破颈线，那就是还处在筑底的过程中。

放量滞涨是指股价上涨幅度与成交量放大的幅度不匹配。股价上涨幅度不大，成交量却呈巨量。这种情况一般是由于主力出货造成的，一般出现在相对高位。当然也有另一种情况，当股价突破重要压力位时，也会放出巨量，这需要具体问题具体分析。

感知形态：

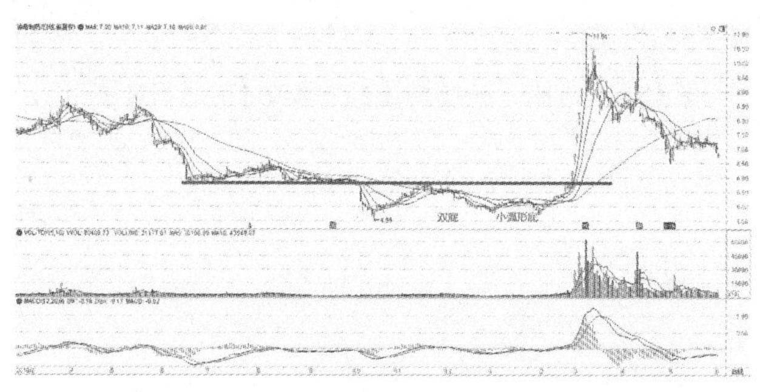

图案回顾点睛：神奇制药2019年2月前后日K线图

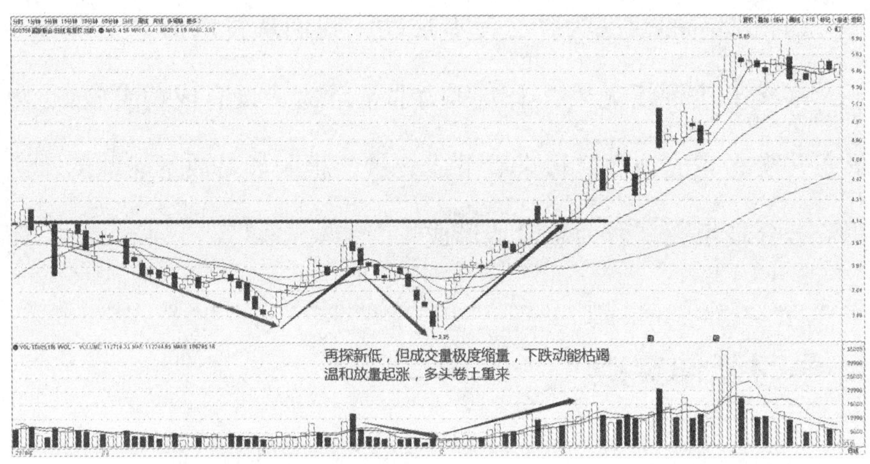

图案回顾点睛：国旅联合2019年2月前后日K线图

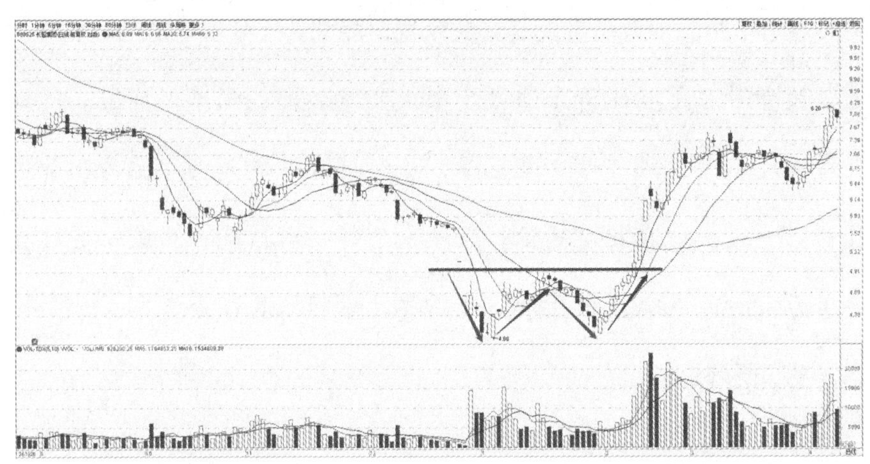

图案回顾点睛：长园集团2019年1月前后日K线图

3. 反转形态第三式：三重顶与三重底形态

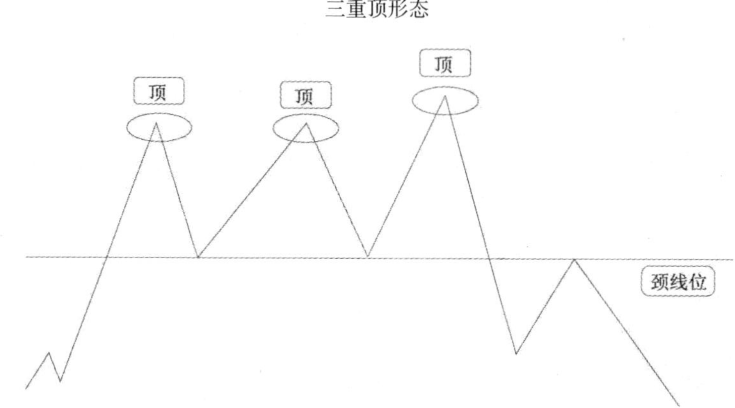

任何头肩型，特别是头部超过肩部不够多时，可称为三重顶（底）形。三重顶形态也和双重顶十分相似，只是多一个顶，且各顶分得很开、很深。成交量在上升期间一次比一次少。三重底则是倒转的三重顶，分析含义一样。

形态要点：

三重顶是双重顶的复合形态，又称三尊头，比双重顶多一个头，三重顶形态是在一段时间内连续三次到达相同高度后逐步回落的形态，双顶只有一个波谷，三重顶则有两个波谷，而两个波谷的连线即为颈线，三重顶是头肩顶的一种变异形，相同点是颈线位相同，不同点则是三重顶的三个顶点近乎在同一水平，而头肩顶则冒出了头部。

内在机理：

其实和头肩顶形态类似，不过这里我将换一个角度来讲述。在积累了一段涨幅以后，已经有大量的获利盘，随时都有可能抛售，主力继续拉升抛压将会很大，而且获利丰厚，做多氛围强烈，所以开始第一次出货，股价开始下跌。跌到一定位置后，主力停止出货，而且投机的短线资金也会介入，主力有些时候也会小资金配合拉升营造强势，也就形成了第一个波谷。随后上涨来到前期高点附近，信心不足的投资者、短线客以及主力一起出货，股价就回到前一个低谷的位置，可能前期营造的氛围还在，短线资金活跃继续投机，主力也可能出货未尽，便走出了第三波，形成了第二个波谷，否则直接放量跌破，那也就是双顶了。再次来到高点附近时，此刻主力和短线资金纷纷撤退，做多人气越来越差，根本不可能向上突破，股价再次回落，常言道事不过三，三 次上攻无果，便会有越来越多的人进行抛售，一旦跌破颈线位，形态也就这样完成了。

从成交量的表现上来看，第一个顶部因为氛围最强，承接力度也较大，主力出货也较多，自然成交量也会比较大，而第三个顶部，做多氛围比较差，主力资金出货也差不多了，股价自由落体也可以下跌，自然也无需太多成交量，而为什么跌破颈线位时又会放量呢？其实也不难理解，三重顶形成之际，越来越多的人会看空，恐慌情绪也会蔓延，里面的资金夺路而逃，成交量自然也就放大了，所以放量突破颈线位，就更加确认了信号。

学习温馨小提示

主力并不是单一的个体，也不是庄股（庄股最好不碰），而是多个机构、私募、牛散等众资金的合力。

操作策略：

①三重顶形态是较为可靠的看跌信号，看到此形态应考虑卖出股票。

②在三重顶形态尚未完成时，如果前两次上攻失败，第三次上攻出现成交量萎缩的状况，或是未能达成之前的高度，则说明多方缺乏上涨动能，形成三重顶形态的可能性极大。此时，应该进行减仓操作。

③当股价跌破颈线位时，表明三重顶形态已经构筑完成，投资者应尽快卖出。

④当股价跌破颈线后，也可能在不久会回抽到颈线附近进行确认。这时往往会受阻再度下跌，对于投资者来说，这仍是一次卖出的良机，但这一回抽动作并不一定会出现。

下面我们来看一下案例。

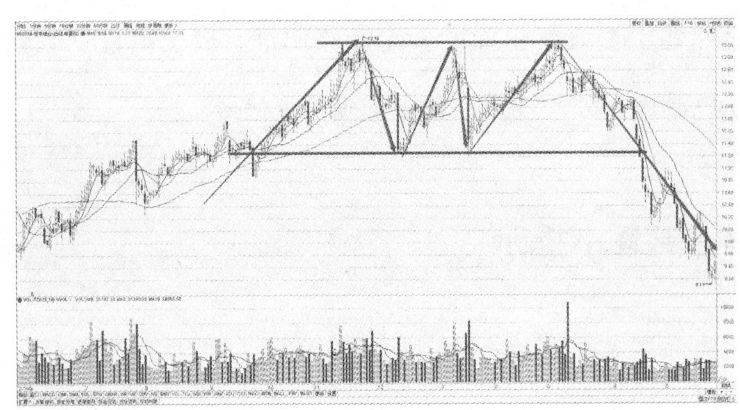

图案回顾点睛：恒丰纸业2016年中至2017年中日K线走势

恒丰纸业的三重顶很直观，形态形成后，就是持续的下跌，我们从成交量上可以看到，阴线基本都是在放量的，尤其是第三个顶部的时候，放巨量下跌，出货很明显，跌破颈线的时候，阴线也还是在不断放量的，这个顶部构筑的很明显。

感知形态：

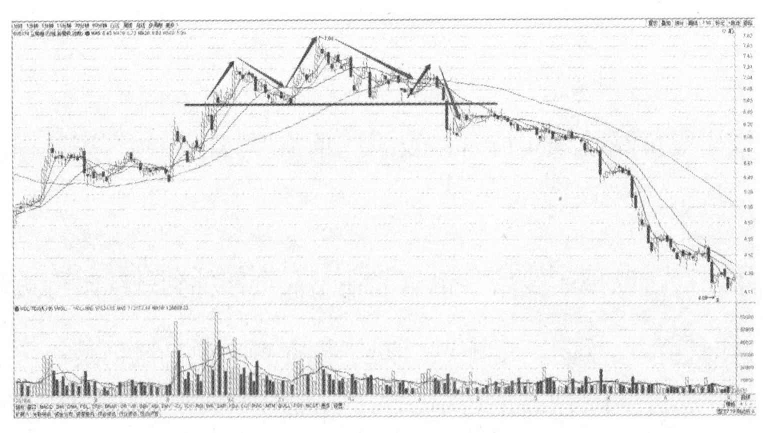

图案回顾点睛：三房巷2016年11月前后日K线走势

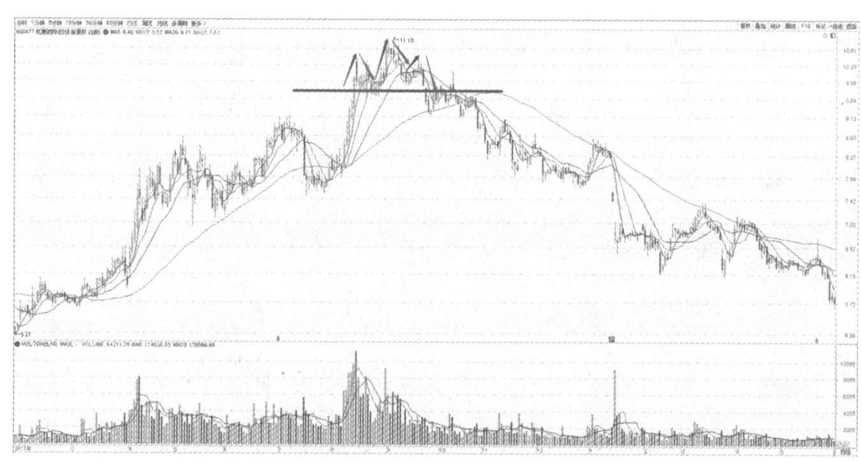

图案回顾点睛：杭萧钢构2017年9月前后日K线走势

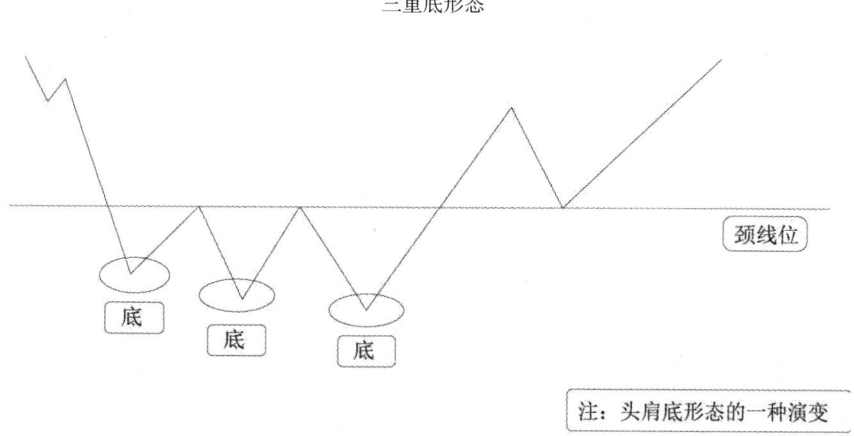

形态要点：

三重底是双重底的复合形态，与双重底形态相比，三重底多一次探底过程。股价跌到低位后，多空双方达成平衡，致使股价在一个极其狭窄的区间内波动，成交量也大幅萎缩，在 K 线图上表现为前后经过三次探底，然后突破颈线，走出右侧。三重底的三个底部低点大体处在同一水平线上，但三重底的三个底部低点的间隔距离与时间却不必相等，且间隔的距离越大，后市上涨的空间也会越大。

内在机理：

三重底走势与三重顶完全相反，股价下跌至一定阶段之后，恐慌情绪蔓延，此刻主力建仓，能拿到较多的筹码，而且空方回补以及短线客也会助力反弹。但反弹至一个高度，主力停止买入，甚至小仓位做差价打压股价，部分短线客也顺势出货，也就形成第一个波峰。套牢盘害怕继续下跌，便又使得主力轻松获得筹码，主力继续逢低吸纳，又使得股价开始上升，如果直接突破也就是前面所谈的双底了，而此时抛压并不会太重，但反弹至第一个波峰附近时，主力停止买入，让其自由落体，而且前一个波峰未出的以及剩余套牢盘就担心继续下跌，再次卖出，形成第二个波峰。但这次回落到前两次反弹低点附近，主力继续吸筹，而且更多的跟风以及短线资金也会蜂拥而至，甚至空翻多，共同推动股价突破前两次波峰（即颈线），三重底走势正式形成。

而从成交量的表现上来看，主力吸筹虽然暗流涌动，但还是真金白银的买入，上涨时就会放量，而下跌时，主力并没有卖出或者卖出较少，而且套牢盘抛压也是越来越小，所以下跌时成交量却是逐步萎缩的，那最后为什么突破附近成交量很密集呢？其实也不难理解，三次没有再创新低，也就增强了做多的信心，而且在突破颈线位的时候，甚至空翻多了，所以在突破准备走右侧时，成交量就是一个逐步放大的过程，突破颈线时，成交量也就比较大。

操作策略：

当股价形成三重底且伴随着量能的放大，股价具有突破颈线位的趋势时，可积极介入；当股价成功突破颈线位时，也是较好的买入时机；当股价有效突破颈线位回抽确认后是极佳的买入时机（也会有不回抽的情况）。股价形成第三个底部低点的周期越长，上涨力度就越大。

三重底的案例

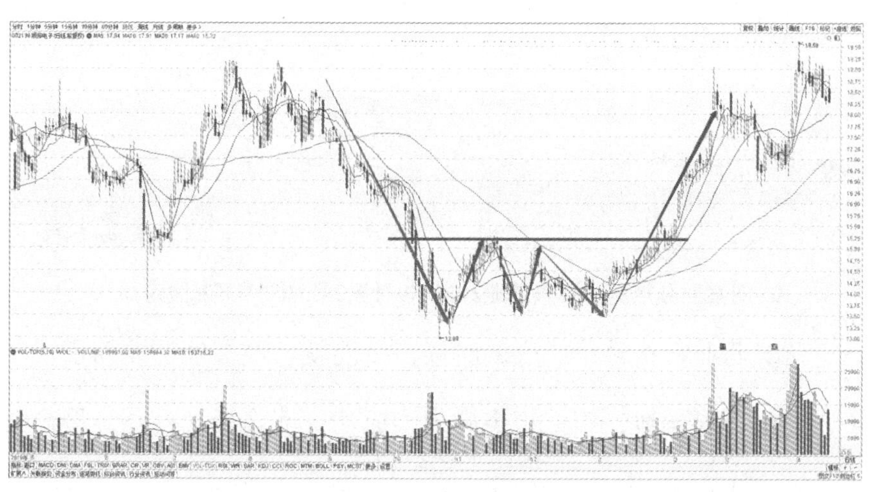

图案回顾点睛：顺络电子2018年9月至2019年4月日K线走势

顺络电子三重底，构筑到第三个底部时，成交量是较为萎缩的，在突破颈线这一波的走势的成交量，是逐渐慢慢放大的，放量突破颈线位后，调整了几天回踩了一下颈线，后面便走出了一波比较流畅的涨幅。为什么放量突破的成交量放的并不是很大，颈线压力看起来好像很小？其实注意下顺络电子上涨的时间，这个时间正好是5G龙头东方通信表演的时候，大家对5G极度的看好，顺络电子完成了底部结构，而且也是5G相关，自然跟风起来也就顺畅多了。

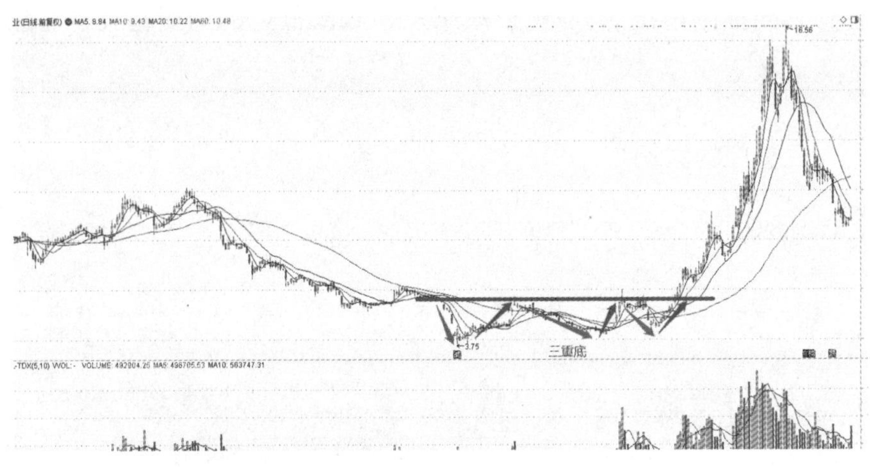

图案回顾点睛：紫鑫药业2018年9月至2019年2月日K线走势

紫鑫药业在构筑第二底的时候，量能就已经极度的萎缩了，放量二连板直逼颈线，第三板突破未能成功，涨停板被打开，最终没有突破颈线而回落了，构筑第三底的时候，上涨放量，下跌逐渐缩量，整体也是比较好的，温和放量突破之后，走出了一波极为流畅的走势，涨幅翻倍。有人就会问了，他怎么涨那么凶，这里我提一只个股，顺灏股份，没错，就是炒工业大麻，炒作非常火热的一个题材，紫鑫药业也是这个题材。

双底（顶）和三重底（顶）形态要点总结：

①无论是双底（顶）、三重底（顶），甚至是多重底（顶），它们本质上都是从头肩底（顶）演变而来。

②形态上的上涨突破往往需要更多成交量，形态下跌突破往往就不需要太多的成交量。

③最小量度涨（跌）幅等于最低（高）点到颈线位的垂直距离。

课后思考和作业

①能否分别找出两个假突破与真突破的案例，并说明理由？

②成交量在头肩底形态中做起的作用是什么？

感知形态：

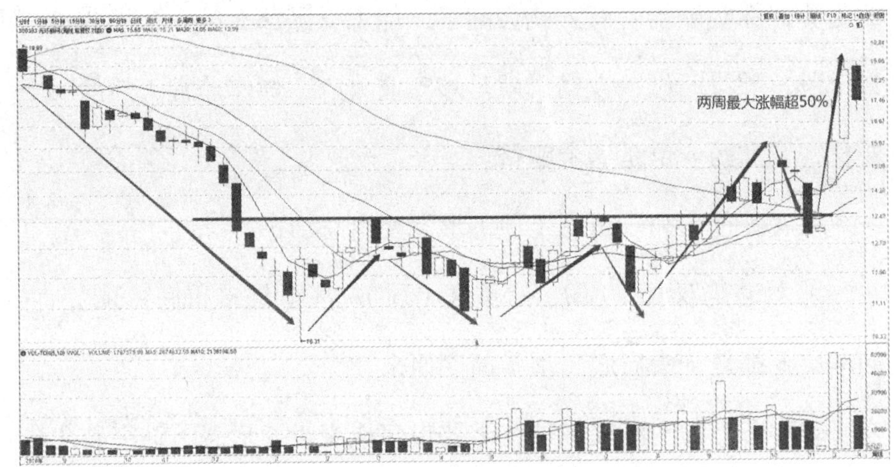

图案回顾点睛：光环新网2017年5月前后周K线图

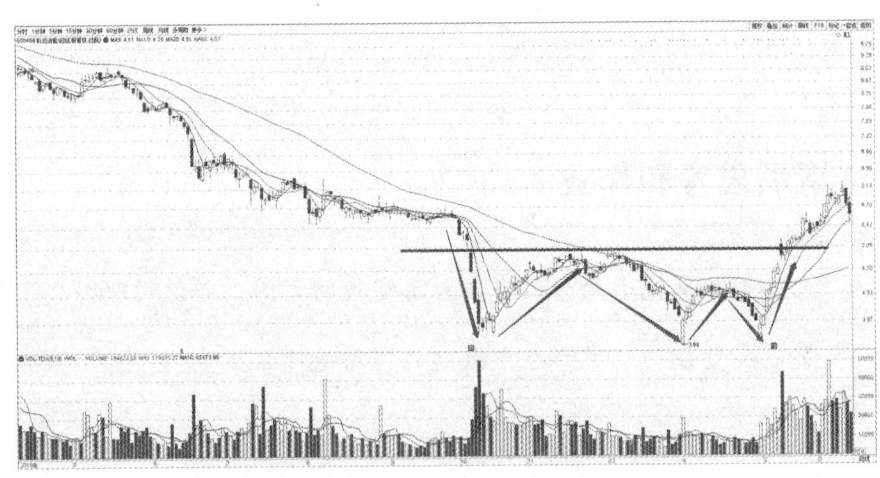

图案回顾点睛：科达洁能2019年1月前后日K线图

4. 反转形态第四式：圆弧顶与圆弧底形态

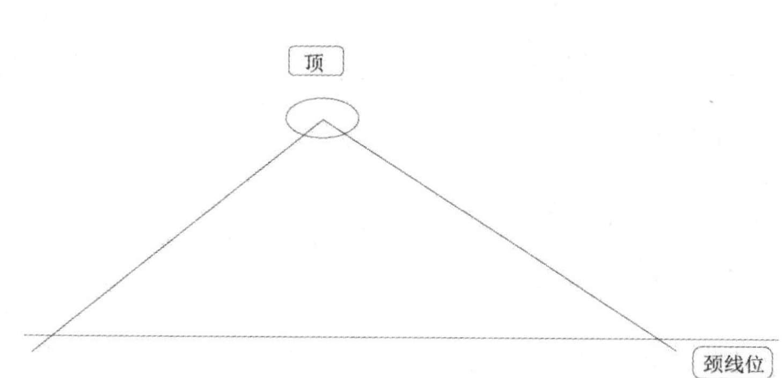

圆弧顶与圆弧底是两种常见的反转形态，投资者及市场分析人士均相当重视对其研判，在头肩形反转形态中，股价起伏波动较大，反映多空双方争斗激烈，在突破颈线后，形态成立。而圆弧顶以及圆弧底形态是渐进的过程，市场多空双方势均力敌，交替胜出，使股价维持一段较长时间弧状，最终才会出现反转行情。

形态要点：

在到达圆弧顶的顶点之前，股价呈弧形上升，虽不断创出新高，也只是比前一个高点稍高而已，接着高点走平，随后就开始回落，然后每波回升高点都略低于前高，这时把这些短期高点连接起来，就形成了圆弧。

内在机理：

圆形顶是多方在维持一段股价或指数的涨升之后，买方力量逐步减弱，难以维持，涨势趋于缓和，而空方力量却开始加强，双方力量逐渐均衡，此时股价保持平台整理的状态，一旦空方力量超过多方，股价便开始回落，起初只是慢慢改变，跌势并不太明显，但随后空方完全控制住局面，跌势转急，表明一轮跌势已经来临，先知先觉者往往在形成圆弧顶前便已抛售出局，不过在向下突破圆弧顶颈线时出局也不算太迟。

在成交量上没有固定特征，一般呈逐级递减，在开始股价上升时成交量有所增加，在升至顶部时显著减少，在股价下滑时，成交量又开始稍放大，有时也会出现巨大而不规则的成交量，当突破颈线时，技术操作者就会止损出局，成交量也会稍有放大。一般出现圆弧顶很可能是庄家水煮青蛙式的出货。

操作策略：

①由于圆弧顶形态耗时较长，没有像其他图形有着明显的卖出点，但其有足够的时间让投资者依照趋势线，或重要均线系统及其他指标在形成之前及早退出。在跌破颈线 3% 或 3 天在颈线下方，即向下突破确立后，可采取卖出策略。

②在圆弧底末期，股价跌到一定程度时，会引起持股者恐慌，

也会使跌幅加剧，常出现跳空缺口或大阴线，此时是一个强烈的出货信号，应果断离场。

③圆弧顶成交量多呈现不规则状，一旦圆顶右侧量小于左侧量甚为明显时，圆弧顶形成的机率就高，随时关注，当感觉有风险时，可考虑提前卖出。

圆弧顶的案例

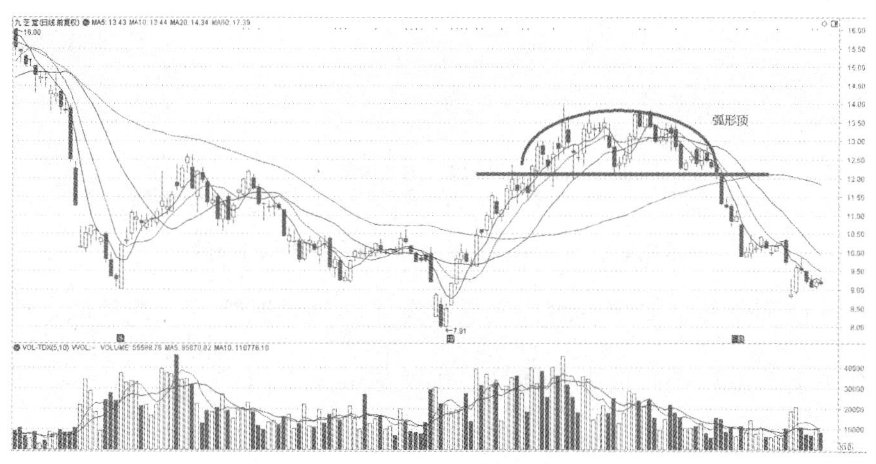

图案回顾点睛：九芝堂2019年3月至4月日K线图

从成交量上也是清晰可见，圆弧左半边是多方优势逐渐减少，到中间平衡了一小段时间，然后成交量逐渐慢慢减少，跌破颈线的时候，放量阴线直接下来了，而且可以看到一个有意思的地方，阴K 线在圆弧顶蓄势时，并不是很大，跌破之后又快又流畅，阴 K 线也大。不仅底部构筑时间越长，向上突破宣泄越激烈，在顶部也同样适用。所以圆弧顶的顶部，要尽快卖出，像九芝堂这里回抽动作都不给你，那就尴尬了。

再看一个历史的圆弧顶：

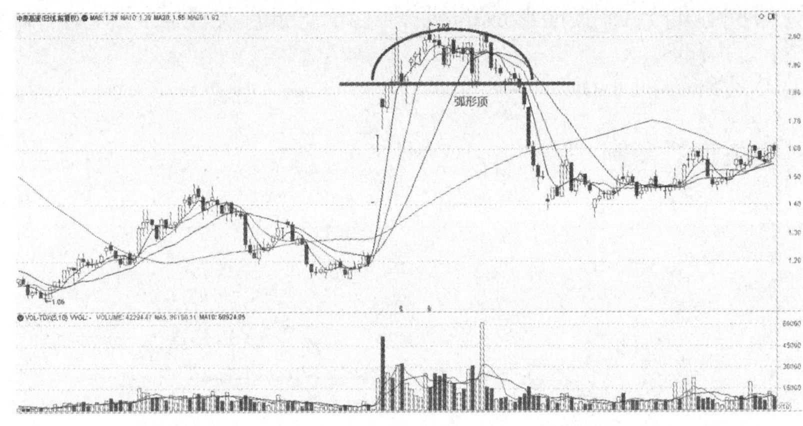

图案回顾点睛：中原高速2006年6月至7月圆弧顶图

这个就非常简单的可以判断出来了，这个圆弧顶构筑期间，阴线不断放量，还有放巨量滞涨，很明显的见顶信号。

学习温馨小提示

时代在进步，不论是技术或是其他，都已经不是一眼就能看穿的了，我们也要进步，学会综合判断，成功率才会更高。

弧形顶并不局限出现在顶部，有时候也会出现在中间的位置，如中集集团的走势：

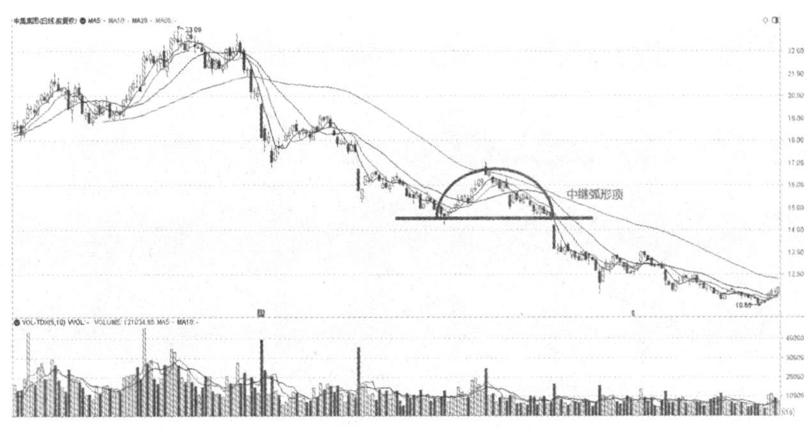

图案回顾点睛：中集集团2018年5月至6月日K线图

2018 年是比较残酷的一年，这一整年行情都是在下跌的，很多个股都是一泻千里，中集集团也是走出了一波凌厉的下跌，期间就走出了一个圆弧顶中继，到达圆弧顶中间位置时，放出了阴量，跌破颈线时也还在放阴量，跌势非常凶残。

圆弧顶也可以处在中继上涨的位置：

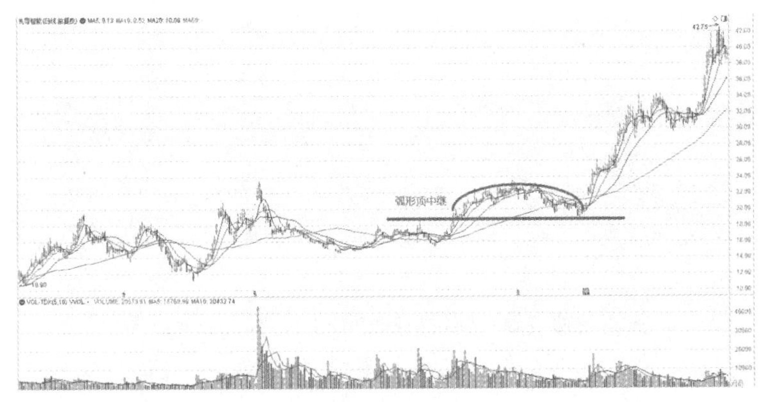

图案回顾点睛：先导智能2017年5月前后日K线图

感知形态：

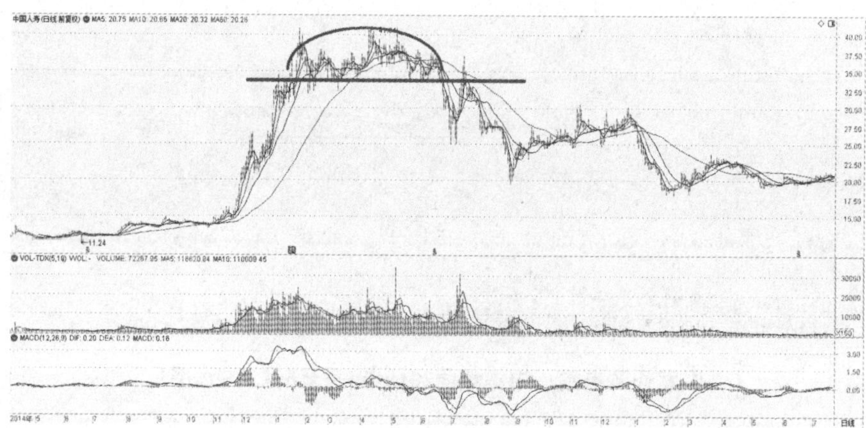

图案回顾点睛：中国人寿2017年3月前后日K线图

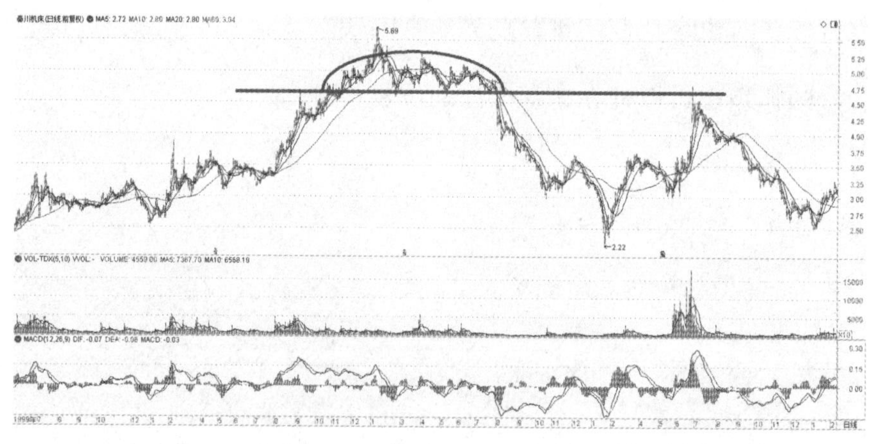

图案回顾点睛：秦川机床2001年2月前后日K线图

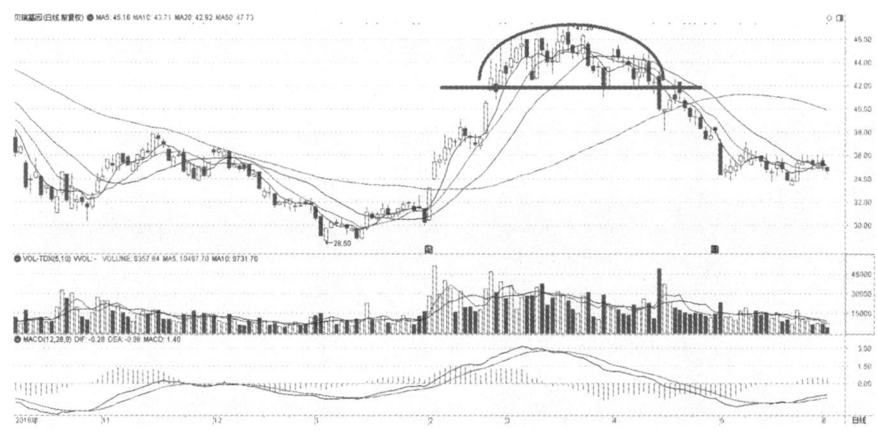

图案回顾点睛：贝瑞基因2019年3月前后日K线图

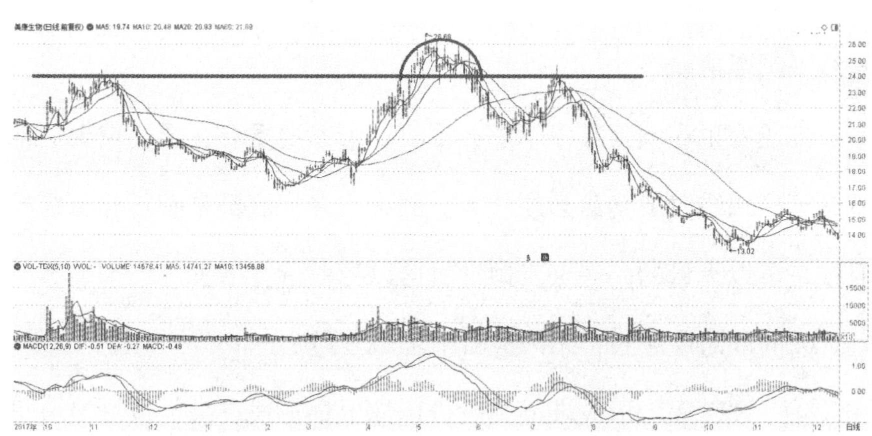

图案回顾点睛：康美生物2018年5月前后日K线图

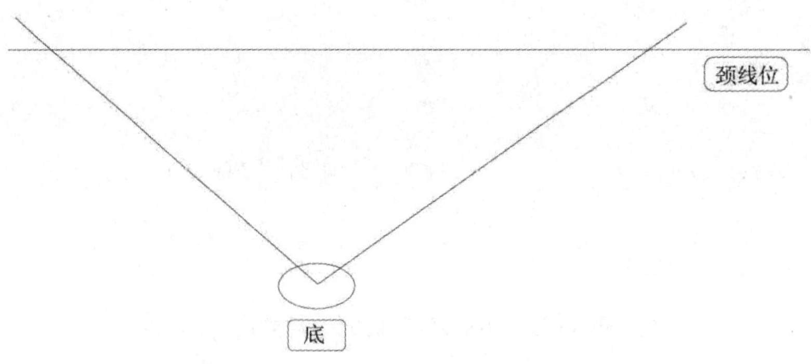

形态要点：

①股价变动简单且连续，先是缓缓下滑，而后缓缓上升，K 线连线呈圆弧形。

②成交量在圆弧底中不那么重要，形态更重要，要说重要，那就是突破颈线时成交量必须放大。因为很多大底都是圆弧底，跌的时候是可以无量的，一点点抛盘就可以把股价打下去。

③时间跨度越长，未来股价上涨幅度越大。

④“圆弧底”形成末期，股价迅速上扬形成突破，成交量也显著放大，股价涨升迅猛，往往很少回档整理。

内在机理：

由于股价长期下跌之后，很多投资者高位深度套牢，亏损巨大，便选择了长期持仓不动，被动等待解套，慢慢空方的能量基本释放完毕。但由于前期下跌杀伤力强，短时间难以形成买方氛围，也无法快速脱离底部，只有长期停留在底部休整，以时间换空间的形式慢慢恢复元气，价格便陷入胶着，震幅很小的状态。圆弧底也清晰显示了多空双方力量的此消彼长，平缓变化及主力吸纳的全过程，股价一路缓慢下跌并持续一段时间，空方力量逐渐减弱，主动性抛盘也逐渐减少，但此时买卖双方都不愿积极参与，于是出现了成交量随着股价下跌而持续下降的状态，等多空双方都精疲力竭，股价跌幅越来越小，直至向水平方向拓展，成交量也是极度萎缩，在这过程中，开始有主力机构或先知先觉者悄悄吸筹，买盘使股价慢慢攀升，形成了碗形或弧形较典型的股价走势，多方力量逐渐增强，股价和成交量也缓缓上升，最后收集完成时，买方力量完全主导之后，突破弧形底，短期涨幅相当惊人。

上涨幅度：至少为低点至颈线的垂直高度。同时，时间跨度越长上涨幅度越大。

操作策略：

①圆弧底的成交量曲线也呈圆弧状，即在底部成交量最小，在股价上升时，成交量会逐步增加，圆弧底是易于确认和非常坚实可靠的底部反转形态，出现圆弧底的苗头可在右侧买进，有时

圆弧底部形成后，股价并不随即上涨，而是先走出一个来回窄幅拉锯的平台，此处买进也比较好。圆弧底看起来简单，但要真正把握好，大格局的视野必不可少，如果眼光短浅，就算看到了圆弧底最终也会被三振出局，所以投资者也要注意在启动前的震仓洗盘。

②在圆弧底形成中，由于多空双方皆不愿意积极参与，成交量极小，价格显得异常沉闷，这段时间显得很漫长，所以不要过早介入，也可选择在突破颈线时买入。

注意事项：

圆弧底虽然是一种重要的底部形态，但是在使用中，我们需要谨慎对待其形成机理及其图形特征，在操作中要结合市场环境、股价长期趋势的发展状况综合分析，才能做到无往而不利。

学习温馨小提示

很多朋友可能认为平底和圆形底有些相似，但两者的主要区别在于，构成平底的K线可大可小，且一般只有几根K线构成，而构成圆形底则是由十根以上的、实体很小的K线组成，而且平底多见于波段性调整的底部，圆形底常见于历史性大底。

圆弧底的案例

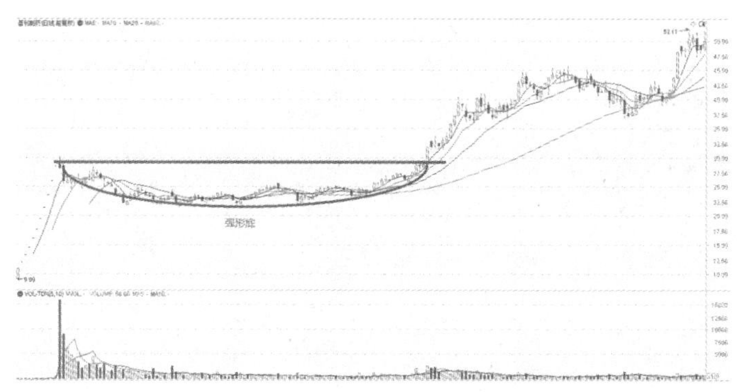

图案回顾点睛：普利制药2017年4月到2017年9月的圆弧底日K线走势

如图所示，普利制药在大幅拉升之前有将近五个月的横盘状态，如此之久的构筑和突破动作，使未来走势冲入云霄。在做多的过程中人气高涨题材活跃，给后市进一步的走高打下基础。

这是一个标准的弧形底，成交量和K线走势都非常的流畅，而且该股基本面也非常不错，保持稳定增长，2018年其中半年的下跌，普利制药也都抗住了且继续上涨，涨幅也很不错。而且可以看下普利制药突破的那一天，放量涨停突破颈线位，非常果断坚决，这个底部形态可以说是非常完美。

下面是新能源锂电池的一只代表个股，天齐锂业在走出波澜壮阔的行情之前，也是构筑了一个弧形底，但是和普利制药不同的是，突破颈线之后，天齐锂业花了一段时间进行回踩，形态上来讲就是上涨旗形的走势，然后才开启主升浪，很多投资者就死在了黎明前，好不容易熬了一个大圆弧底，但是蓄势回踩那么久，耐心都磨没了。

洗盘结束之后，天齐锂业展开了一波非常流畅的上涨行情。

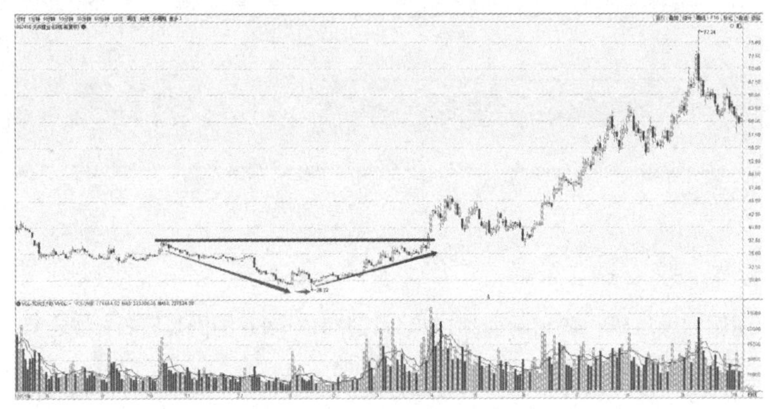

图案回顾点睛：2016年底至2017年后期旬天齐锂业日线级别的圆弧底走势图

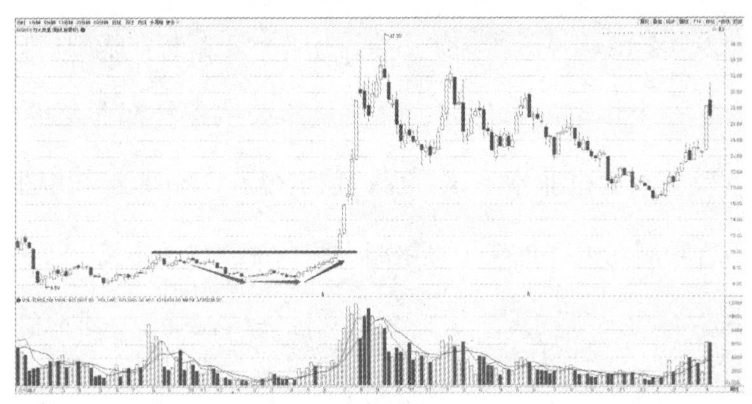

图案回顾点睛：2016年底至2017年中后期方大炭素周线级别的圆弧底走势图

学习温馨小提示

前期震荡洗盘，洗清浮筹，收集筹码，此时还需耐心坚守，才能成为最大的赢家。

方大炭素在底部构筑了接近 8 个月的时间，蓄势了大部分的量能，等待着引爆点。我们可以从中看到左侧下跌的过程中开始缩量，中间位置进行盘整，右侧圆弧启动温和放量突破颈线位，进入加速阶段，宣告圆弧底形态完成，进入了翻倍行情，所以该形态可以称作为经典牛股形态。

弧形底除了处在底部的走势，有时候也会出现在上涨途中。

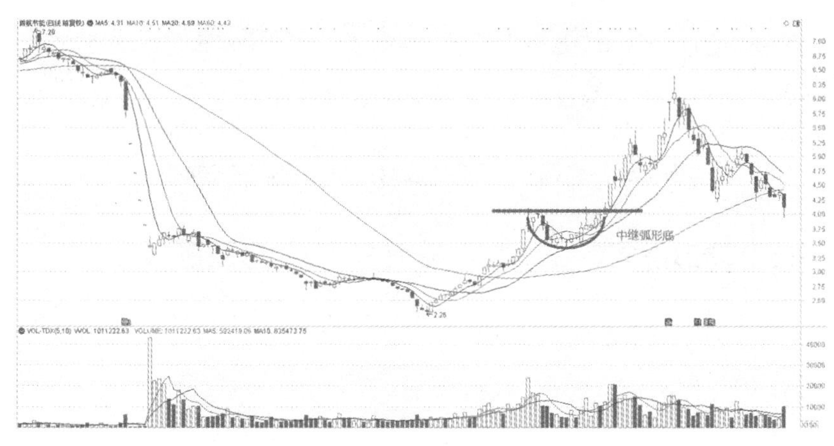

图案回顾点睛：首航节能2019年3月的日K线走势

学习温馨小提示

形态没有绝对位置，可以成为顶部，也可以成为底部，还可以成为中继形态，还可以形成复杂的组合形态，所以看形态不要只看到表象，要看清本质，学习形态不是看形似，关键更要学会“神”似！

感知形态：

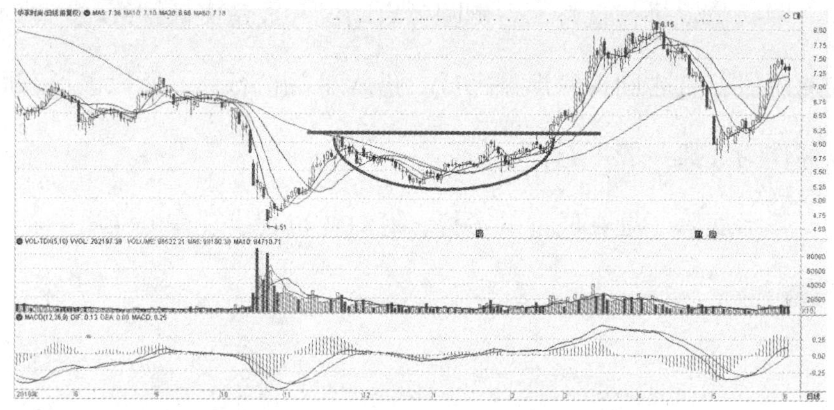

图案回顾点睛：华孚时尚2019年1月前后日K线图

5. 反转形态第五式：“V”形顶与“V”形底形态

“V”形顶部反转形态

顶

颈线位

形态要点：

股价先是快速上涨后快速下跌，走势轨迹就像一个倒写的“V”字母，并形成顶部。V 形顶走势是个转向形态，显示过去的上升趋势已经逆转，通常是由一些突如其来的因素造成，V 形顶常出现在上升行情后期或失控的牛市环境中，常见于前期市场上涨过于猛烈的状况，也常出现在题材类个股。

内在机理：

市场看好的情绪使得股价节节攀升，短线买入量越来越大，可是突如其来的一个因素扭转了整个趋势，做空的力量瞬间堆积，股价以与上升时同样的速度下跌，形成一个倒转 V 字形的移动轨迹。

操作策略：

V 形顶没有明确的卖点，往往出现于高价区，价格或指数大幅拉升之后放量滞涨，也往往会伴随顶背离或量价背离等，以及搭配岛形反转（后面会谈到），回落初期是长阴杀跌，出现此种信号时应果断离场。V 形顶一旦转折则势不可挡，是一个杀伤力极大的顶部形态，如能及时判断，可有效地避免高位套牢。V 形顶没有明确的量度跌幅，但一般都会回到原来的起点。

还有收盘价跌破短期均线支撑、平台破位、跌破上升通道等情况也应该注意，特别是大幅拉升之后，而且是已经有一定的涨幅，股价一旦出现横盘迹象，就必须格外注意做好准备。

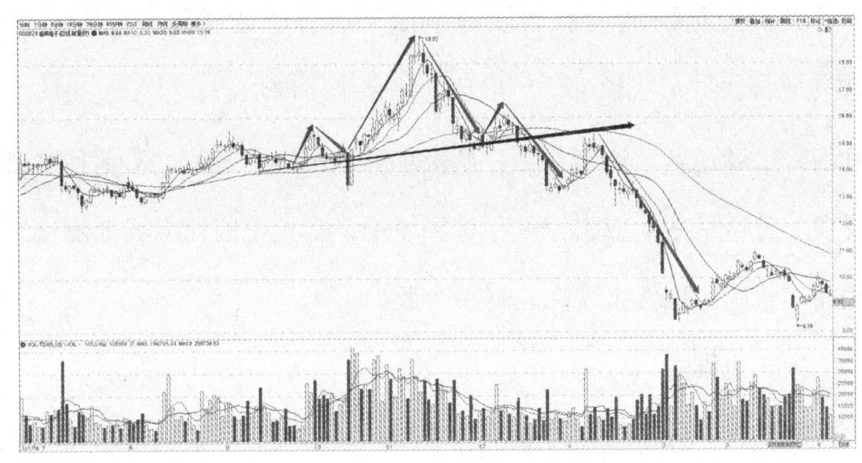

图案回顾点睛：超声电子2017年11月的日K线走势

超声电子是跟随市场见顶的，几乎同一天见到高点，跟随市场筑顶之后，一江春水向东流。单独看下超声电子惊天大逆转（跌停后隔天涨停的K线组合组合）之后放量上涨的这波，成交量非常大，然而除了最后的涨停，平时的涨幅都不大，有放量滞涨的嫌疑，V形反转的阴线可以看到，都是放量下跌的。这时有人说了，这点阴线放量不明显嘛，那除开成交量，谈一谈超声还有几个卖点，首先市场见顶了，而且市场顶背离结构明显，可以适当减仓，放量跌破V形顶颈线的时候，其实也就是跌破了长期上升趋势线的时候，可以继续卖出，接着回抽的时候，最后卖出，所以超声还是给出了较多的卖出信号。

学习温馨小提示

卖出小技巧，有些投资者持股的时候怕卖错了，所以可以根据信号，一部分一部分的减仓，当信号确认的时候，你仓位已经不多了，到时候卖光就会非常果断了，哪怕判断错误了，至少也还有部分仓位在，到时候择机再出。

图案回顾点睛：天目药业2019年4月的日K线走势

天目药业的V形顶就比较迅速了，涨停板上去，刷！跌停板下来，非常迅速，猝不及防，这下跌的成交量也非常大，如果不走后面一路下行不回头，反抽的机会几乎也没有，而这里我们就可以结合龙虎榜数据来辅助了，V型顶4月1日涨停：

2019-04-03 2019-04-02 **2019-04-01** 历史龙虎榜信息>>

上榜原因：连续三个交易日内,涨幅偏离值累计达20%的证券 天目药业 更多个股解读>>

营业部名称	买入金额(元)	占总成交比例	卖出金额(元)	占总成交比例	净额(元)
中银国际证券股份有限公司新乡和平大道证券营业部	3761.21万	5.76%	0.00	0.00%	3761.21万
申万宏源证券有限公司广州天河北路证券营业部	2183.32万	3.34%	0.00	0.00%	2183.32万
招商证券股份有限公司天津北辰证券营业部	1716.63万	2.63%	0.00	0.00%	1716.63万
华泰证券股份有限公司深圳彩田路证券营业部	1347.45万	2.06%	0.00	0.00%	1347.45万
中银国际证券股份有限公司郑州农业路证券营业部	1198.33万	1.83%	0.00	0.00%	1198.33万
					买入总计：**10206.94**万元
首创证券有限责任公司成都龙泉驿区翠龙街证券营业部	0.00	0.00%	5629.19万	8.62%	-5629.19万
申万宏源证券有限公司广州天河北路证券营业部	0.00	0.00%	3863.78万	5.91%	-3863.78万
中泰证券股份有限公司深圳泰然九路证券营业部	0.00	0.00%	3522.76万	5.39%	-3522.76万
中银国际证券股份有限公司郑州农业路证券营业部	0.00	0.00%	1226.98万	1.88%	-1226.98万
招商证券股份有限公司深圳福民路证券营业部	0.00	0.00%	1109.67万	1.70%	-1109.67万
					卖出总计：**15352.38**万元
					买卖净差：**-5145.44**万元

可以看到涨停那天的龙虎榜数据，买卖净差负5000多万元，卖出的力量大。4月2日跌停板龙虎榜数据：

2019-04-03 **2019-04-02** 2019-04-01 历史龙虎榜信息>>

上榜原因：日跌幅偏离值达7%的证券 天目药业 更多个股解读>>

营业部名称	买入金额(元)	占总成交比例	卖出金额(元)	占总成交比例	净额(元)
海通证券股份有限公司杭州解放路证券营业部 知名游资	1874.04万	2.55%	0.00	0.00%	1874.04万
中国中投证券有限责任公司杭州环球中心证券营业部	1727.24万	2.35%	0.00	0.00%	1727.24万
中信证券股份有限公司杭州朝晖路证券营业部	1093.77万	1.49%	0.00	0.00%	1093.77万
财通证券股份有限公司乐清良港西路证券营业部	1053.34万	1.43%	0.00	0.00%	1053.34万
国盛证券有限责任公司温州百里东路证券营业部	1030.51万	1.40%	0.00	0.00%	1030.51万
					买入总计：**6778.9**万元
申万宏源证券有限公司广州天河北路证券营业部	0.00	0.00%	8065.72万	10.96%	-8065.72万
华福证券有限责任公司广州康王路证券营业部	0.00	0.00%	7285.98万	9.90%	-7285.98万
首创证券有限责任公司成都龙泉驿区翠龙街证券营业部	0.00	0.00%	5527.30万	7.51%	-5527.30万
中泰证券股份有限公司深圳泰然九路证券营业部	0.00	0.00%	4623.09万	6.28%	-4623.09万
中银国际证券股份有限公司新乡和平大道证券营业部	0.00	0.00%	3506.04万	4.77%	-3506.04万
					卖出总计：**29008.13**万元
					买卖净差：**-22229.23**万元

这一天跌停的龙虎榜数据就更凶了，买卖净差负22229万元，两个多亿！虽然有知名游资进场，但是这卖出的量也不是盖的。再

看下 4 月 3 日跌停板龙虎榜数据：

2019-04-03　2019-04-02　2019-04-01　历史龙虎榜信息>>

上榜原因：日跌幅偏离值达7%的证券　天目药业　更多个股解读>>

营业部名称	买入金额(元)	占总成交比例	卖出金额(元)	占总成交比例	净额(元)
国都证券股份有限公司成都天益街证券营业部	1358.77万	2.76%	0.00	0.00%	1358.77万
太平洋证券股份有限公司昆明翠湖西路证券营业部	887.86万	1.81%	0.00	0.00%	887.86万
国联证券股份有限公司成都锦城大道证券营业部	714.51万	1.45%	0.00	0.00%	714.51万
西藏东方财富证券股份有限公司拉萨团结路第二证券营业部	658.85万	1.34%	0.00	0.00%	658.85万
中银国际证券股份有限公司上海欧阳路证券营业部	615.86万	1.25%	0.00	0.00%	615.86万
					买入总计：4235.85万元
申万宏源证券有限公司广州天河北路证券营业部	0.00	0.00%	2515.09万	5.12%	-2515.09万
中信证券股份有限公司湖南分公司	0.00	0.00%	1778.30万	3.62%	-1778.30万
海通证券股份有限公司杭州解放路证券营业部 知名游资	0.00	0.00%	1692.84万	3.44%	-1692.84万
中国中投证券有限责任公司杭州环球中心证券营业部 一线游资	0.00	0.00%	1507.47万	3.07%	-1507.47万
财通证券股份有限公司乐清良港西路证券营业部	0.00	0.00%	1006.20万	2.05%	-1006.20万
					卖出总计：8499.9万元
					买卖净差：-4264.05万元

这一天跌停的龙虎榜数据又是负 4000 多万，而且进入的知名游资也离场了。

所以结合天目药业从这三天的龙虎榜数据，以及 V 形顶反转，就给了我们要尽快卖出的信号，两天跌停之后还横盘了几个交易日，都可以跑。

学习温馨小提示

龙虎榜数据也是一个我们当天晚上可以直接看到的资金博弈状况，也能帮助我们进行一些辅助分析，要学会运用。

感知形态：

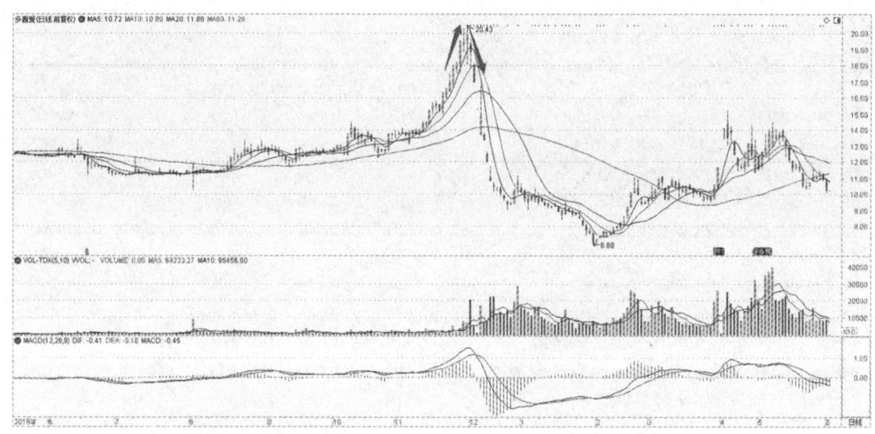

图案回顾点睛：多喜爱2018年11月前后日K线图

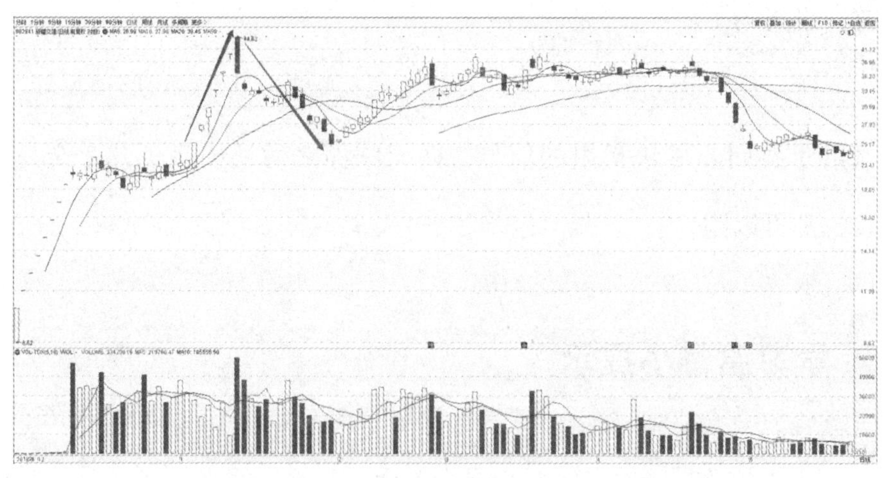

图案回顾点睛：新疆交建2019年1月前后日K线图

"Y"形底部反转形态

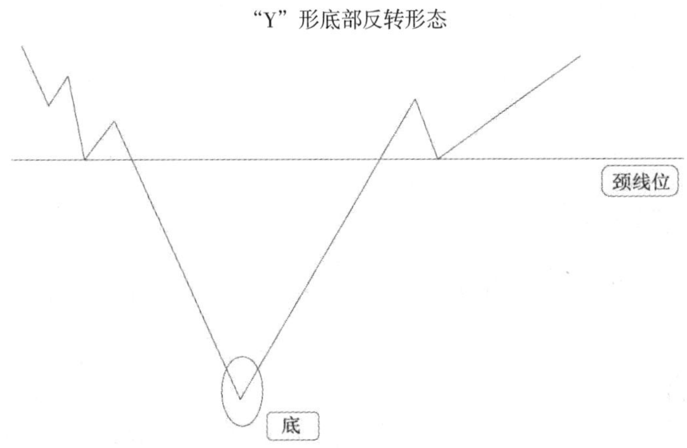

形态要点：

V 形底又称为尖底，是一种变化较快、转势力度极强的反转形态。V 形底一般出现在熊市末期和上升趋势的阶段性调整中。股价先是连续快速大幅下跌，市场处于极度恐慌状态，股价随即形成单日或双日 V 形反转，并伴随着成交量的急剧放大，股价大幅度回升。

内在机理：

V 形底是短期趋势强烈的底部反转信号，在低位停留的时间一般较短，反转也没有明显的征兆,一般是在市场出现较大的利好或短期跌幅巨大的情况下产生，市场追逐者续增，成交量常出现凹量洞，在下跌趋势形成反转，主力做多意图明显，通过 V 形反转伴随量能的出现。

一般来说，V 形底形态产生较难判断，因为它的反转通常没有什么征兆，而且反转前也没有逐渐缓和的趋势可供参考。V 形底形态的出现，通常是报复性反弹的结果，往往在重大利好消息来临时或是在严重的超卖行情中产生，由此形成了短期价格的剧烈波动。

操作策略：

研判 V 形反转走势要结合成交量变化和股价的跌幅大小来进行判断。如：V 形底出现前的短线下跌幅度越大、量能越大，下跌速度也就越快，出现 V 形底部反转的概率就越大。在末期下跌连阴加上反转 K 线组合形态是比较好的介入点。

也可以耐心等跌后底部放量拉升第一波的震荡，成交量萎缩到极致的时候介入，博弈下一波的上涨。

V 形底的案例

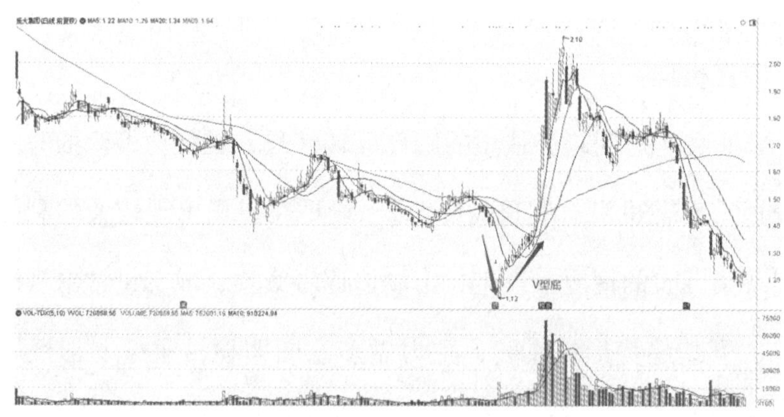

图案回顾点睛：庞大集团2019年2月份的日K线走势

左边跌停，右边小碎步 45 度构成 V 型底，涨停突破下降趋势线可以买入，当时他能二连板，还有一个原因就是价格够低，牛市初期，消灭低价股，庞大集团就是其中的一个，第一根涨停之后还有近 30% 的涨幅。

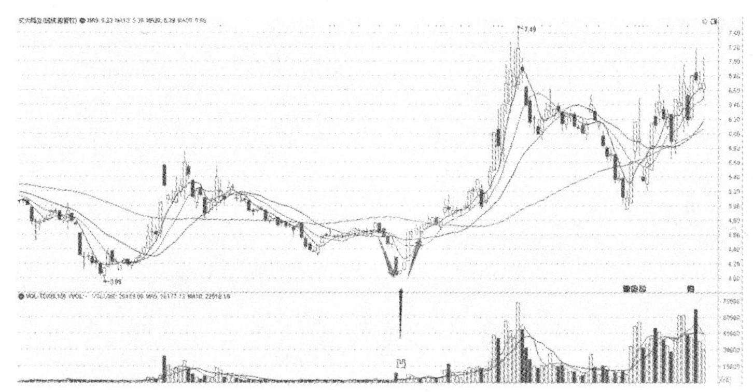

图案回顾点睛：交大昂立2019年2月份的日K线走势

这个 V 型底就比较标准一些了，成交量上也留下了一个凹形，右侧的成交量也温和放大，蓄势之后涨幅近 30%。

圆弧底（顶）和“V”型底（顶）形态要点总结：

①最小量度涨幅（跌幅）等于最低（高）点到颈线位的垂直距离；

②圆弧底（顶）形态比“V”型底（顶）部反转形态的时间跨度要长，因此前者的可靠性更强；

③成交量在形态突破时具有比较显著的作用，形态向下突破时成交量意义不大；

④圆弧底（顶）形态与“V”型底（顶）部反转形态两者具有

很多的相似性，最大的不同就是时间跨度以及形成角度的差别；

⑤岛型反转形态是“V”型反转形态中可靠性最强的形态，关键就是其未来回补的缺口相当突出。

感知形态：

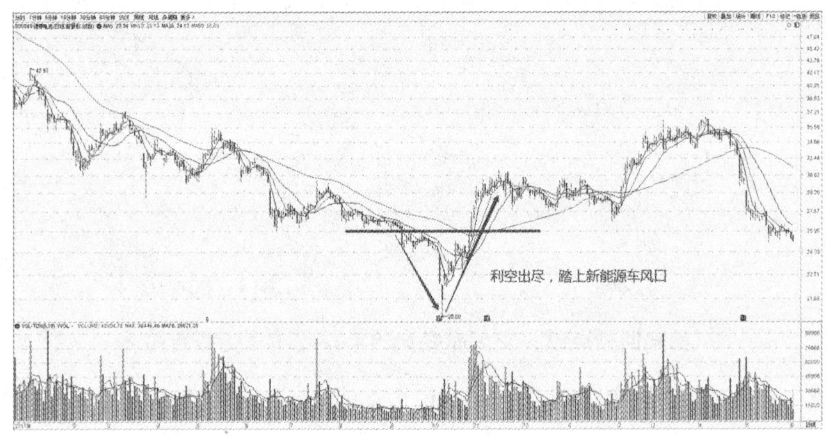

图案回顾点睛：德赛电池2018年10月前后日K线图

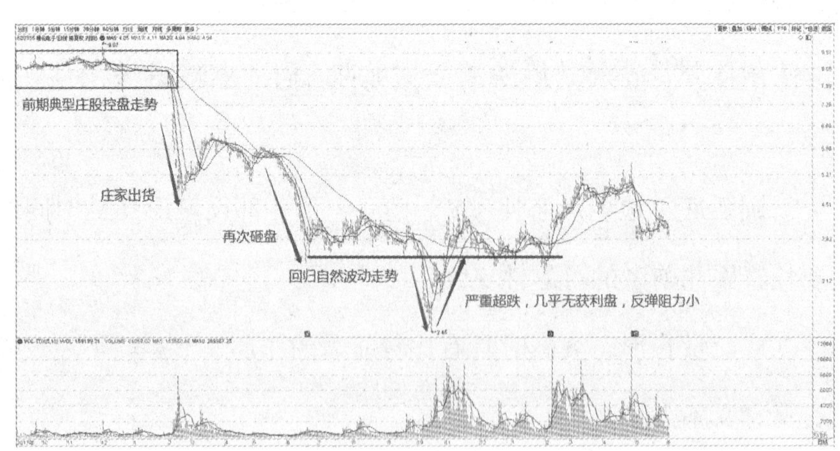

图案回顾点睛：精伦电子2018年11月前后日K线图

6. 反转形态第六式：岛形顶与岛形底形态

什么是岛形反转?

岛形反转是一个孤立的交易密集区，与先前的趋势走势隔着一个竭尽缺口，并且与之后的价格趋势相隔着一个突破缺口。在一波价格走势后，价格在过度预期中跳空，形成竭尽缺口，在整理一日至数日后，价格反向跳空，使整理期间的形态宛如一个孤岛。往往岛形形态会结合缺口理论以及其他形态形成复合结构。

岛形顶反转形态

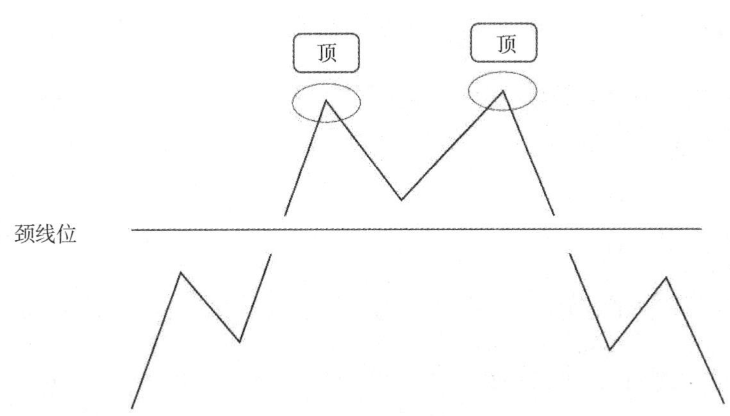

形态要点：

股价在经过持续上涨一段时间后，某日出现跳空缺口性加速上升，但随后股价在高位徘徊，不久股价却以向下跳空缺口的形式下跌，而这个下跌缺口和上升向上跳空缺口，基本处在同一水平位置附近，在高位 K 线图表上看来，就像是一个远离海岸的孤岛形状，左右两边的缺口令这岛屿孤立地立于海洋之上，这就是顶部的岛形反转形态。

内在机理：

股价不断的上升，使原来想在低位买入的投资者没法在预定的价位吃进，持续的升势令这批投资者难以忍受踏空的痛苦，终于忍不住不计价位的抢入，于是形成一个上升的缺口，可是股价却没有因为这样继续快速向上，在高位明显出现放量滞涨横盘，说明此时暗中有着巨大的抛压，经过一段短时间的僵持后，主力和先知先觉的资金大量出逃，股价终于没法在高位支持，一旦下跌引发市场信心的崩溃出现缺口性下跌，下跌缺口之上套牢了大量的筹码，股价也开始了漫长的下跌。

操作策略：

顶部岛形反转一旦确立，说明近期股价向淡已成定局，此时持筹的投资者只能认输出局，如果继续持股必将受更大的损失。而空仓的投资者近期内最好也不要再过问该股，即使中途有什么反弹，也尽量不要参与，可关注其他一些有潜力的股票，另觅良机。

岛形顶的案例

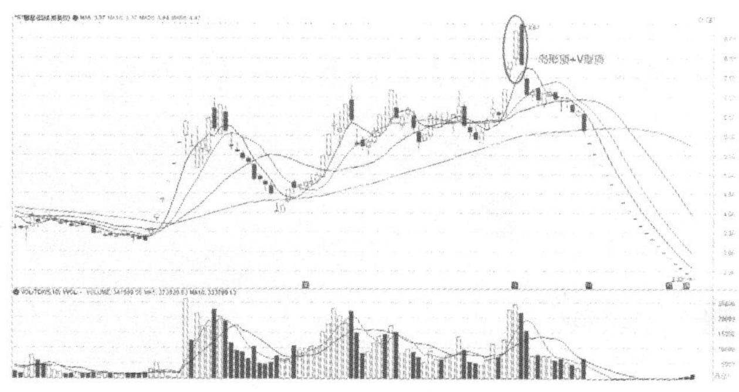

图案回顾点睛：ST鹏起2019年4月的日K线走势

这里的岛形顶也是V形顶，双顶的复合形态，突破平台之后，马上掉回平台下方，也就意味着是假突破了，而且ST的个股是不建议碰的风险标的，看后面的走势，一泻千里。

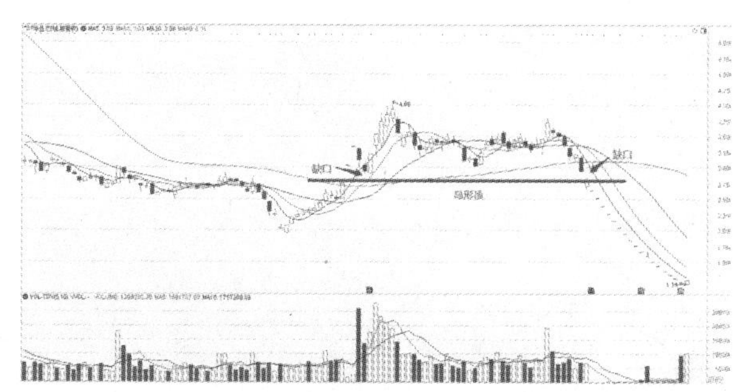

图案回顾点睛：ST华业2019年3月至4月的走势日K线走势

这个岛形顶相对跨度大一些，可以看到，又是一个复合形态，双顶＋岛形顶，而且这里很有意思，岛形顶暴跌缺口那天，收出假阳线，还有机会跑，其实很多时候信号就在那里，只是我们没有发现罢了。所以要有一双看清本质的眼睛！

学习温馨小提示

有所为有所不为，三千多只股票，舍弃ST这些风险标的，以及有雷的个股，不仅是对资金的负责，也是对自己的一个保障。

学习延伸突破

形态其实就是主力吸筹与出货的一个过程，双底减一底就是V形底，双底加一底就是三重底，三重底冒出头就是头肩底，多重底压缩成弧形就是弧形底，再加两缺口就是岛形底，顶部也是如此。所以万变不离其宗，关键是看清本质，看清个股的上涨动能和逻辑，学会“神”。

感知形态：

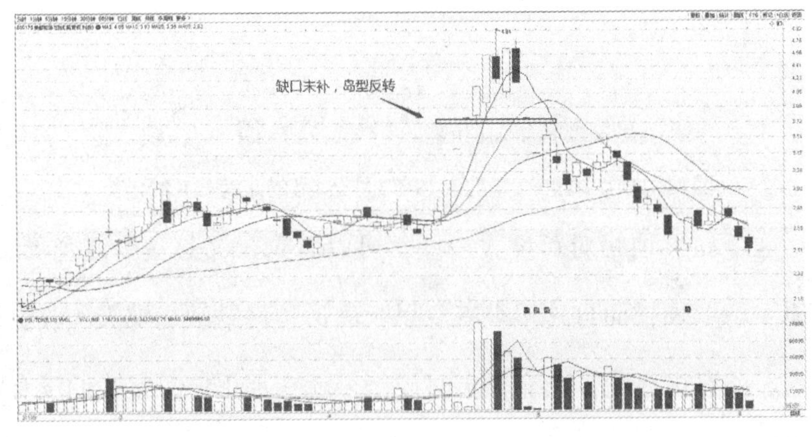

图案回顾点睛：美都能源2019年4月前后日K线图

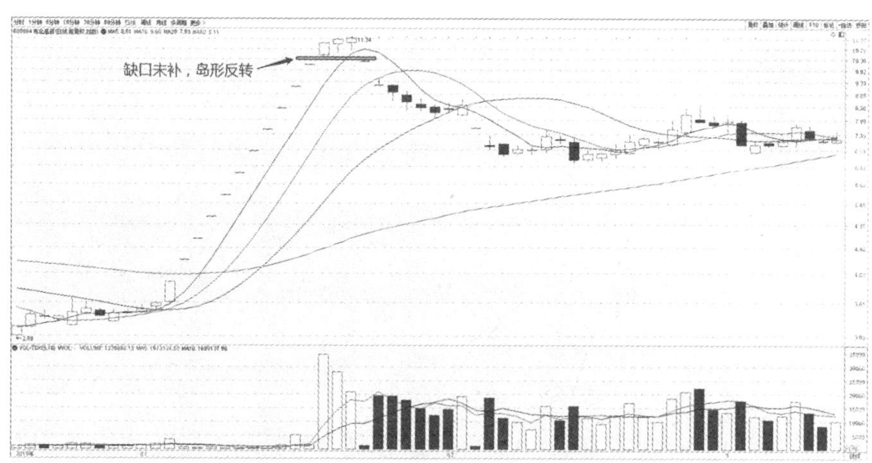

图案回顾点睛：市北高新2018年11月前后日K线图

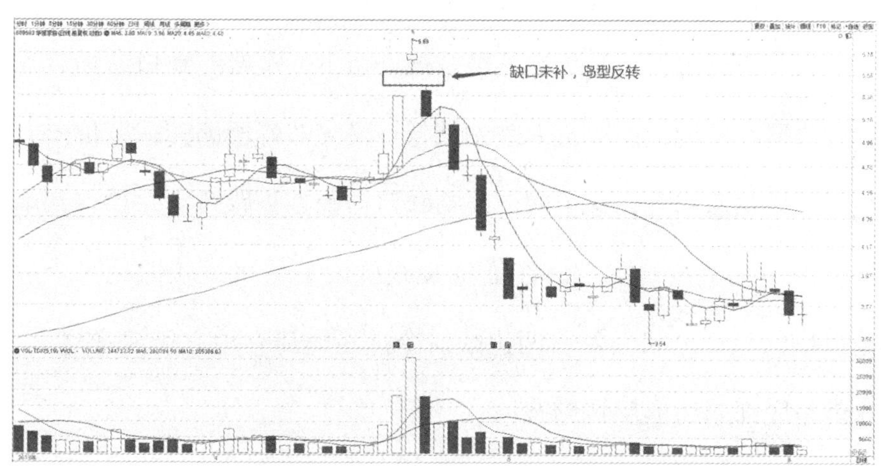

图案回顾点睛：华丽家族2019年4月前后日K线图

岛形底反转形态

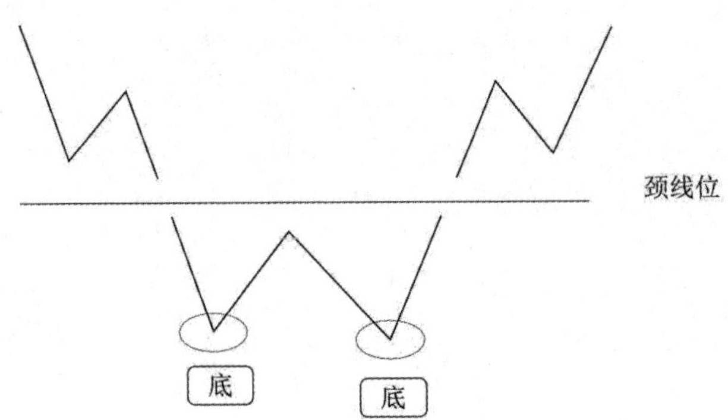

形态要点：

股价在持续下跌过程中也会出现岛形反转形态，股价在经过持续下跌一段时间后，某日突然跳空低开留下一个跳空缺口，随后几天股价继续下沉，但股价下跌到某低点又突然峰回路转，股价向上跳空开始急速回升，这个向上跳空缺口与前期下跌跳空缺口，基本处在同一水平位置附近，在低位K线图表上看来，就像是一个远离海岸的孤岛形状，左右两边缺口令这岛屿孤立地立于海洋之上，这就是底部的岛形反转形态。

内在机理：

股价不断的下跌，使原来想要卖出的投资者没法在预定的价位撤退，持续的跌势令这批投资者难以忍受下跌的痛苦，终于忍不住不计价位的逃跑，于是形成一个跳空向下缺口，可是股价却没有因为这样继续快速下跌，在相对低位稳住横盘，说明此时有资金暗流涌动。经过一段短时间的僵持后，主力和先知先觉的资金大量买入，股价终于没法停留在低位，一旦上涨引发市场信心的强化，出现缺口性上涨，下跌缺口之下逃跑的跟风盘，又会蜂拥而至，股价也开始继续上涨。不过底部岛形反转常伴随着很大的成交量，如果成交量很小，这个底部岛形反转就很难成立。

操作策略：

岛形形态最佳的买卖点为跌破上升下降趋势线和第二个缺口发生之时，因为在这之前无法确定发展的方向。

岛形底的案例

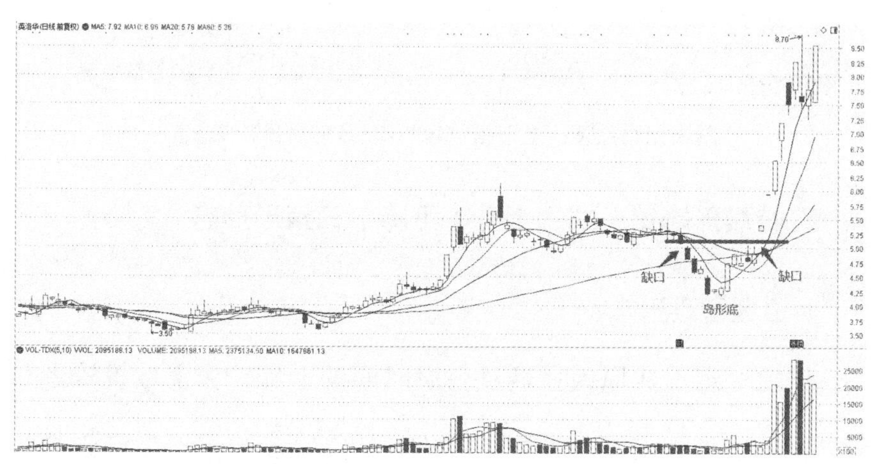

图案回顾点睛：英洛华2019年5月日K线走势

英洛华岛形底缺口突破之后，就是连板的走势，非常强势，缺口那几天缩量上涨，筹码意志非常集中，突破前期高点的时候，倍量涨停突破，成交量配合的非常完美，而最关键的原因就在于最近爆炒的稀土永磁概念，而英洛华就是其中的龙头之一。

感知形态：

著名的上证指数1999年“519”暴涨行情：

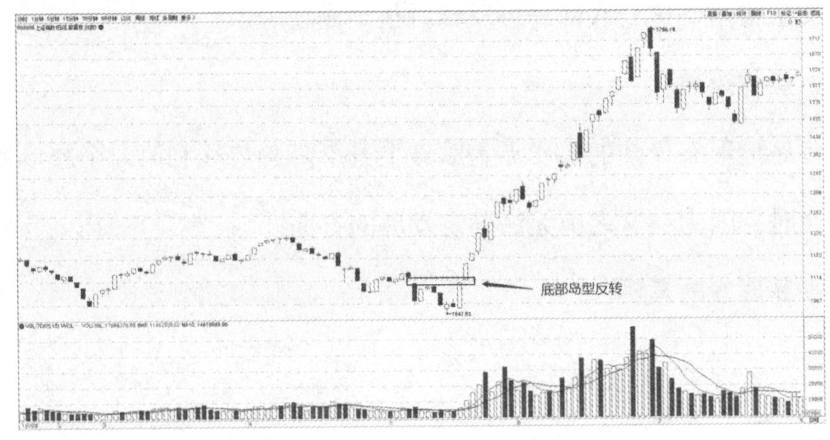

图案回顾点睛：上证指数1999年5月前后日K线走势

7. 持续形态第一式：上升（下降）三角形形态

什么是整理形态？

整理形态形成原因：经过一段时间的上涨，大多数投资者获利丰厚，落袋为安观念加剧，股价开始逢高卖出，产生较强的抛压，股价开始回落。随着股价的下跌，获利渐渐减少，卖出意愿也逐渐减弱，股价逐步起稳。而高位卖出的投资者见状，并且又看好后市，便开始回补。与此同时，不肯追高买进的投资者屡次错过良机，便见股价回落就急于买进，他们的介入就变成了实质多方力量，再次推动股价上扬。当股价回升到前期高点附近，低位买进的投资者就再次获利回吐，前期未及时卖出的投资者也担心再次错过卖出良机，跟随卖出，造成股价的再次回落。

整理形态术语又叫洗盘，主要分为三个目的：①清理掉获利的筹码，提高市场的平均持仓成本；②教育中长期投资者坚定自己的策略；③降低成本。

整理形态主要包括三角形、菱形、旗型、楔型、矩型等。

其中三角形分为上升三角形、下降三角形、对称三角形。三角形形态在实际走势中常出现于各个时间段，且大多数时候属于中继形态，所以在实战中的操作价值较高；有时也作为反转形态出现。

上升三角形形态

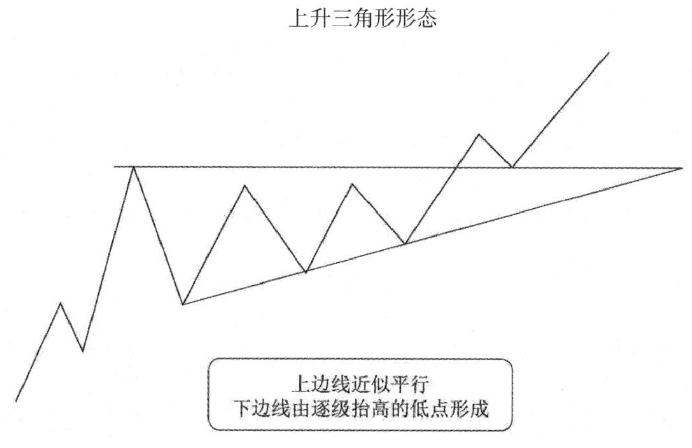

形态要点：

在上升趋势中，股价受到一个水平阻力，也可以略有倾斜，股价每次触及该价位后都会掉头下跌，每次下跌的低点连线呈上升趋势线，该阶段高点的连线与低点的连线形成的形态就是上升三角形。

内在机理：

一般上升三角形后市是看多的，在上涨行情中，上升三角形是明显上升过程中的震荡整理形态，用以消化前期上涨的获利盘以及解套盘的抛压，伴随着震荡幅度的收窄和低点的不断抬高，最终往往会突破上升三角形的上轨压制，重新向上发动行情。成交量在形态形成的过程中不断减少，在整理的末端才逐渐放大，然后放量突破上轨。上升三角形越早突破，则越少发生错误，突破要干净利落。

操作策略：

三角形是一种盘整形态，一般出现在比较明显的一波上升或者下降趋势中。出现三角形形态后，价格一般还是会延续先前的趋势。所以向上突破压力确立后，可采买进策略；突破后，若回踩不跌破上轨时，也可加码或买进策略。

量度涨幅：

未来最小涨幅为三角形第一个低点至水平压力线的垂直距离。

上升三角形案例

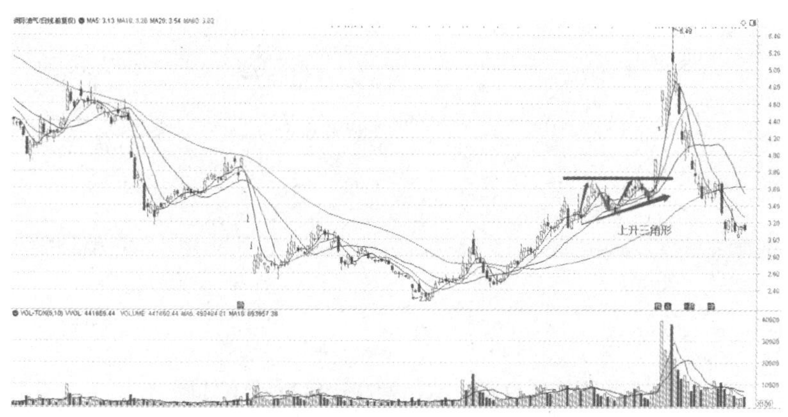

图案回顾点睛：洲际油气2019年3月到4月的日K线走势

上升三角形是上涨途中的一个洗盘，可以看到成交量的情况，一个之字型，上涨温和放量，下跌逐渐缩量，整体也是一个缩量的状态，涨停向上突破平台后，涨幅超30%。

感知形态：

图案回顾点睛：华丽家族2019年2月日K线图

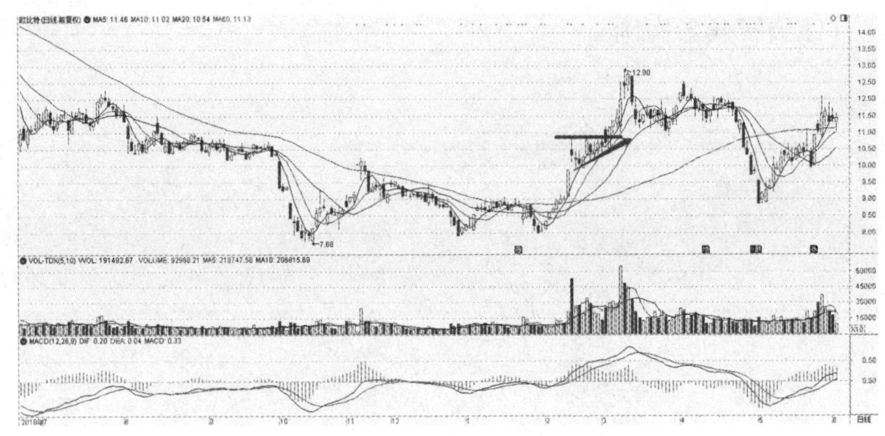

图案回顾点睛：欧比特2019年2月日K线图

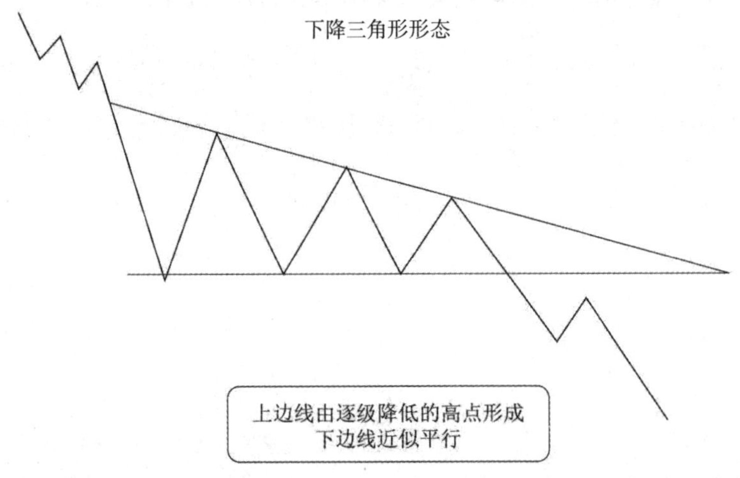

形态要点：

下降三角形是股价下跌的低点均在同一价位上，形成一条水平的支撑线。每一次反弹的高点逐渐变低，反弹高点的连线形成一根下降的趋势线，下轨支持线与下降趋势线的连线，构成了下降三角形。

内在机理：

在多空较量中形成某一价位，一旦股价回落到这一价位便会产生反弹，形成买方的支撑带，而股价反弹后，便又遇卖方打压，再度回落至买方支撑带。再次反弹的高点越来越低，卖方的抛压一次比一次快的进入买方支持带。这种打压—反弹—再打压的向下蓄势姿态，逐渐瓦解买方力量，最后形成多杀多的窘境，预示买方阵线的最终崩溃。这种图形往往被市场主力用于清仓出货、最后凶猛打压股价的目的，市场上一些暴跌走势往往就是这种图形。

量度涨幅：

其“最少跌幅”的量度方法和“上升三角形”相同。

操作策略：

这是个“整理形态”，通常出现在下跌的过程中，而且具有往下跌破的倾向。一般还是会延续先前的趋势。一旦向下突破支撑确认后，应及时卖出；突破支撑线后若回抽支撑线时，未卖出的仓位应及时卖出。凡事也没有绝对，如果市场氛围良好，在回调过程中出现下降三角形形态，一旦突破了下降三角形的上边线，也要敢于进场做多。

下降三角形案例

图案回顾点睛：百洋股份2019年4月份的日K线走势

百洋股份量价背离下跌构筑下降三角形形态后，一波更犀利的杀跌就开始了，构筑时，阴线成交量都是在放量，而且阴线非常多，明显是要赶紧跑路了，跌破三角形就是最后的逃跑点。

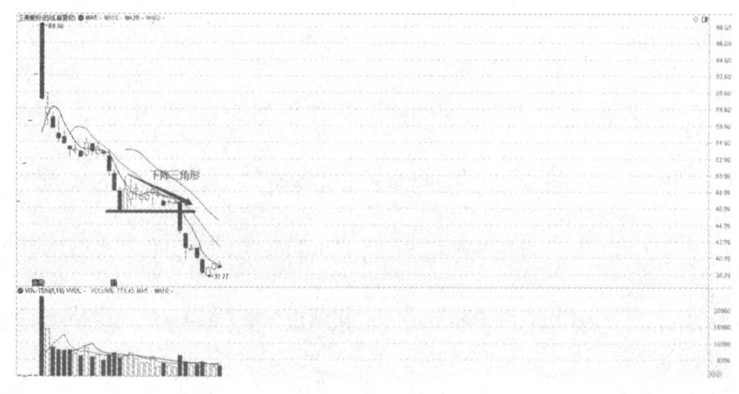

图案回顾点睛：三美股份2017年5月份的日K线走势

三美股份也是一个下降三角形，但是这里的成交量很漂亮啊，几乎都是假阴线，为什么还是要选择向下跌破呢？其实对比一下同行业就清楚了，三美股份的溢价过高，市值要回归，再加上构筑三角形形态前的大阴线时，业绩报告不是很好，也增加了下跌的动能，最终放量跌破三角形下边线，就继续下跌了。

感知形态：

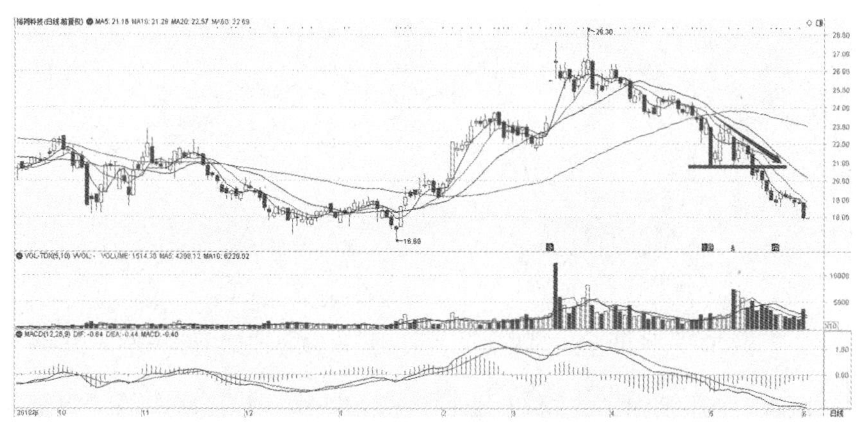

图案回顾点睛：裕同科技2019年5月日K线图

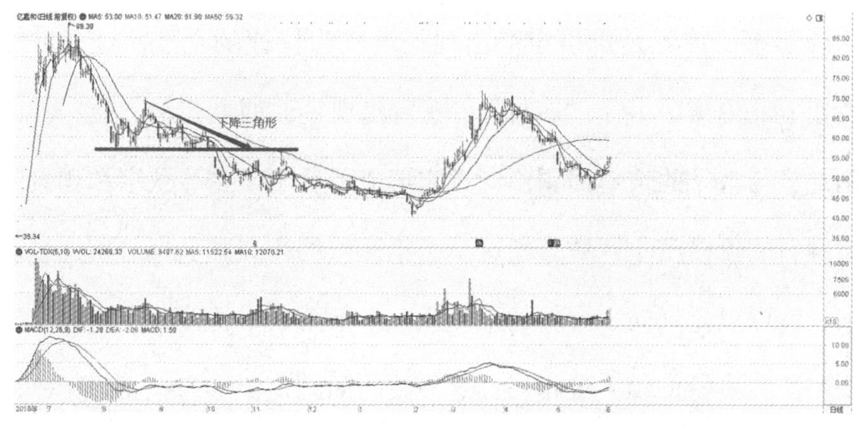

图案回顾点睛：亿嘉和2018年8月日K线图

8. 持续形态第二式：上升（下降）旗形形态

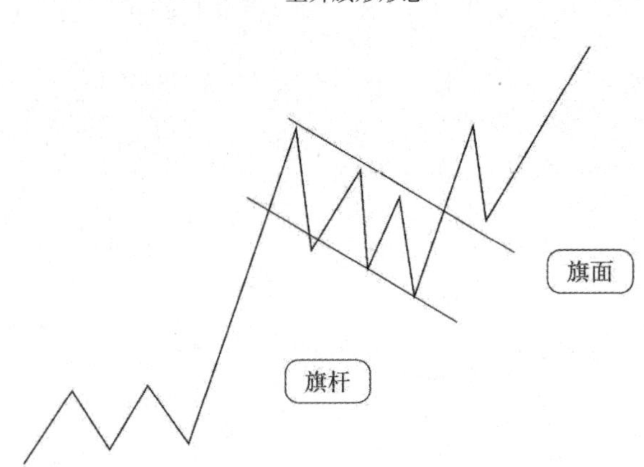

“旗形整理”形态，顾名思义，其形态犹如一面旗帜，它既可以出现在上升途中，也可以出现在下跌途中。上升途中的“旗形整理”形态称之为“上升旗形”，我们可以透过它的形成过程来理解它的形态：首先是价格走势出现一波较为快速的上涨，这一波的快速上涨形成了一个“旗杆”；随后出现一波回调走势，这一波回调走势与常见的快速回调不同，它形成了一个紧密、狭窄和稍微向下倾斜的价格密集区域，把这个密集区域的高点和低点分别连接起来，就可以得到向下倾斜的平行线，上下两条平行线起压力和支撑作用，波段的振幅大致相当，这一波的回调走势形态就相当于一面“旗帜”。

中继形态：上升旗形

①当股价上升到某处压力位时，股价开始调整，把调整的高点、低点连接起来，形成向右下角倾斜的平行线或近似平行线的轨道。

②调整期间一般表现为价涨量增、价跌量缩，总体成交量是呈缩量之势。

③调整结束后，股价往往是按照原方向突破。

内在机理：

股价上升到一定阶段，获利筹码丰厚，主力为了减轻上行压力，必然要采取相关的震荡洗盘动作，上升旗形就是其中一种，一些大牛股往往经过上升旗形整理后，夯实了股价，然后再走出一波不错的行情，而一些中小散户则耐不住寂寞，扛不住波动，守不住时间，就纷纷下车，便错过了后面的上涨行情。不过如果成交量出现不规则放大量的情况，则要防止其发生反转，即高成交量的旗形形态可能出现逆转，而不是整理形态。

操作策略：

①上升旗形为诱空陷阱，突破下降趋势线压力时是买入信号。

②如上升旗形向上突破应立即果断进场，突破后回踩也是难得的介入机会。

③上升旗形最小跌幅为旗形的垂直距离。

④少数也可能向下跌破，如遇突发状况，放量突破下边线，并回抽确认有效，应果断离场。

判断要点：

旗形调整的K线较为流畅，振幅较小，忌频繁出现上下引线；成交量是判断是否调整性质的参考之一，因此要重视成交量！

上升旗形的案例

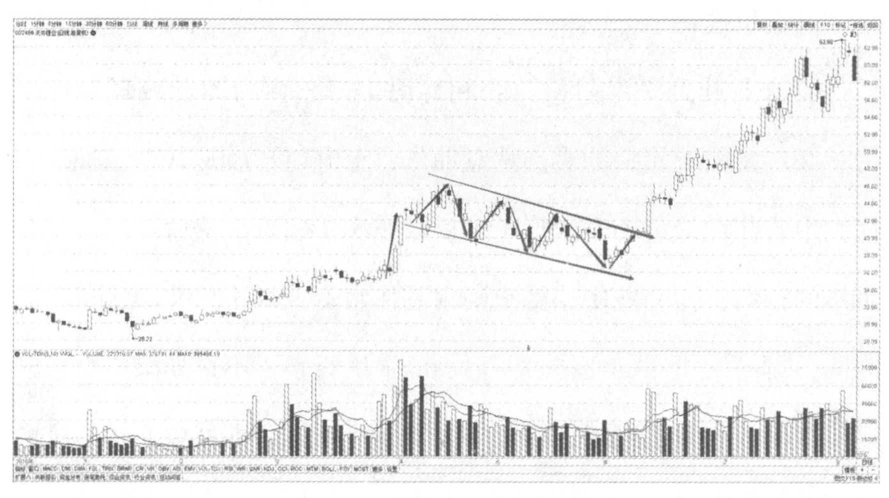

图案回顾点睛：2016年底至2017年中后期天齐锂业日线级别的上涨中继旗形

天齐锂业在弧形底的时候就提到了，是国家扶持的新能源，有政策支持，构筑了一个上升旗形来回踩大型的弧形底进行洗盘，可以看到天齐锂业整体的成交量，是一个缩量的过程，最终选择了向上边线突破，就是一个很好的买入点。

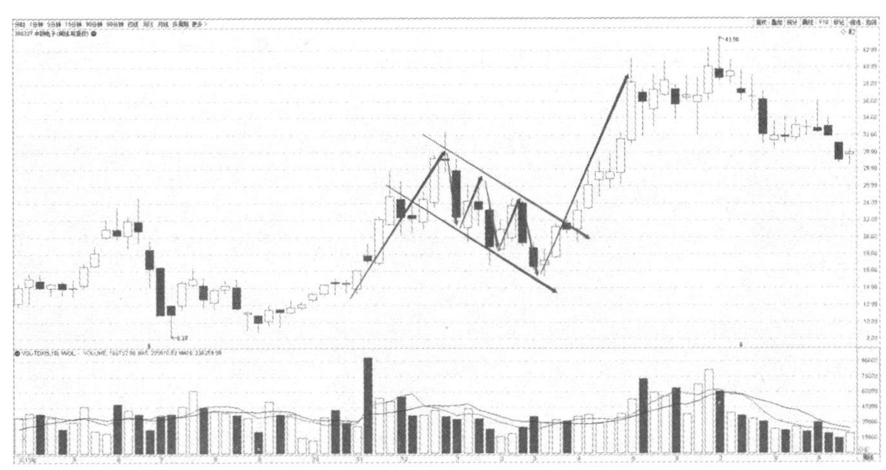

图案回顾点睛：2015年底至2016年前期中颖电子周线级别的上涨中继旗形

学习温馨小提示

周线级别的上升旗形运用原理一样，但有一点需要注意，周线抹平了日线上的细节，不容易识别调整过程是否有出货现象。

上升旗形可能运用在任何周期，分时旗形可能作为一个很好的买卖点参考。如上升过程中出现旗形调整，在股价突破上轨时买入。

次日受大盘单边下跌影响最终冲高震荡回落，但股价也在红盘给了充分的时间获利了结，当然这只是针对隔日短线而言。看下次日指数和金固股份的分时图：

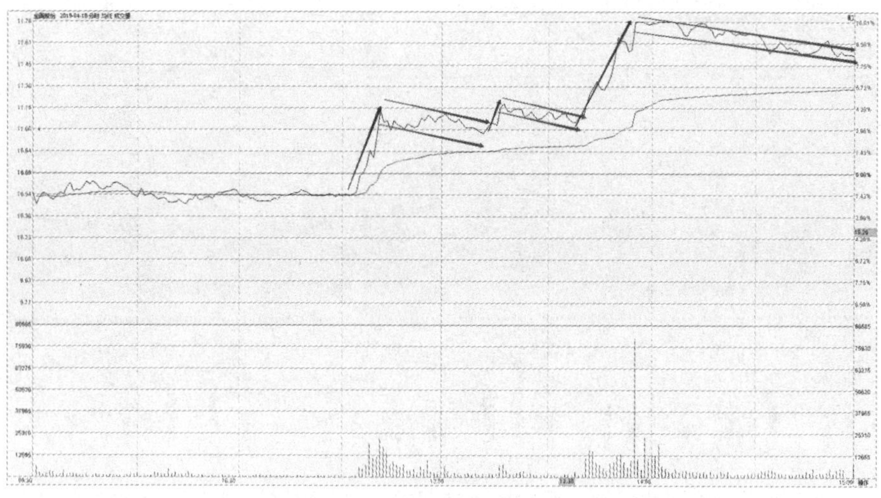

图案回顾点睛：金固股份2019年4月10日分时图

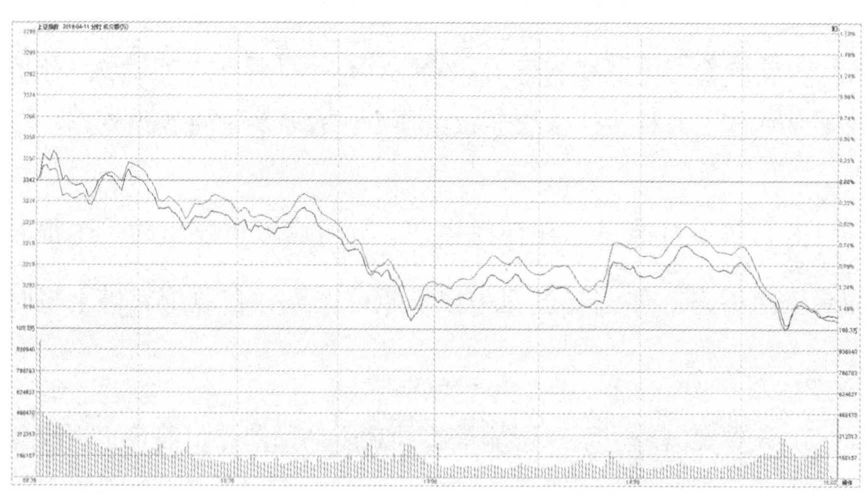

图案回顾点睛：上证指数2019年4月11日分时图

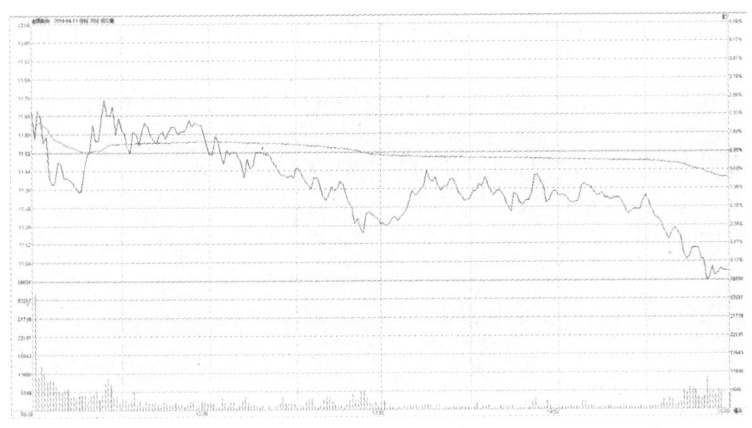

图案回顾点睛：金固股份2019年4月11日分时图

真假判断

旗形调整通常是比较流畅的，成交量也较为整齐，原因是筹码集中，主力仍未出货；如果调整过程中比较多长上下引线，K 线比较散乱，这是筹码松散的标志，主力可能开始出货。

来看一个失败的案例。

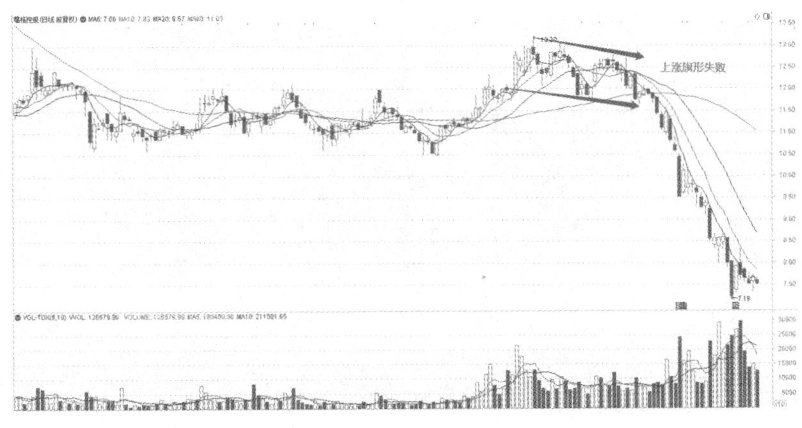

图案回顾点睛：藏格控股2019年3月前后日K线

可以看到旗形内成交量的表现，阴线放量，上涨缩量，明显的筹码不集中，但关键的一点就是他的市值，在同行业对比依旧过大，需要修复，随着行情的回落，也就打了下来。

感知形态：

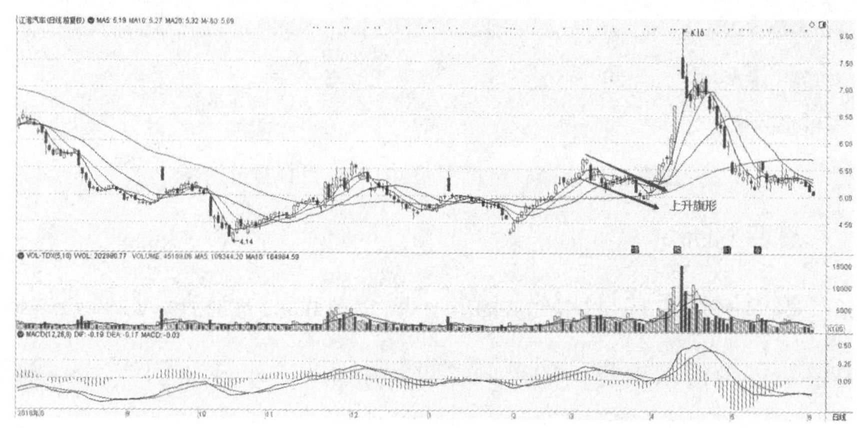

图案回顾点睛：江淮汽车2019年3月前后日K线走势

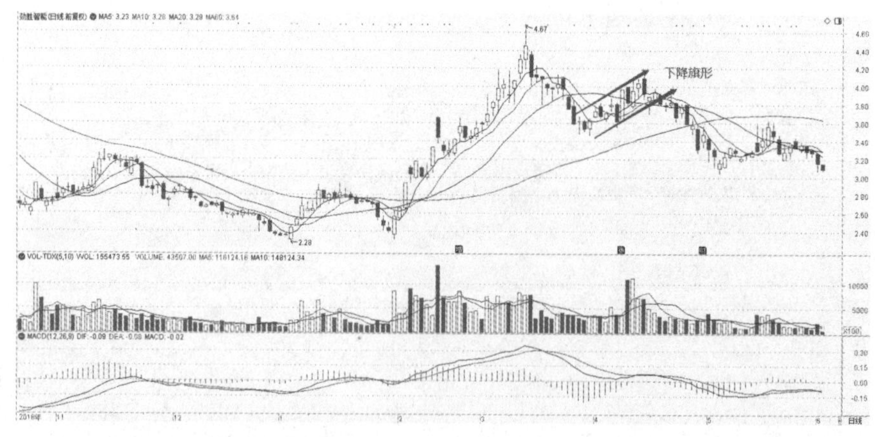

图案回顾点睛：劲胜智能2019年4月前后日K线

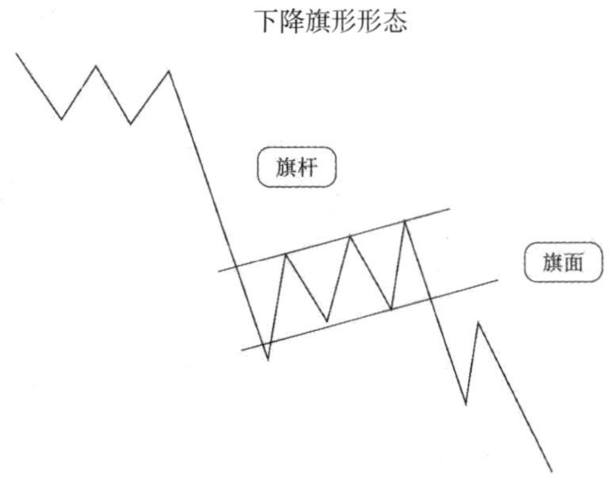

下跌途中的“旗形整理”形态称之为“下降旗形”，它的形成过程与“上升旗形”形态正好相反。首先，价格走势的一波快速下跌形成了一根倒着的“旗杆”；随后，在一个位置得到支撑后企稳反弹，反弹走势是以窄幅向上震荡形态来完成的，通过将这窄幅震荡过程中的高点及低点分别连接，就可以得到向上倾斜的两条平行线，从形态上来看，这一波的反弹走势形态就相当于一面“旗帜”。

形态要点：

下降旗形是价格或指数经过连续的下跌后，由于低位的承接买盘逐渐增加，迎来一轮反弹上涨的行情，形成了一个稍微向上倾斜的密集成交区，就像一个倒插旗竿的旗子，这种形态就是下降旗形形态。

内在机理：

下降旗形与上升旗形正好相反，下降旗形经过连续的下跌后，由于低位的承接买盘逐渐增加，而迎来一轮反弹上涨的行情，给不明所以的人一种强势的错觉，纷纷买入，最终跌破旗形上升趋势下轨，技术派和反应过来的人纷纷止损，成交量放大，夺路而逃，便延续了之前的下跌。

操作策略：

①下降旗形为诱多陷阱，跌破上升趋势线支撑时是卖出信号。

②如下降旗形向下破位应立即止损离场，下破后回抽是多头难得的逃命机会。

③下降旗形最小跌幅为旗形的垂直距离。

④少数也可能向上突破，如放大量突破上边线并回抽确认有效，应反手做多。

下降旗形的案例

下降旗形是很常见的一种形态，像雅化集团这一波下跌就出现了两次，看着成交量好像都好强势，为什么后面还是跌呢？仔细看K线的形态，在旗形整理时长下影线非常多，说明这个强势是假的，忽悠人的，而且他的估值对比同行业是偏高的，需要修复。再者，2018年惨烈的市场行情，又有几只股票扛得住呢，综合因素下，自然就越走越低了。

图案回顾点睛：雅化集团2018年7月和9月日K线图

感知形态：

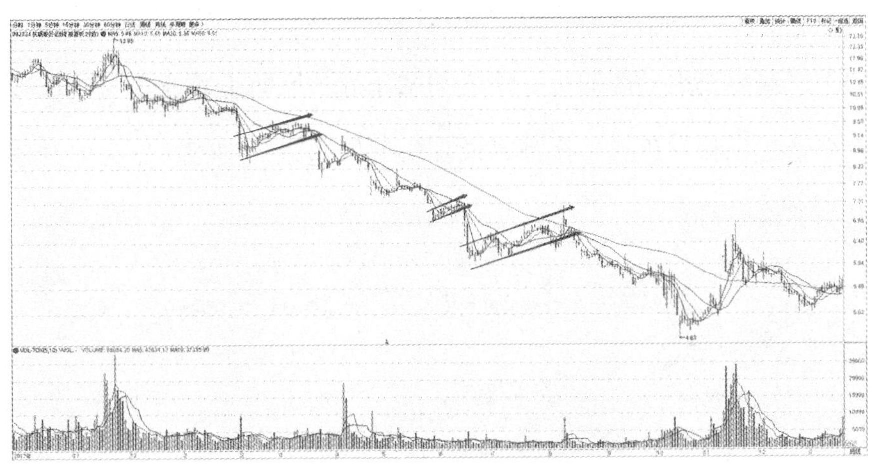

图案回顾点睛：杭锅股份2018年5月前后日K线图

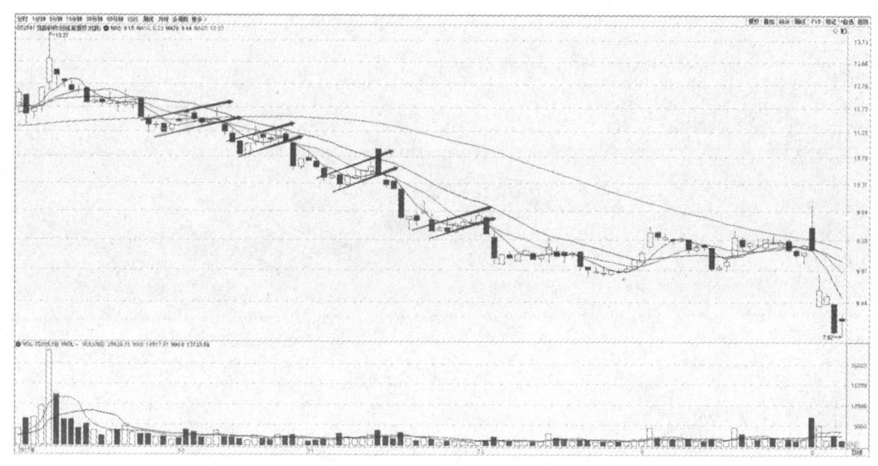

图案回顾点睛：鸿路钢构2017年11月前后日K线图

9. 持续形态第三式：上升（下降）楔形形态

楔形是指股票价格或指数介于两条收敛的直线中变动，但是不同于三角形整理形态的是，楔形的两条界线同时上倾或下斜，楔形成交量变化和三角形一样都是向顶端逐级递减。楔型又分为上升楔形和下降楔形。

上升楔形形态（看跌）

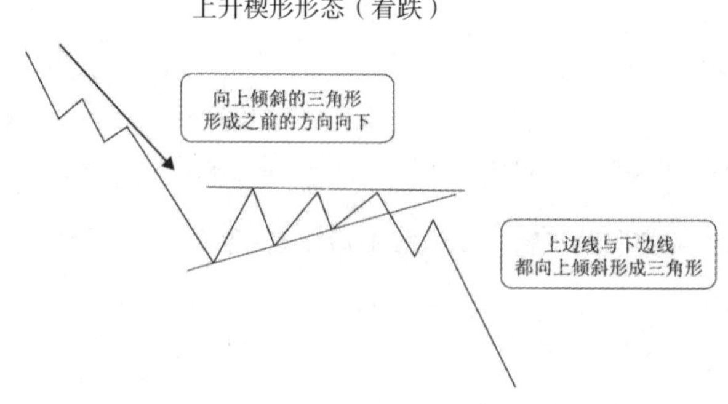

形态要点：

上升楔型是指股价或股指经过一次下跌后，有较强的技术性反弹要求，价格涨至一定水平后掉头回落，但回落点较前次的低点为高，随后再次上升至新高点，再回落，形成一浪高过一浪的走势，把短期高点相连，形成一条阻力线，同时把短期低点相连，形成一条支撑线，最后两条线形成的形态即为上升楔形。上升楔型多发生于空头行情的反弹，或出现在多头行情的末端段，属于修复整理形态。

内在机理：

上升三角形只有一边上倾，通常代表的是向上突破的多头趋势，而从上升楔形的图形看来，两个边同时上倾，多头趋势应该更浓郁些才对，但实际上并非如此。因为上升三角形的阻力线代表股价涨到一定价格投资人才卖出，当上方压力被吸收后，上档压力解除，股价便会往上突破。而在上升楔型中，股价上升时卖出压力虽然不大，但投资者的兴趣却逐渐减小，每一个新的上升波段都比前一个弱，最后当需求完全消失时，股价便反转下跌，上升楔形同三角形一样也是一个整理形态，但常在跌市中的回升阶段出现，显示尚未见底，只是一次下跌后的技术性反弹而已。上升楔形表示的技术性意义是：买力正在渐次减弱。

操作策略：

当上升楔形下档的支持线被有效跌穿后，就是比较明显的卖出信号。“上升”楔形这个名字是比较有诱惑性的，但最后走势却恰与其“上升”之名相反，往往是向下跌破，所以在向下突破确立后，应及时采取卖出策略。上升楔形其后向下突破的概率有七成，而维持在上升高档横盘整理的机率较小，所以上升楔形通常提供给投资者一个明显的减仓信号：未来走势正在逆转中！

上升楔形的案例

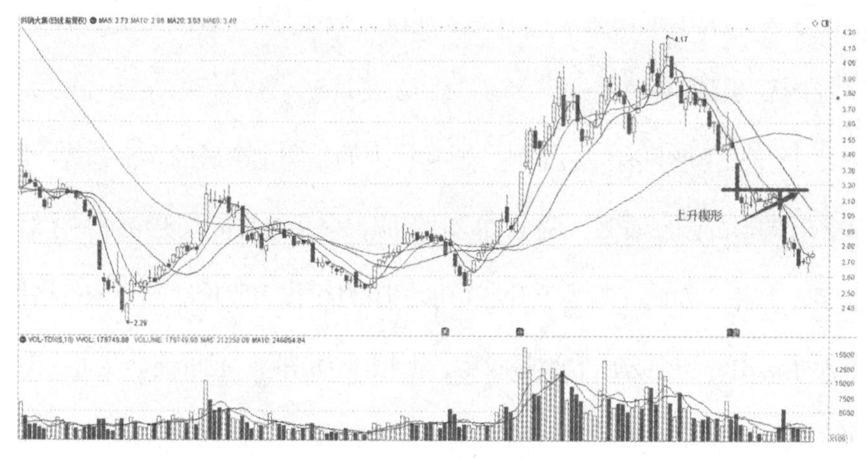

图案回顾点睛：供销大集2019年5月的日K线走势

上升楔形就是一种诱多的形态，但是我们看清本质，供销大集的这波下跌，是因为业绩原因主导：

2019-04-15 业绩预告：预计一季报业绩:净利润-1.5亿元至-1亿元,下降幅度为-180.25%至-153.5%,基本每股收益-0.02元至-0.02元

变动原因 ▲

原因：本报告期，国内经济增速放缓，激烈竞争给公司商业批发零售业务带来冲击较大，导致公司营业收入同比下降较大；本报告期公司其他收益同比下降，上年同期公司全资子公司获得政府补助2.15亿，其中1.19亿计入其他收益，本报告期无相关收益。

再加上这个时间段市场刚刚开始回落，市场情绪悲观下，就加剧了这种结果，构筑了楔形之后，自然只能继续下探。

感知形态：

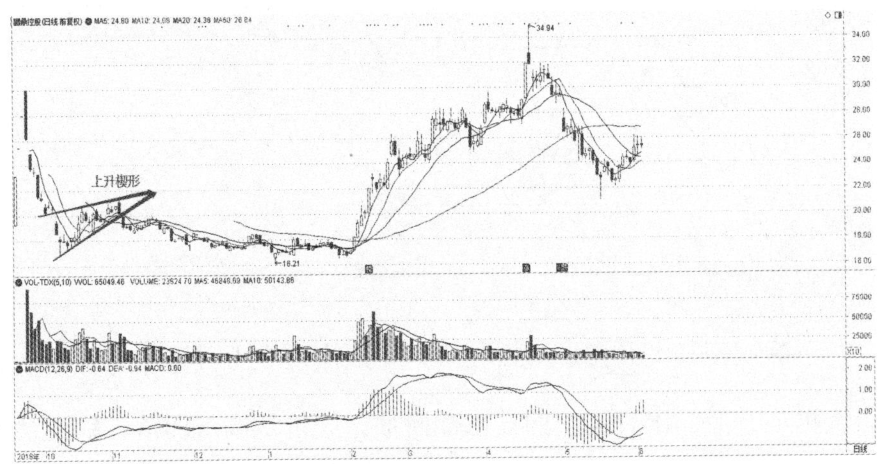

图案回顾点睛：鹏鼎控股2018年10月前后日K线图

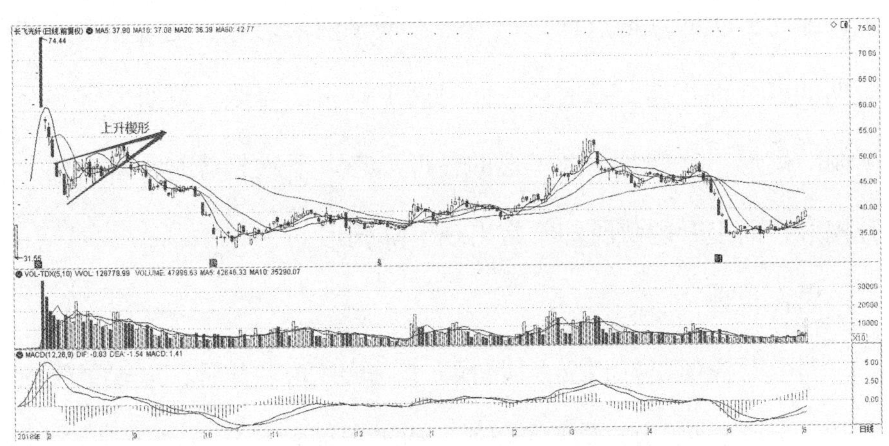

图案回顾点睛：长飞光纤2018年8月前后日K线图

下降楔形形态（看涨）

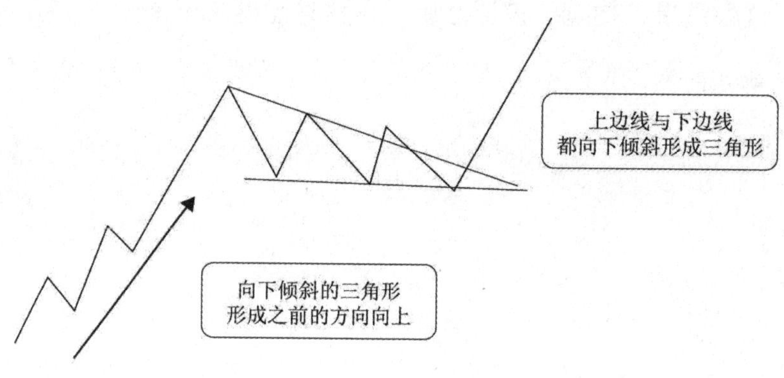

形态要点：

下降楔型和上升楔形恰恰相反，一般出现在上升途中，经过一段大幅上升后，出现强烈的技术性回抽，股价从高点回落，跌至某一低点即掉头回升，但回升高点较前次为低，随后的回落创出新低点，即比上次回落低点低，形成后浪低于前浪之势，把短期高点和短期低点分别相连，形成两条同时向下倾斜的直线，就组成了一个下倾的楔形，这就是下降楔形的整理形态。下跌趋势时常常出现上升楔形，而上升趋势时却常常出现下降楔形。

内在机理：

和上升楔形正好相反，股价经过一段时间上升后，出现了获利回吐，下降楔形的底线往下倾斜，似乎说明市场的承接力量不强，但新的回落浪较上一个回落浪波幅为小，并且跌破前次低点之后，并没有出现进一步下跌，反而很快就出现回升走势，说明卖出抛压的力量只是来自上升途中的获利回吐，并且正在减弱，没有出现新的主动做空力量，经过清洗浮筹后，股价向上突破的概率很大。下降楔形也是个整理形态，通常在中长期升市的中途出现。

操作策略：

下降楔形向上突破上边边线和突破后回踩上边边线时，都是比较好的介入点。下降楔形的出现告诉我们的是：升市尚未见顶！目前仅是升势途中的一个正常暂时性的调整。但凡事没有绝对，如果向下突破底边边线和跌破之后反抽接近底边线时就是最佳卖点。

图案回顾点睛：光洋股份2015年10月份的日K线走势

下降楔形则是一直洗盘的过程，光洋股份走楔形时，下跌成交量逐渐萎缩，慢慢突破楔形时的成交量温和的放大，非常有节奏，突破后涨幅接近翻倍。这波行情正好是2015年股灾后的报复性反弹的时间段，次新股活性也比较大，是高送转填权的一波行情。

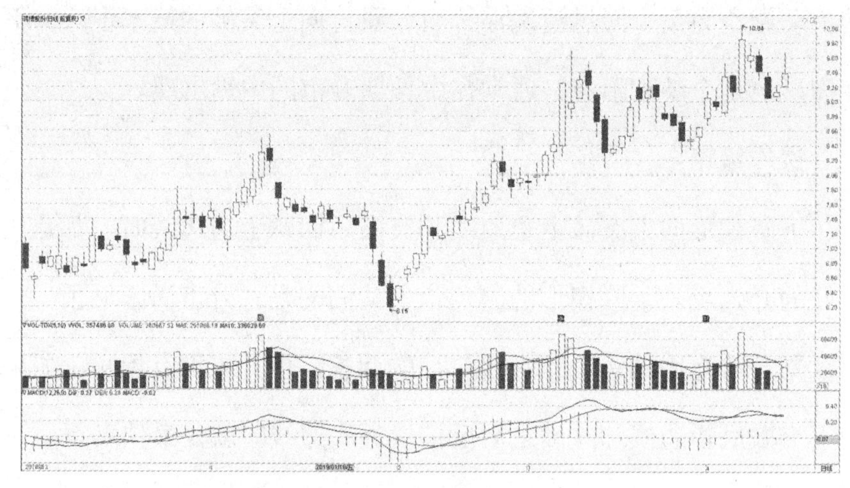

图案回顾点睛：鸿博股份2019年2月形成下降楔形

感知形态：

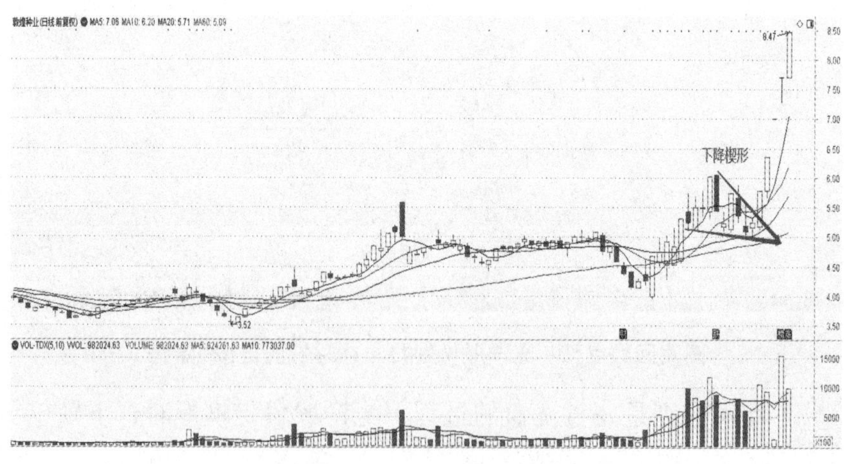

敦煌种业2019年5月前后日K线图

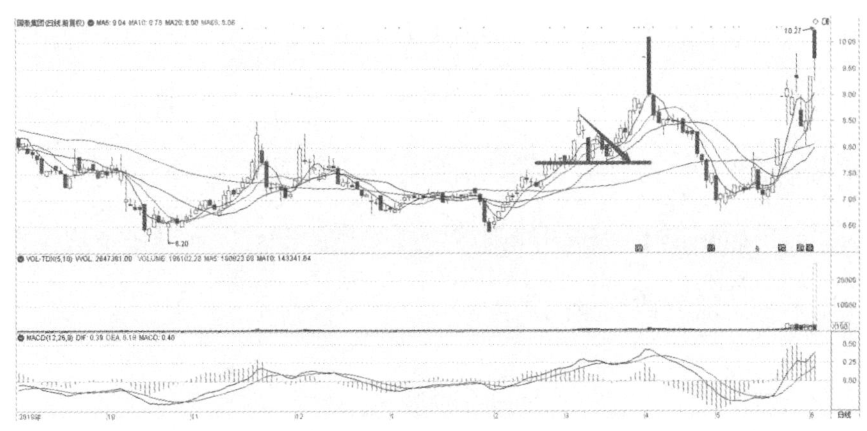

国泰集团2019年3月前后日K线图

10. 持续形态第四式：上升（下降）矩形形态

矩形又称“箱形”，也是一种典型的整理形态。在矩形走势中，当股票价格上升至某一水平时遇到较大的阻力而调头向下，但股价在某一低点区域又被很快拉回。回升到前一次上升高点处再一次受阻回落，而当股价再次接近前期低点区域时，再次获得支撑。将上边高点和下边低点连接起来，就形成一个平行规则的箱体区间，即矩形形态。矩形是股价由一连串在两条水平的上下界线之间波动而成的形态，股价在其范围之内上升或回落。矩形上边高点的连线为矩形整理的压力线，下边低点的连线为矩形整理的支撑线。

一般来说，矩形是整理形态，在上涨途中和下跌途中都可能出现，出现在上升途中的矩形为上升矩形，出现在下跌途中的矩形则为下降矩形，它们的形态是相同的，只是出现的位置不同。矩形形成的过程中，除非有突发性消息影响，其成交量一般是不断减少的，但突破矩形上边压力线则需要成交量的配合，而跌破下边支撑线则不一定需要成交量的放大。

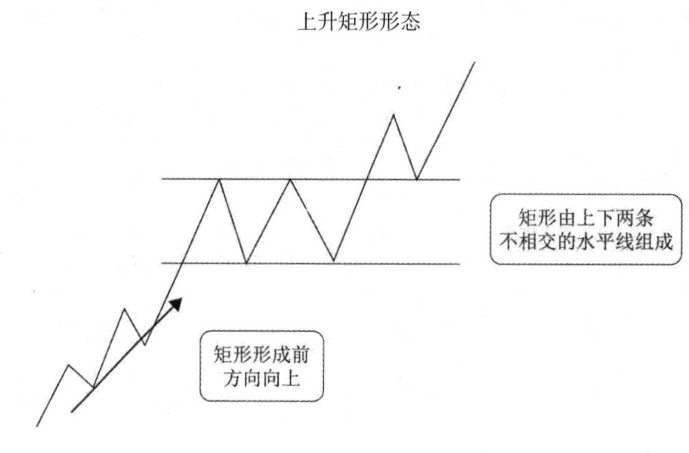

形态要点：

上升矩形通常出现在股价的上升趋势的途中，股价经过一段时间的上涨之后，在某一个价位遇到较强的阻力，股价遇阻回落，但是回落到一定的低点又受到较强的支撑，股价再度回升。在前次遇阻的高点又再度下跌，然后，在前面的低点也获得了支撑，这样，股价经过反复多次的上下波动，形成了上升矩形形态。上升矩形一般会选择向上突破，股价将进入一个新的上涨阶段。

内在机理：

上升矩形反映了多空双方的力量在股价上升的趋势中，在一定的高低范围内形成的均衡状态，在这期间谁都没有占据绝对的优势。看多的一方认为，目前价位是很理想的买入点，于是股价回落到同一低点附近就买入，从而形成了一条水平的支撑线。与此同时，看空的投资者对后市没有信心，认为股价难以超越前期高点，于是股价回升到同一高点附近就卖出，这样就形成了一条平行的压力线。股价就在支撑线和压力线内上下波动。最后，当越来越多的投资者开始看好后市而买入，连之前不看好的投资者也空翻多，股价在成交量的配合下一举突破了上升矩形的水平压力线，也预示着股价整理过程中的正式结束。

操作策略：

上升矩形有两个买入点，第一个买入点适合激进的投资者，就是当上升矩形压力线被突破时就是一个很好的买入信号，但为了防止出现失败的上升矩形形态，投资者要做好随时止损出局的准备。第二个买入点适合稳健的投资者，就是一个股价突破颈线后回踩受到支撑，再度放量上攻时是相对安全的买入信号。

矩形箱体内可短线操作，即箱底附近买入，箱顶附近卖出，止损位设在箱底跌破时。放量向上突破箱顶时是明确的中线买入信号，止损位设在又跌至箱顶之下时，以防场内机构骗线。

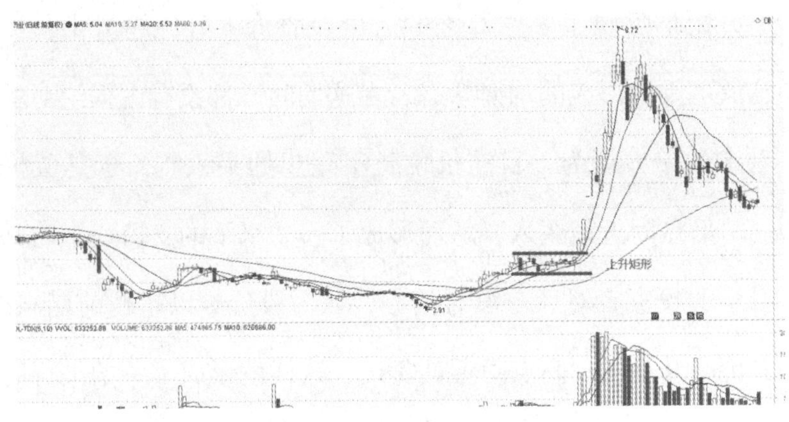

图案回顾点睛：华仁药业2019年3月的日K线走势

华仁药业的上升旗形就比较简单了，蓄势时间不长，整体呈现缩量的走势，完成之后就是一波凌厉的上涨，为什么能涨那么凶？谁叫工业大麻炒那么厉害呢，俗话说的好，风吹来了，猪都能飞，随便跟风一下，就涨上去了。

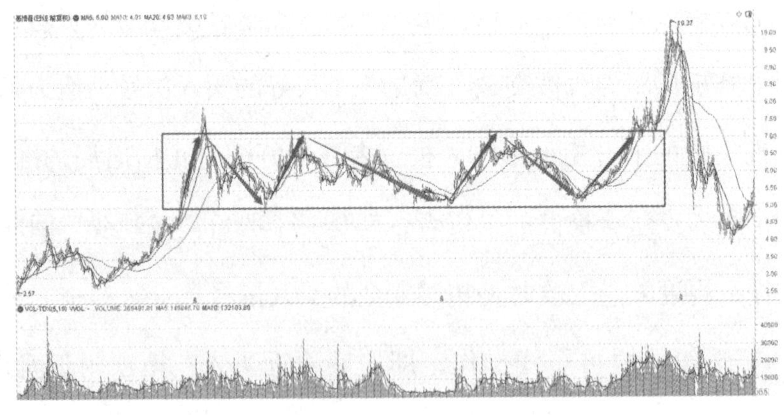

图案回顾点睛：惠博普2013年4月至2015年4月日K线的走势

惠博普这个案例比较久远，但是这个图形的走势是非常完整的，在矩形区间内来回波动，最后突破上轨走出最后一波，我们来看一下这几年该公司的净利率情况：

按报告期	按年度	按单季度				
科目\年度	《 2014-06-30	2014-03-31	2013-12-31	2013-09-30	2013-06-30	2013-03-31 》
基本每股收益	0.1200	0.0300	0.2300	0.1400	0.0900	0.0300
净利润(元)	5470.55万	1166.00万	1.03亿	6357.21万	4201.23万	804.29万
净利润同比增长率	30.21%	44.97%	7.56%	59.31%	34.64%	60.32%

2013年3月到12月是一直在增长的，但是2013年的行情还在熊市末筑底阶段，所以给的溢价不高，涨完就进入了整理。2014年业绩继续增加，但增速有所放缓，而且2014年的行情才刚熊转牛，惠博普选择了继续维持整理，是因为业绩支撑他才能在这个位置盘整。

按报告期	按年度	按单季度				
科目\年度	《 2015-12-31	2015-09-30	2015-06-30	2015-03-31	2014-12-31	2014-09-30 》
基本每股收益	0.3200	0.2000	0.1400	0.0600	0.3400	0.1900
净利润(元)	1.61亿	1.01亿	6904.76万	2656.58万	1.56亿	8525.86万
净利润同比增长率	3.71%	18.62%	26.22%	127.84%	51.23%	34.11%

2015年的业绩继续增加，但是增速减缓，所以2015年的大牛市，最终选择了向上突破，矩形下轨到最高也有一倍的涨幅。

感知形态：

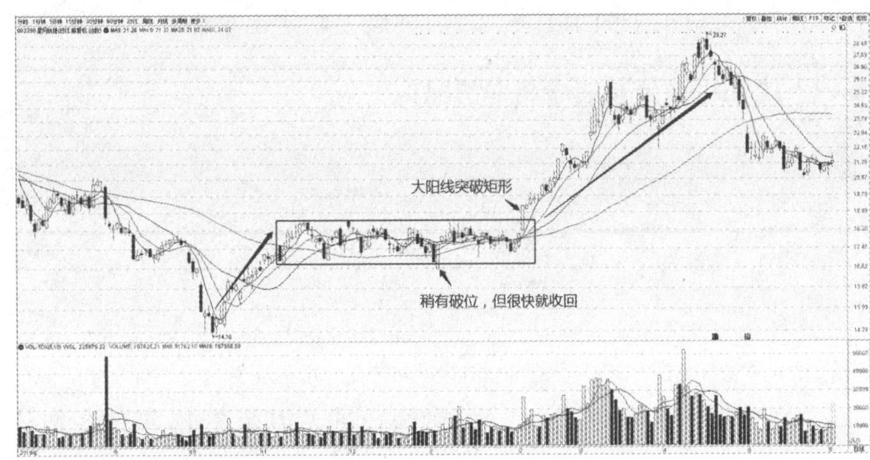

图案回顾点睛：星网锐捷2019年2月前后日K线图

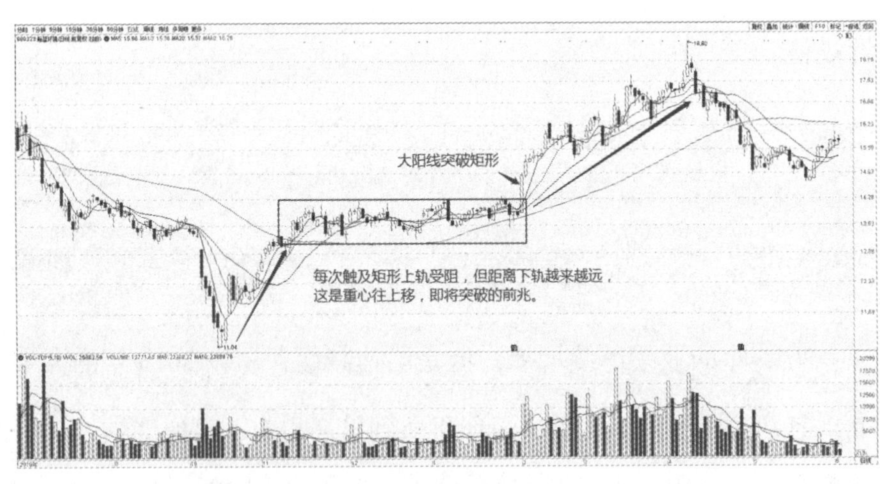

图案回顾点睛：瀚蓝环境2019年2月前后日K线图

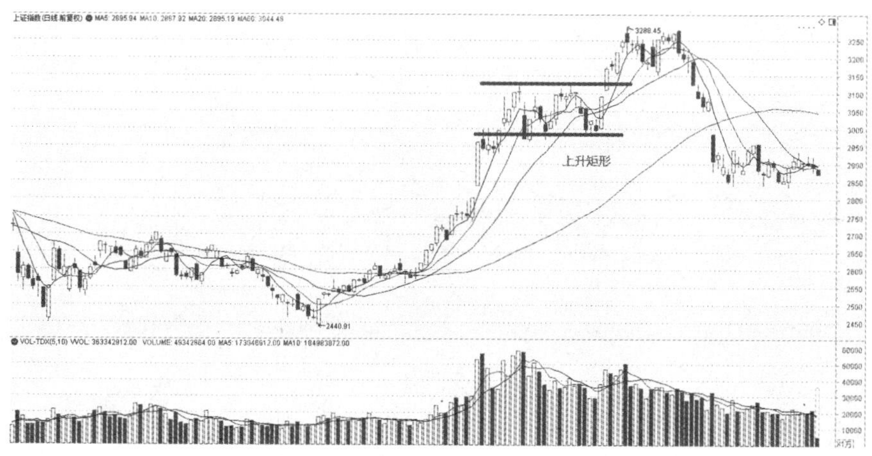

图案回顾点睛：上证指数2019年4月前后日K线图

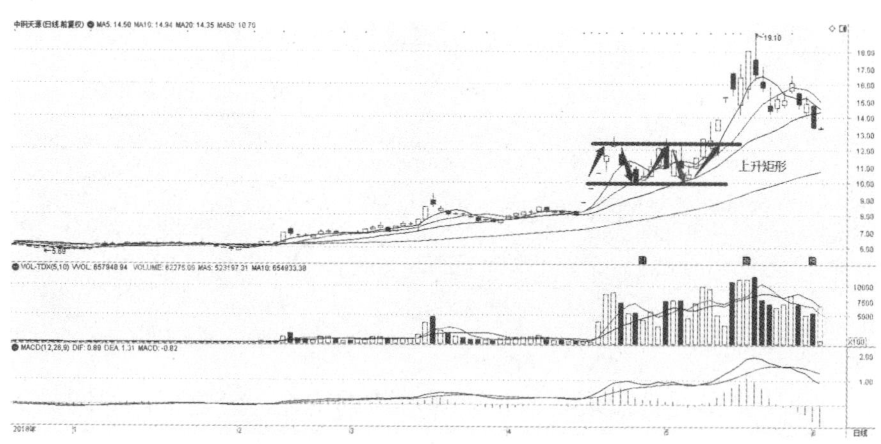

图案回顾点睛：中钢天源2019年4月前后日K线图

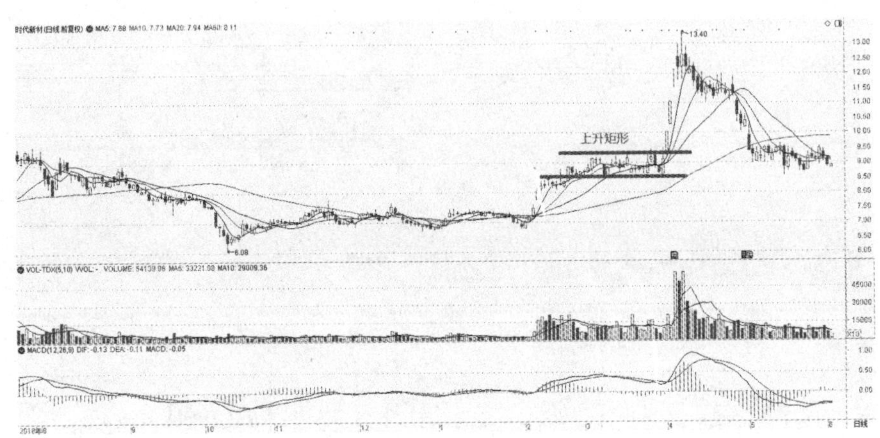

图案回顾点睛：时代新材2019年3月前后日K线图

下降矩形形态

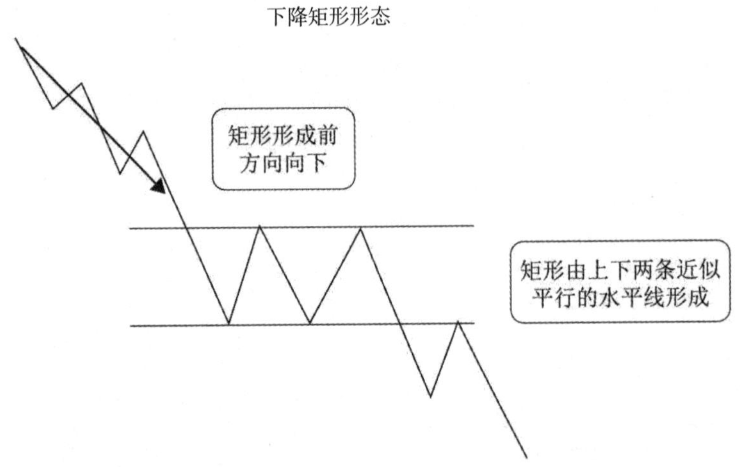

形态要点：

下降矩形通常出现在股价下降趋势的中途，经过一段时间的下跌之后，在某一个价位遇到较强的支撑，股价反弹回升，但是回升到一定的高度，又受到较强的压力，股价再度回落。在前次反弹的低点又再度上升，然后，又在前面的高点形成压力，这样，股价经过反复多次的上下波动，形成了下降矩形形态。下降矩形一般会选择向下跌破，股价将进入一个新的下跌阶段。

内在机理：

下降矩形反映了多空双方的力量在股价下跌的趋势中，在一定的范围内形成的均衡状态，在这期间谁都没有占据绝对的优势。看多的一方认为，跌到这个价位是理想的买入点，于是股价回落到同一低点附近就买入，从而形成了一条水平的支撑线。与此同时，看空的投资者对后市依旧看空，认为股价还要下跌，反弹至高点就继续卖出，于是股价回升到同一高点附近就卖出，这样就形成了一条平行的压力线。股价就在支撑线和压力线内上下波动。最后，当越来越多的投资者开始看空后市而卖出，连之前看好的投资者也多翻空，股价跌破下降矩形的水平支撑线，也预示着股价整理过程中的正式结束。

操作策略：

矩形箱体内可短线操作，即箱底附近买入，箱顶附近卖出，止损位设在箱底跌破时。下降矩形整理失败，放量向上突破箱顶时也是买入信号，止损位设在又跌回箱顶之下时，以防诱多。

跌破下降矩形下轨卖出，跌破回抽下轨确认后更要卖出。

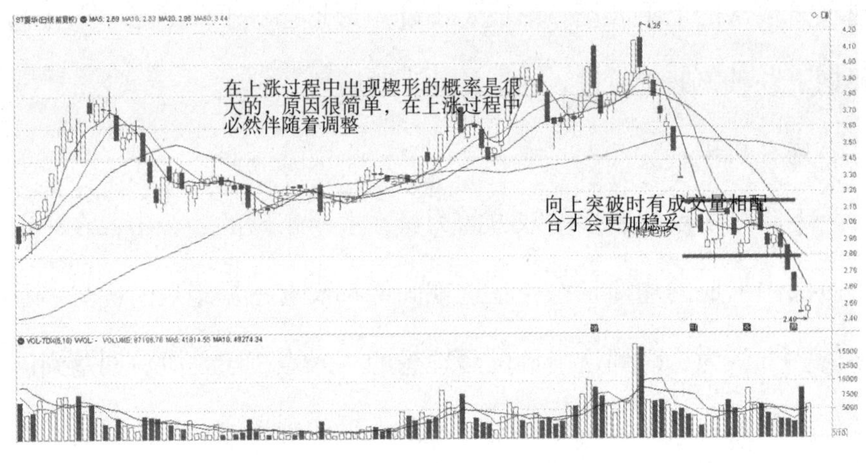

图案回顾点睛：ST厦华2019年5月日K线图

ST个股，有退市预期，自然就是要跌的，行情一回调，跌的比谁都惨，ST厦华构筑下降矩形后，继续下跌。

学习温馨小提示

为什么建议不要碰ST个股，这里的案例还用ST呢？就是要感受一下ST个股的下跌，如果追逐不确定的机会，在ST个股里面博弈，随时都会GAME OVER！所以，做自己熟悉的、有把握的确定性机会！

感知形态：

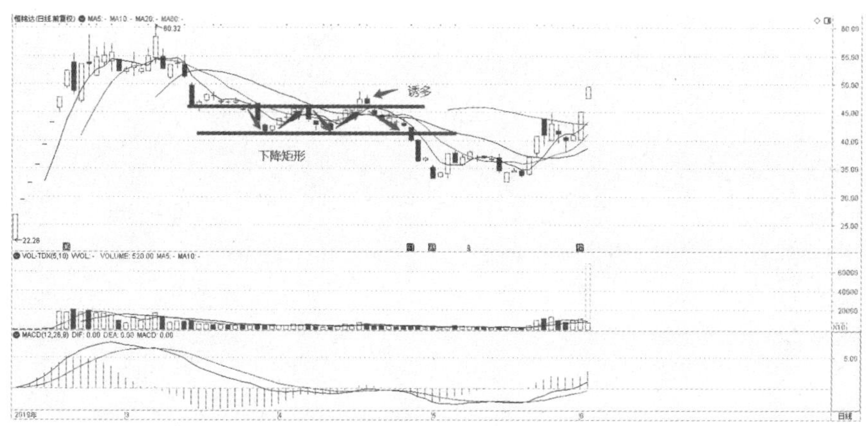

图案回顾点睛：恒铭达2019年4月前后日k线图

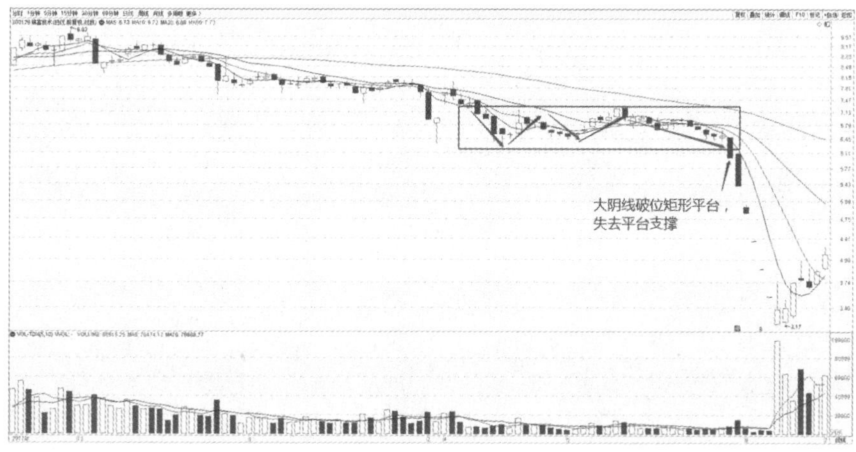

图案回顾点睛：锦富技术2018年5月前后日k线图

第二部分

K线实战利器

第三堂课

把握分时高低点的方法

学前须知

1. 在第三堂课中，我们将通过把握分时高低点感知盘口细节与博弈。在第四堂课中我们将带大家初步感知突破的力量。第五堂课至第八堂课我们可以学习到几类常用的技术方法，包括 MACD、黄金分割线、时间窗口以及缺口理论。最后一堂课，我们为大家独家奉献一个高阶实战手法，内容或许有些超越本书在股威宇宙中的定位，但初学者可以很好的感知其中对细节的观察和思考。

2. 本堂课的内容在牛散大学堂股威宇宙的等级为：中学生。其余级别结合自身状况采取是否学习或阅读的策略。

本堂课我们将学习一下如何把握分时高低点，这在实战中有着非常重要的意义。当我们准备下单买入或卖出股票的时候，成本或卖出价将直接影响到我们的收益大小，更重要的是成本的高低也将明显影响到我们持股的心态和策略。

学习把握分时高低点的方法前，我们先得明确一点，这里指的高低点是相对高低点，而不是绝对的高低点。个股股价的波动有必然因素，也会有偶然因素，有内在因素，也会有外在干扰因素，所以要把握日内最高（低）点，除需要很强的综合研判能力外，运气也是很重要的客观因素。我们只能在自身认知能够把握的范围内，尽可能地买在相对合理的分时位置，过分追求完美就不现实了。

1. 分时量能

从下面这张分时图可以看出，在上午盘买在早盘的分时最低点是非常令人愉悦的事情，但到了下午情况就发生了转变，股价开始跳水，上午的分时最低点并非日内的最低点。判断中科三环 2019 年 5 月 30 日上午的低点可能我们只需要观察盘口承接情况就能够把握住，但要判断下午的低点则需要对中科三环上午上涨动能以及稀土永磁板块的运行状况进行事先的预判。

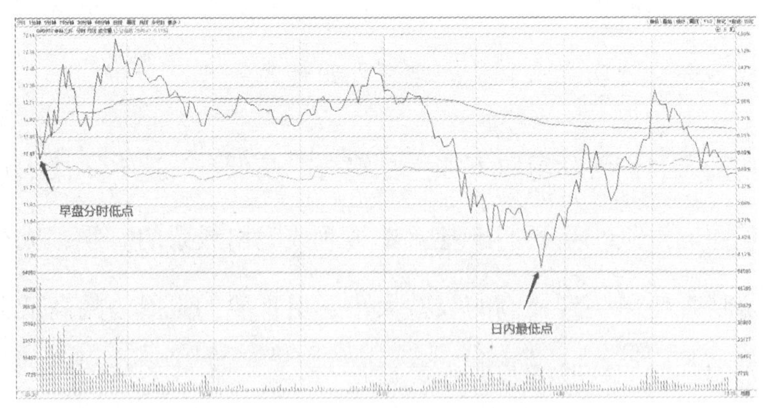

图片回顾点睛：中科三环2019年5月30日分时图

要判断把握分时的高低点，最直接也最有用的途径就是观察盘口。所谓盘口，就是你打开交易软件，能够看到个股相关信息的版面叫做盘口，其中包括：分时图、开（收）盘价、买卖档位、挂（撤）单、成交情况等。盘口并没有什么神秘，只是日常看盘中我们获取信息的地方之一。

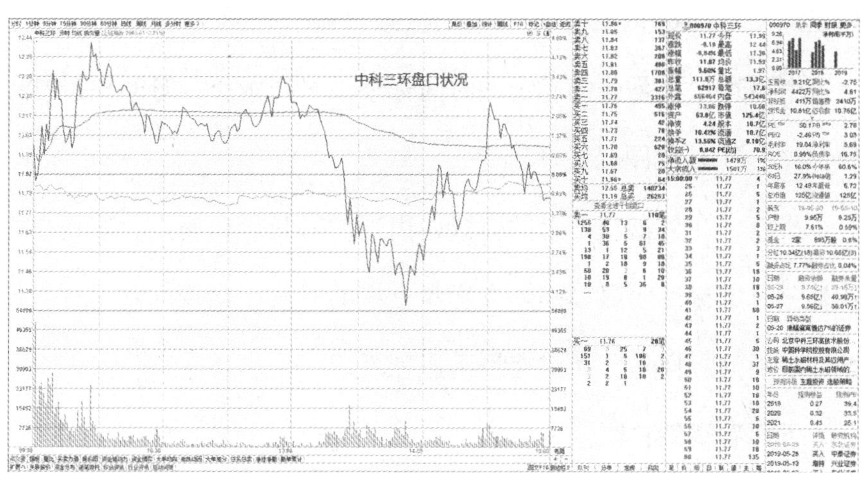

图片回顾点睛：中科三环2019年5月30日盘口示意图

开始学习把握高低点前，我们必须纠正一个初学投资者最容易产生的逻辑谬误，就是我们决定要买（卖）某只股票时才去找分时低（高）点买（卖），而不是因为看到了分时低（高）点才决定去买（卖）股票，投资逻辑的先后主次一定要时刻理清。

无论是做中长期投资，还是做短线博弈，只要我们决定买卖某只股票势必都要判断分时高低点，除了运作主力的一些买卖操作是有特殊用意之外，普通投资者肯定是希望自己尽可能买得低一点、卖得高一点。那么高低点是如何形成的呢?

答案是成交量。股价的上涨是因为有人买入，下跌是因为有人卖出。买方的情绪释放，会在分时上买出一个高点，而卖方的情绪释放，会在分时上砸出一个低点。对于分时的每一个高低点来说，都是那一段时间内买卖方情绪的极致释放。当然 K 线的高低点也是这个道理，只是我们界定的时间标准不一样罢了，分时图以秒以分钟计，日 K 线图以天计等等。

所以，在买盘跟不上的时候，出现的就是分时高点，表现出来就是分时成交量明显萎缩。在卖盘衰竭的时候，出现的就是分时低点，表现的同样是分时成交量迅速萎缩。

下面看案例:

2019 年金逸影视走出趋势性上涨行情，5 月下旬股价开始进入加速状态。2019 年 5 月 29 日，金逸影视完成四连板。这也直接带动了影视传媒中的其他部分个股，如唐德影视。

唐德影视在金逸影视的带动下，5 月 29 日当天高开震荡后涨停。虽然股价强势涨停，但唐德影视属于跟风这一点我们是要清楚的，况且从当天分时成交量可以看到，下午盘出现两次集中式砸盘，说明筹码意志并不是很坚定，在金逸影视 4 板前已经有资金潜伏在可能的跟风品种中。所以唐德影视次日的高度不宜期望过高，需要多一份小心，走一步看一步。

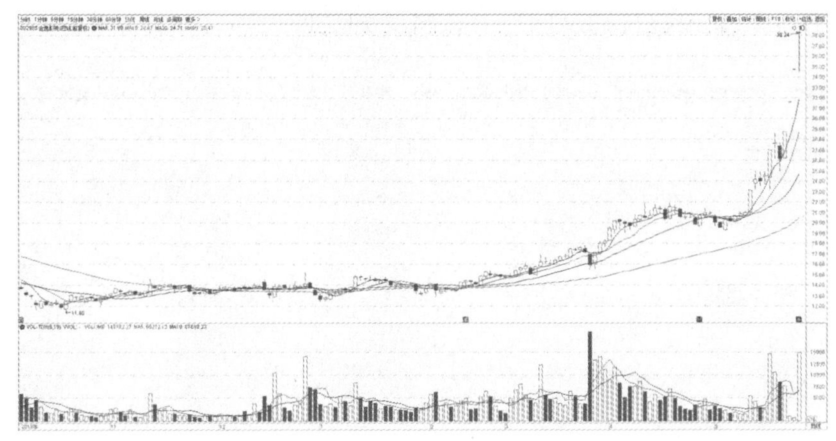

图片回顾点睛：金逸影视2019年5月29日前日K线图

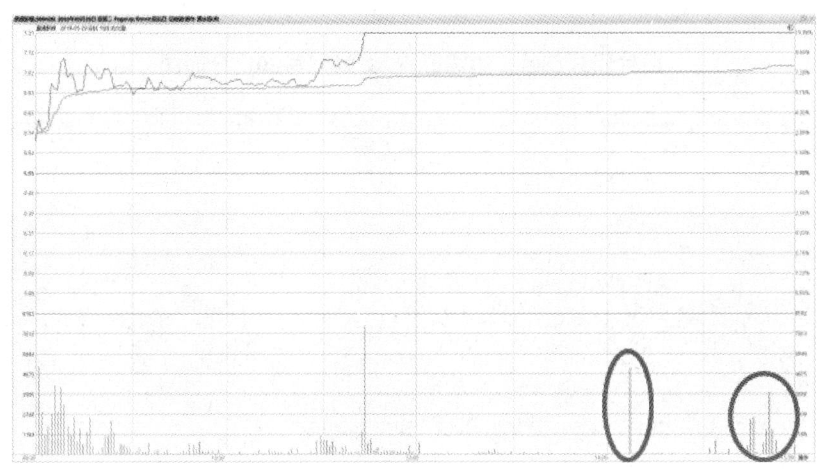

图片回顾点睛：唐德影视2019年5月29日分时图

5 月 30 日唐德影视小幅高开，然后迅速向上拉升第一波。

与此同时，金逸影视则平开快速下杀。这里存在两种情况，一种是影视传媒板块当天早盘整体表现不错，龙头金逸影视或将被强势的唐德影视重新带动起来。第二种情况就是没有板块效应，唐德影视相对金逸影视的反向拉升，将受到负面反馈，拉升难以持续。

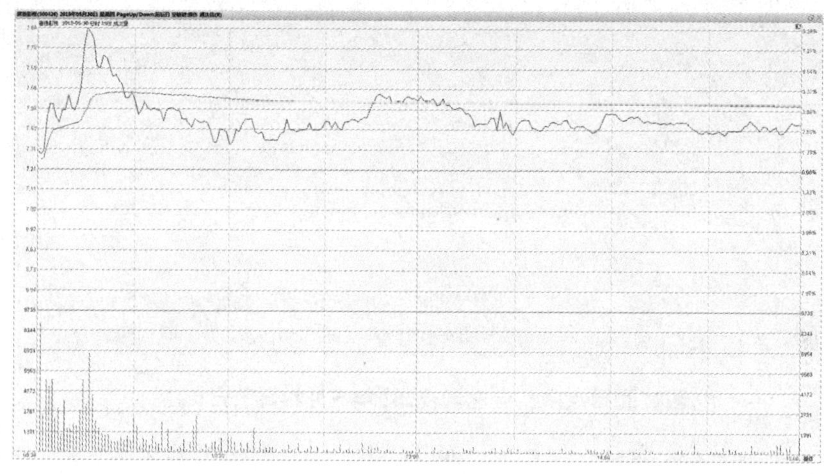

图片回顾点睛：唐德影视2019年5月30日分时图

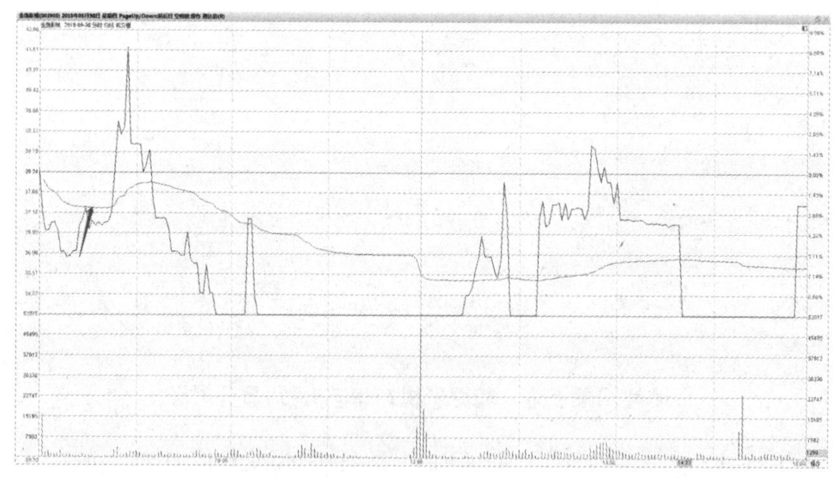

图片回顾点睛：金逸影视2019年5月30日分时图

9:41 分左右金逸影视和唐德影视同时开始拉升，金逸影视拉升力度并不大，但唐德影视似乎拉升幅度还不错。我们透过成交情况来感受唐德影视的拉升意图。

09:43	7.58	–	0
09:43	7.58	–	0
09:43	7.59	234↑	5
09:43	7.59	899↑	13
09:43	7.59	407↑	12
09:43	7.59	42↓	6
09:43	7.60	50↑	5
09:44	7.59	128↓	10
09:44	7.62	233↑	19
09:44	7.64	30↑	5
09:44	7.64	97↑	2
09:44	7.63	224↓	4
09:44	7.66	357↑	15
09:44	7.66	53↑	4
09:44	7.66	100↑	6
09:44	7.67	951↑	14
09:44	7.69	113↑	10
09:44	7.69	371↑	9
09:44	7.69	32↑	3
09:44	7.69	356↑	16
09:44	7.70	102↑	8
09:44	7.70	44↑	6
09:44	7.77	647↑	33
09:44	7.78	63↑	8
09:44	7.71	90↓	5
09:44	7.77	280↑	15

图片回顾点睛：唐德影视2019年5月30日9:44分成交情况

9:41 分以后，唐德影视开始出现主动性向上买单，一直持续到 9:44 分，似乎点火资金是奔着涨停去的。但当股价达到八九个点的时候，分时成交出现了大额的主动性抛单，跟风追涨的资金开始呈现疲态。

09:45	7.81	394↑	26
09:45	7.81	11↓	2
09:45	7.82	48↑	7
09:45	7.84	124↑	10
09:45	7.82	112↓	4
09:45	7.85	39↑	8
09:45	7.85	42↑	8
09:45	7.87	114↑	12
09:45	7.85	77↓	8
09:45	7.86	202↑	11
09:45	7.86	189↑	11
09:45	7.87	482↑	29
09:45	7.88	21↑	4
09:46	7.88	213↑	22
09:46	7.85	438↓	43
09:46	7.83	506↓	28
09:46	7.86	268↑	34
09:46	7.88	644↑	21
09:46	7.80	1066↓	54
09:46	7.80	515↑	10
09:46	7.86	743↑	29
09:46	7.86	119↓	8
09:46	7.86	506↓	2
09:46	7.86	315↓	11
09:46	7.85	27↓	8
09:46	7.87	75↑	9

图片回顾点睛：唐德影视2019年5月30日9:45分成交情况

学习温馨小提示

主动性买（卖）单：在普通的行情软件上可以看到买卖五档，每档上都有挂单，这些单不会主动成交，所以被称为被动性挂单。当一个投资者看好一只股票，迫不及待想要买进，这时候只是挂单在卖一下方的价位并不会立刻成交的，想要即时成交，就必须把买入价格调至卖档的价位（至少是卖一的价格），这样的买单就叫做主动性买单，反之主动性卖单同理。

最终唐德影视因为跟风盘不足冲高回落，这一点从分时量能也可以看出，通常来讲量价齐升为健康拉升，但若拉升并没有进一步放量，则很可能是上涨动能不足的表现。如果我们作为持筹者，本身就准备在这一天售出股票，看到这些连续的大卖单和跟风盘不足，就可以意识到这是一个分时高点，是不错的卖点。

如果你再不卖，要么是你预期还有一个更高的位置，或者是涨停，这是基于买卖决策的，和选择买卖点没有关系。如果你本来是决定要卖的，但是因为犹豫没有出，接下来就不宜在下砸过程中卖了，等下一个反弹高点再出，下一个高点的寻找方式和刚才的描述类似。

总结一下，把握分时高点从以下几个方面着手：个股定位；分时量能；与个股、板块、大盘的协同或负反馈效应等。

与判断高点一样，判断低点主要也是根据量能表现。高点是买单衰竭，卖单开始砸，砸出来的。那么低点，显然是卖单衰竭，买单开始逐步跟上的结果。

下图是 2019 年 5 月 30 日次新股日丰股份的盘口。对于前一天预判这只股票大概率要继续涨停，做好计划决定买入的话，盘中需要尽可能买在低点。还是那句话，低点是指相对低点，分时相对低点有很多个，我们只把握能看懂的相对低点。

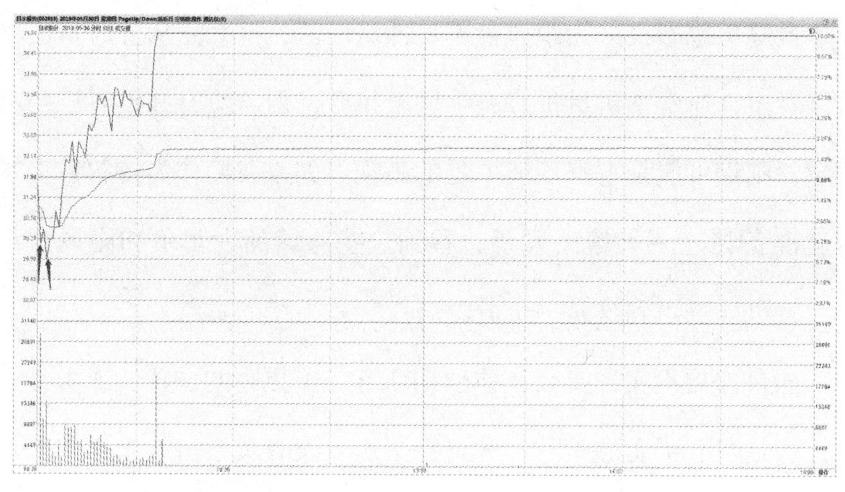

图片回顾点睛：日丰股份2019年5月30日9:45分成交情况

对于这只票来说，事后来看，低吸点有三个，第一个是集合竞价直接开在了绿盘0轴以下，第二个是第一波下杀的低点，第三个是二波下杀的低点，也就是图中标示的位置。我们来看第三个低点是怎么形成的：

因为日丰股份是当时非常活跃的一只股票，而且是在早盘盘口博弈最激烈的时刻，成交每3秒撮合一笔，所以每一个低点的形成都非常快。

注意看，9:30分开盘后一直有大单在往外砸，分时图处于下跌状态，下方的前五档买盘盘口都是较为衰竭的，非常松动，一笔稍大点的单基本可以轻松砸掉好几个档。但我们可以看到买三的位置挂着一个929手的单子，无惧砸单，稳稳地挂在那里，这就是盘口承接的一种体现。

日丰股份 002953				
委比		+18.33%		320
卖盘	5	30.20	529	+129
	4	30.18	4	
	3	30.17	5	
	2	30.15	34	
	1	30.13	141	+80
买盘	1	30.12	23	
	2	30.11	59	
	3	30.10	929	
	4	30.09	1	
	5	30.08	21	
09:25		31.50	8012↓	1066
09:30		30.63	505↓	40
09:30		31.10	7724↑	960
09:30		31.00	1740↑	289
09:30		31.12	957↑	139
09:30		31.00	372↓	89
09:30		31.01	1053↑	72
09:30		30.60	484↓	79
09:30		31.01	777↑	78
09:30		30.80	867↑	119
09:30		30.70	354↑	57
09:30		30.60	504↓	77
09:30		30.48	286↑	56
09:30		30.20	541↓	63
09:30		30.22	535↑	67
09:30		30.14	561↓	85
09:30		30.13	377↓	67

图片回顾点睛：日丰股份2019年5月30日分时第二个低点成交情况

如下图所示，这笔单子的强硬虽然使得买盘有所增强，但似乎并没能使得卖盘情绪有所缓和，一波买盘出现后，紧接着卖盘也涌现了出来，多空陷入对峙状态。不管怎么说，至少说明买方在这个位置是有很强的承接意愿的。

09:30	31.01	777↑	78
09:30	30.80	867↑	119
09:30	30.70	354↑	57
09:30	30.60	504↓	77
09:30	30.48	286↑	56
09:30	30.20	541↓	63
09:30	30.22	535↑	67
09:30	30.14	561↓	85
09:30	30.13	377↓	67
09:30	30.13	805↑	109
09:30	30.20	847↑	107
09:30	30.14	525↓	71
09:30	30.22	483↑	77
09:31	30.60	494↑	49
09:31	30.67	806↑	62
09:31	30.70	183↑	33
09:31	30.94	615↑	93
09:31	30.94	161↑	31
09:31	30.94	356↓	59
09:31	30.80	761↓	89
09:31	30.30	701↓	93
09:31	30.30	334↓	45
09:31	30.22	725↓	73
09:31	30.50	586↑	50
09:31	30.50	408↓	37
09:31	30.32	200↓	39

图片回顾点睛：日丰股份2019年5月30日分时9:31分左右成交情况

接着往下看，一波凶猛的买单后，继续有大单往下砸，注意看9:32分的时候，买一的位置30.00挂着1373手的单子，等单子砸出来的时候同样不撤，这和上面的那个不撤的单子是同理的，说明买方在这个位置有很强的承接意愿。

日丰股份 002953			
委比	+27.44%		597
卖盘 5	30.08		46
卖盘 4	30.07		1
卖盘 3	30.06		555
卖盘 2	30.03		7
卖盘 1	30.01		180
买盘 1	30.00		1373
买盘 2	29.98		1
买盘 3	29.96		2
买盘 4	29.95		2
买盘 5	29.94		8
09:31	30.94	356↓	59
09:31	30.80	761↓	89
09:31	30.30	701↓	93
09:31	30.30	334↓	45
09:31	30.22	725↓	73
09:31	30.50	586↑	50
09:31	30.50	408↓	37
09:31	30.32	200↓	39
09:31	30.34	398↑	67
09:31	30.48	1653↑	144
09:31	30.34	425↑	78
09:31	30.50	528↑	52
09:31	30.50	232↑	39
09:31	30.49	262↑	64
09:31	30.55	211↑	35
09:32	30.60	602↑	26
09:32	30.50	792↓	48
09:32	30.52	185↑	32
09:32	30.60	380↑	48
09:32	30.50	1167↓	98
09:32	30.48	556↓	62
09:32	30.36	450↓	55
09:32	30.25	756↓	113
09:32	30.10	664↓	131
09:32	30.03	991↓	84
09:32	30.00	466↓	73

图片回顾点睛：日丰股份2019年5月30日分时9:32分左右成交情况

注意看，买一继续挂着大买单，同时卖单还在继续砸。但一个很重要的转折细节体现了出来，挂在买一 29.89 的大单只被砸掉了一部分，还留有一部分没有成交，说明卖单已经衰竭，砸不动了。

日丰股份 002953			
委比	-39.23%		-529
卖盘 5	30.03		38
卖盘 4	30.00		751
卖盘 3	29.99		66
卖盘 2	29.98		6
卖盘 1	29.96		78
买盘 1	29.89		380
买盘 2	29.87		6
买盘 3	29.85		8
买盘 4	29.83		11
买盘 5	29.81		5
09:31	30.34	425↑	78
09:31	30.50	528↑	52
09:31	30.50	232↑	39
09:31	30.49	262↑	64
09:31	30.55	211↑	35
09:32	30.60	602↑	26
09:32	30.50	792↓	48
09:32	30.52	185↑	32
09:32	30.60	380↑	48
09:32	30.50	1167↓	98
09:32	30.48	556↓	62
09:32	30.36	450↓	55
09:32	30.25	756↓	113
09:32	30.10	664↓	131
09:32	30.03	991↓	84
09:32	30.00	466↓	73
09:32	30.00	1955↓	155
09:32	29.85	514↓	70
09:32	29.64	339↓	70
09:32	29.60	372↓	68
09:32	29.60	796↓	102
09:32	29.65	669↑	120
09:32	29.83	500↑	73
09:32	29.65	941↓	115
09:32	29.89	736↑	85
09:33	29.89	248↓	43

图片回顾点睛：日丰股份2019年5月30日分时9:33分前成交情况

与此同时，开始有主动性买单往上扫货，股价直接被拉了回去，就这样第三个分时低点形成。

日丰股份 002953			
委比	+60.29%		82
卖盘 5	30.40		4
卖盘 4	30.35		11
卖盘 3	30.30		1
卖盘 2	30.28		5
卖盘 1	30.25		6
买盘 1	30.22		7
买盘 2	30.12		2
买盘 3	30.09		16
买盘 4	30.07		1
买盘 5	30.06		83
09:32	30.52	185↑	32
09:32	30.60	380↑	48
09:32	30.50	1167↓	98
09:32	30.48	556↓	62
09:32	30.36	450↓	55
09:32	30.25	756↓	113
09:32	30.10	664↓	131
09:32	30.03	991↓	84
09:32	30.00	466↓	73
09:32	30.00	1955↓	155
09:32	29.85	514↓	70
09:32	29.64	339↓	70
09:32	29.60	372↓	68
09:32	29.60	796↓	102
09:32	29.65	669↑	120
09:32	29.83	500↑	73
09:32	29.65	941↓	115
09:32	29.89	736↑	85
09:33	29.89	248↓	43
09:33	29.96	381↑	50
09:33	29.99	467↑	59
09:33	30.00	202↑	41
09:33	30.03	748↑	61
09:33	30.03	191↑	26
09:33	30.22	142↑	27
09:33	30.22	165↑	22

图片回顾点睛：日丰股份2019年5月30日分时9:33分成交情况

如果你要进场，你的单子挂在哪儿，有三个位置：

第一次挂着大单的那个位置，也就是 30.10 元，这是左侧位置，因为现在回顾盘口你可以很清楚的看到这个位置的单子快速被砸掉。

但你下单之前无从知晓，所以在这个位置下单并没有问题。而且这是挂的买单，不是主动往上扫的买单，相对来说比较保守。

第二次挂着大单的那个位置，你在它被砸掉之前挂单算是左侧，但是在它被砸了一部分之后，主动性抛单快速衰竭，这个时候是直接下单的良好点位，虽然也属于左侧，分时图上显示不出来的极低点。第二个挂单位置只被砸了一半，就开始有主动性买单往上扫的时候，可以果断下单了，这属于右侧买点。

显然，若是你对买卖高低点有一定的苛求情绪在，在实战中就容不得半点犹豫，买卖都是如此。当然，对于做日线、周线，甚至更大级别波段的投资者来说，分时的高低点就显得不那么重要了，所以这也因人而异。不论如何，高低点的形成本质是一样的，就是买卖盘博弈的结果，重点通过量能把握。

2. 分时均线

除了量能，还有一大常用且实用的工具就是分时均线。特别是在分时量能异常的时候，分时均线就有很大关注价值。

通过实战总结，我们发现分时均线的用法并不像过去教条主义说的那样，看是否有支撑、是否跌破。因为例外情况太多，十分不可靠。另外从逻辑上讲，分时均线是否跌破或者有支撑也有相当的随机性。你想，参与到一只个股中的投资者数以千计万计，这就导致某一刻的交易难以保证没有人“任性为之”。比如，某个大户急需用钱，在某一刻砸出一个大单，导致分时跌破日内均线。虽然跌破了分时均线，但这与个股并无关系，只要没有引起跟风盘，那就只是一个短暂的盘口现象，不会影响大局。

看下面这个例子，恒顺醋业 2019 年 5 月 8 日分时图走得非常漂亮和强势，早盘分时走势健康，放量上涨缩量回调。临近中午收盘时间，分时再次拉升创出日内新高，但量能开始有些跟不上，比前一波拉升的量能明显缩小。下午盘分时量能开始表现的有些凌乱，但从分时均线的角度看，股价每次回踩分时均线都获得了较好的支撑。

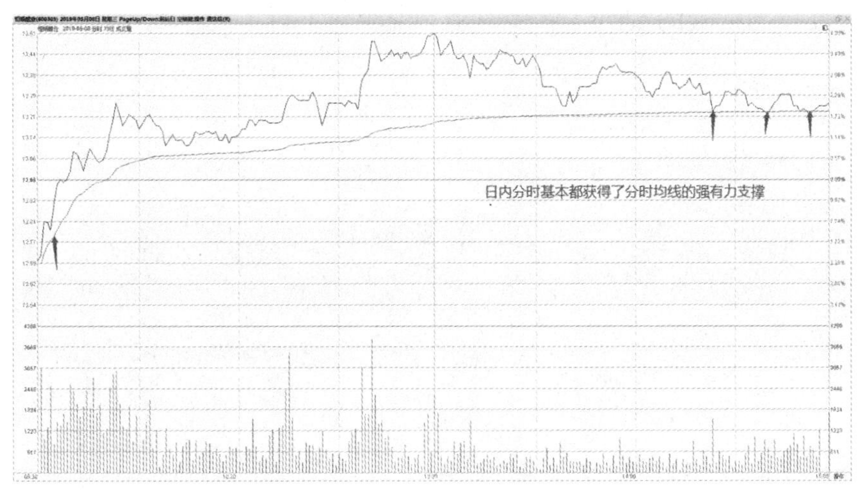

图案回顾点睛：恒顺醋业2019年5月8日分时图

如果以此按照教条主义的说法，这是强势的表现。我们接着看下一个交易日恒顺醋业的走势。

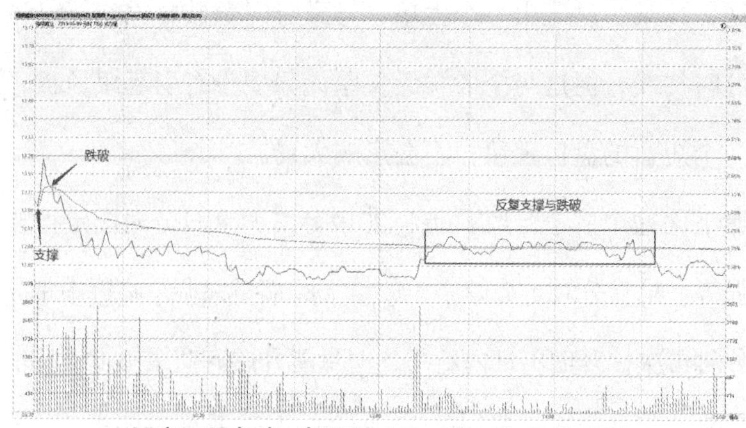

图案回顾点睛：恒顺醋业2019年5月9日分时图

次日 5 月 9 日，我们可以看到，恒顺醋业走势趋弱，反复演绎这支撑与跌破的戏码。那是不是又说明它不行了呢？我们接着看下一个交易日。

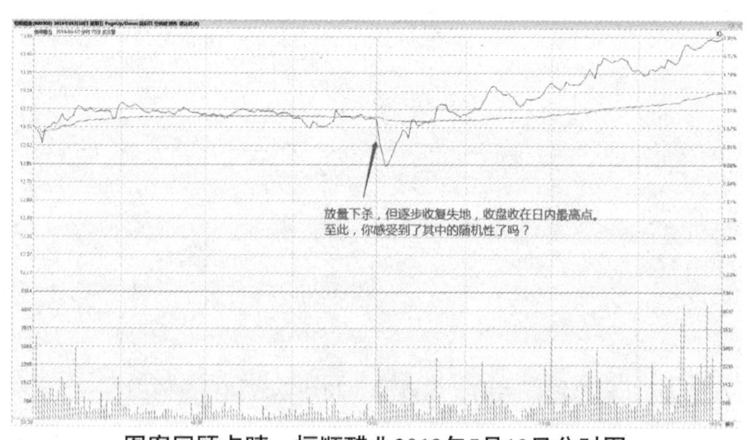

图案回顾点睛：恒顺醋业2019年5月10日分时图

5月10日，恒顺醋业分时图再次展现出随机性，反复跌破分时均线不说，下午开盘时甚至还出现放量下杀、缩量上涨的状况。作为一般的教科书说法，此时是日内的确认卖点，结果股价充分地展示了反人性的一面。

既然跌破分时均线和获得支撑具有很强的随机性，那我们为什么还要看日内分时均线呢?

因为分时均线的意义在于它代表了当天成交的平均价格。就拿牛股来说，所谓牛股一定是让大部分人赚钱的，也就是说它的股价大部分时间都停留在平均价格之上。因此，当它出现大波动后，进入到平均价格附近，就意味着市场将考验它的承接力量强弱，分时均线将成为一个敏感点。

所以我们要观察的不是分时均线是否跌破或有支撑，而是要透过分时均线这个敏感地带观察个股的下方承接力量强弱。不能简单地认为大单会影响走势，很多散户投资者很容易被盘面影响就是认知上有所偏差，比如看见大单卖出就认为主力要出货了，大单买入就是主力要拉升或建仓了。而事实上，大单不一定是所谓的主力挂出，也很有可能是出自某个大户之手。同样，大单也不一定会影响后续走势，只有当大单子能引起跟风盘时，才会影响走势。如果不能的话，往往意味着一个方向的力量正在衰竭，大单反而更容易造成日内的低点和高点，是很好的日内买点和卖点。

因此，当盘口出现上升趋势中的大卖单，或者下降趋势中的大买单这样的反向大单后，是非常值得我们关注的。像恒顺醋业便处于上涨趋势中，如此你再返回去看5月8日–10日的分时放量下杀，就会有不一样的感受。

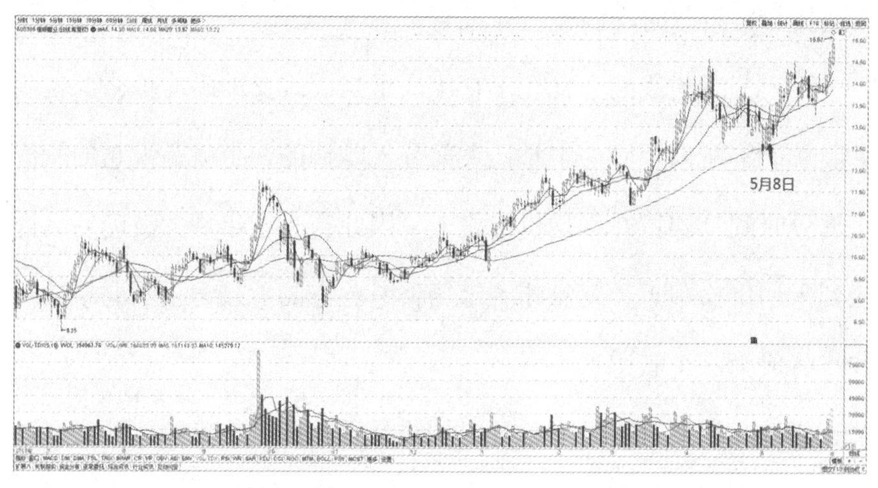

图案回顾点睛：恒顺醋业2018年中至2019年中日K线图

最后，需要强调的是，日内分时的高低点并不意味着股价日线等更大级别的高低点，更多时候我们需要把格局放大，才能够把握住更大的收益，否则只专注于日内波动，必将被其中的随机性现象所干扰，失去正确的判断力。

第四堂课

涨停突破平台时的主升浪机会

“突破”是我们往后在投资实战过程中最常听到也是最想看到的词，它代表了多头的势如破竹，空方的节节败退。但有些时候突破无声无息，有些时候突破陷阱重重，所以学会识别“真突破”。

本堂课我们主要将介绍平台的突破，所谓平台，就是一段时间内，股价横盘震荡而构筑的区间，我们形象地把它称为一个平台。一个平台的波动振幅一般在20%左右，看平台容易让人陷入两个误区，一个是过分把目光聚焦在几天的K线波动上，无法理性看待股价的正常波动。比如下图金逸影视2018年10月至2019年2月的日K线波动，想象一下，如果置身其中，你能用平静的心态对待这区间的涨跌波动吗？

但如果把K线图的时间跨度放大了来看，你会迅速获得一种大格局的初步感受，原本区间内令人兴奋的阳线或令人失望的阴线突然让人觉得也不过如此，无需纠结。

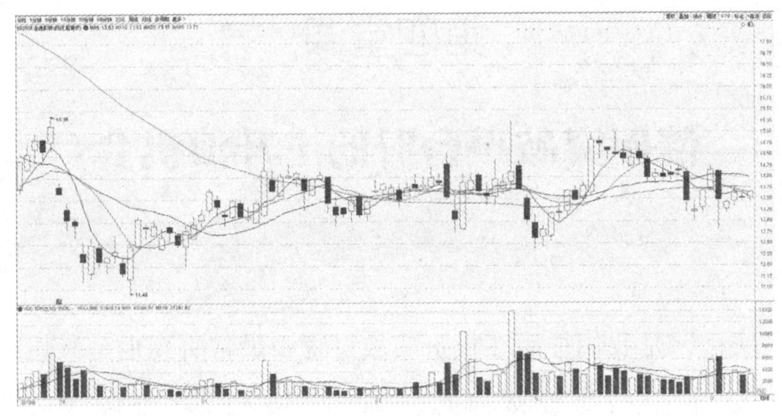

图片回顾点睛：金逸影视2018年10月至2019年2月日K线

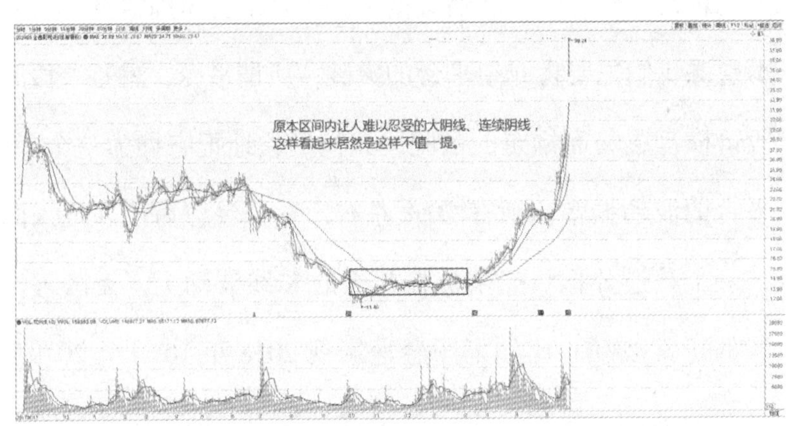

图片回顾点睛：金逸影视日K线图全览

透过金逸影视我们还可以感知到的很重要的一点是，底部构筑的平台蕴含着巨大的上涨潜力。金逸影视的平台突破有些悄无声息，没有持续关注的投资者较难很早意识到。那么有没有更为直观的点把握这样的突破后主升的机会呢？

答案是有的，就是K线以涨停方式突破平台的个股。正常行情下每天收阳的个股少则几百只，多则以千计，我们很难逐一去看，但每天涨停的个股数量相比之下就很少了，在这里面寻找涨停突破平台的个股就容易得多。

首先我们先来通过两个案例感受一下。

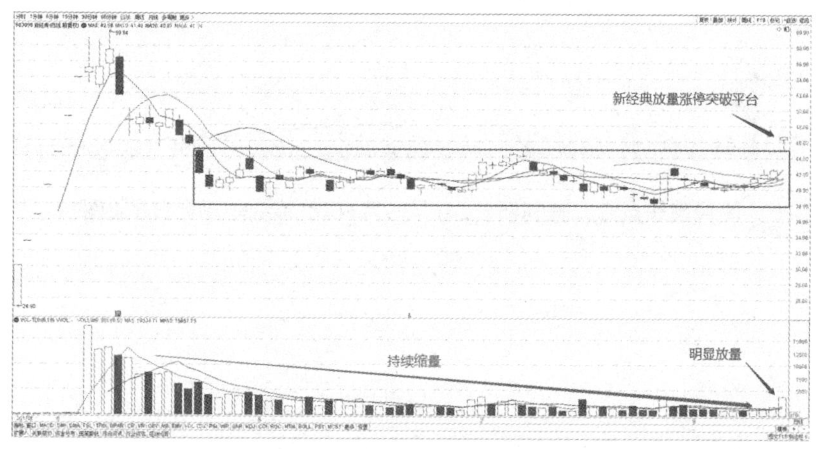

图片回顾点睛：新经典2017年8月14日涨停突破平台日K线图

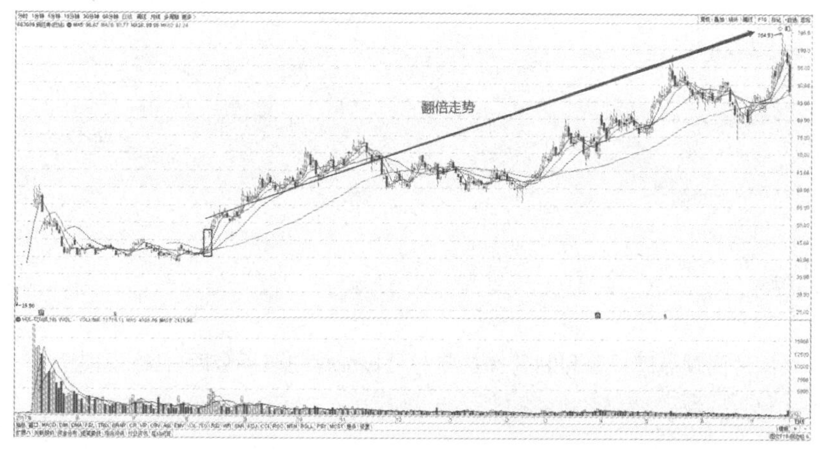

图片回顾点睛：新经典2017年8月14日涨停突破平台后日K线图走势

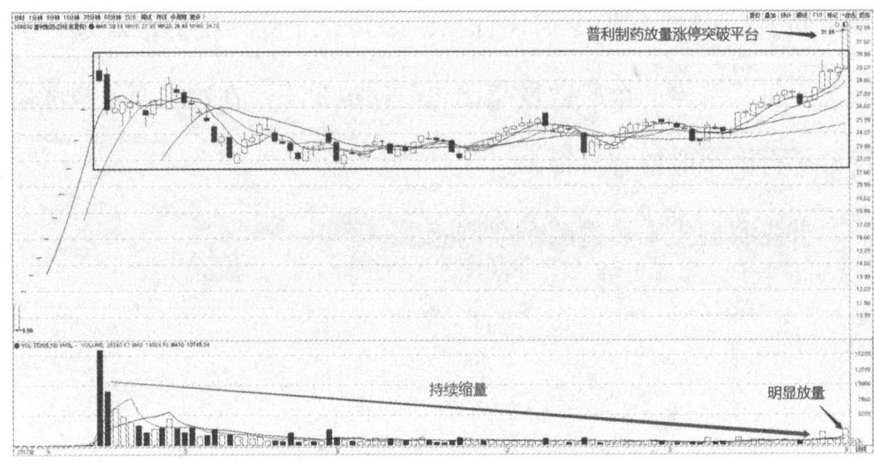

图片回顾点睛：普利制药2017年9月1日涨停突破平台日K线图

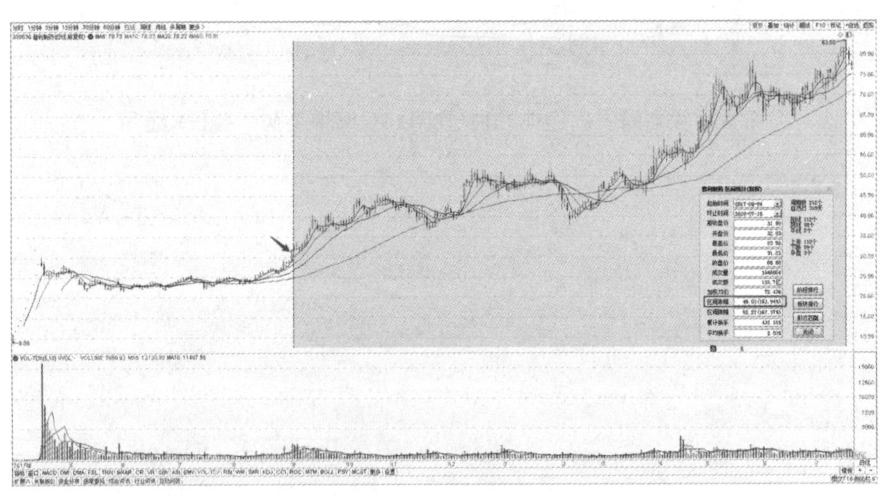

图片回顾点睛：普利制药2017年9月1日涨停突破平台后日K线图走势

涨停突破平台要点总结

买入标准：

①涨停前期横盘整理时间充足，少则三个月，多则一年；

②放量涨停突破平台，有跳空缺口最好；

③成交量是 60 日均量 2 倍以上最好。

短线卖出标准：

破 10 日线卖出或者分时图当日回撤超过 5% 卖出。

中长线卖出标准：

基本面恶化、估值过高、高位滞涨、上涨趋势不再（这涉及行业研究和上市公司研究，这里不做过多阐述，初学者可以读一读我们的书籍《看透 F10》）。

涨停本身就是一种阳至极的表现，局面是多方明显占优的。我们参与也需要拿出说不出手就不出手，一出手就快准狠的精神，就像猎豹捕捉猎物一般。这里的猎物指的便是那些横盘很长时间的个股，这个时间少则三个月，多则半年甚至一年。

当我们捕捉到这样 K 线形态的个股时，肯定不是说立刻买入。投资一是要投资好标的，另外很重要的一点就是要选对时机。有些时候虽然个股横盘震荡不会让你亏什么钱，但耗在里面的机会成本也是非常高的，所以选择出手时机十分重要。

学习温馨小提示

机会成本：机会成本是来自经济学原理中的一个概念，是指当把一定的经济资源用于生产某种产品时放弃的另一些产品生产上最大的收益。例如，在接下来的一段时间里，你可以选择看一部电影首映，也可以选择去河边钓鱼，但同一时间只能做其中一件，如果选择了去钓鱼，那么看首映就变成了钓鱼的机会成本。在这里选择持股一只横盘的个股，将会有更多正处于上涨周期的个股成为你的持股机会成本。

首先我们需要对符合形态的个股进行筛选，重点留意那些符合中国未来经济发展方向的行业和个股，比如七大新兴产业、大金融行业、大消费行业等。因为它们才真正具备长期走牛的根本逻辑。

做好筛选工作后，我们要做的便是等待捕捉猎物的时机，这个时机就是涨停突破平台。

下面举个例子，广和通从2018年中开始横盘整理，期间震荡最大的幅度约10%左右。

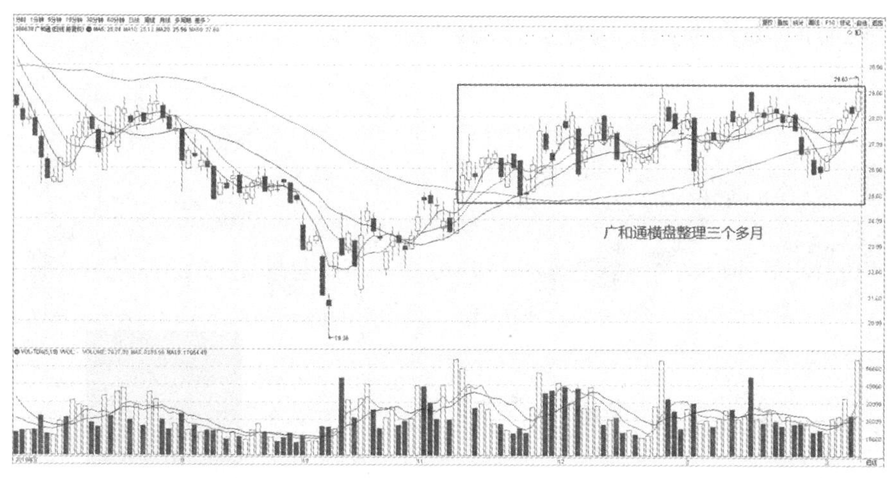

图片回顾点睛：广和通2018年至2019年初横盘日K线图

通过对广和通的研究发现，广和通是全球领先的无线通信模块及解决方案提供商，主要从事物联网接入核心产品无线通信模块，通过集成到各类物联网和移动互联网设备使其实现数据的互联互通和智能化。公司的主要产品是无线通信模块及其应用行业的通信解决方案的 2G/3G/4G 通信协议栈软件开发技术、产品性能实现工业级 -40 到 +85 度的技术、RF 校准控制技术、一体化产品开发设计技术、接口扩展技术、集成应用技术。通过对主要财务指标分析看出广和通业绩增长有加快的现象，这背后主要是得益于国内 POS 机市场和海外 PC 端市场的持续爆发，这也奠定了公司 2019 年业务快速发展的基础。

更重要的是广和通的主营业务贴合中国未来 5G 和物联网的发

展路径，是产业链上明显受益的公司。

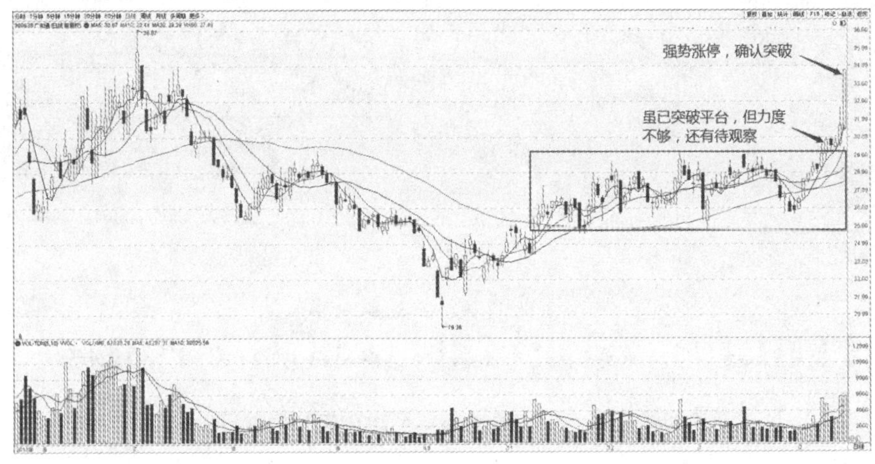

图片回顾点睛：广和通2019年2月22日涨停突破平台日K线图

广和通 2019 年 2 月 22 日以涨停的姿态正式突破横盘平台。

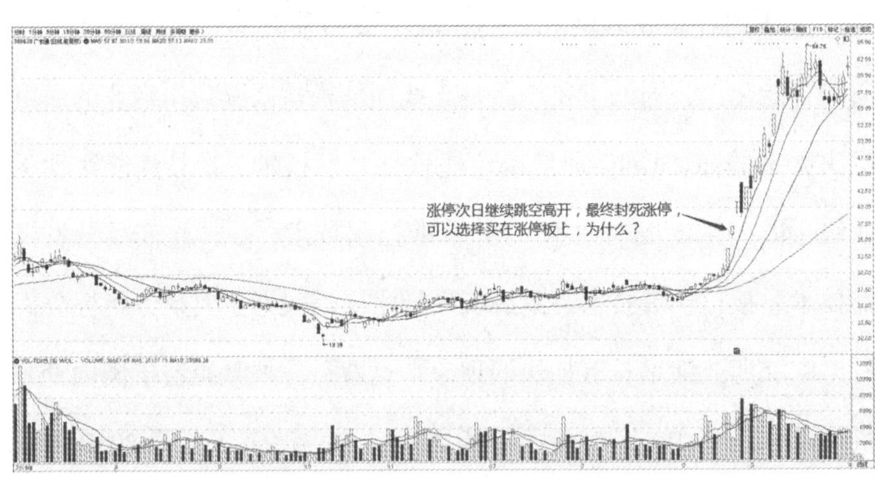

图片回顾点睛：广和通2019年主升浪日K线图

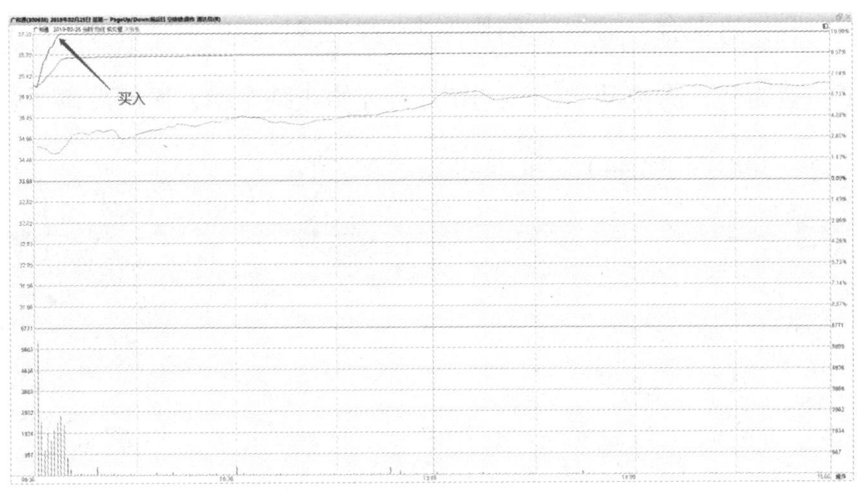

图片回顾点睛：广和通2019年2月23日分时图

涨停突破后，次日23号广和通继续高开，选择打板买入。这里肯定会有读者朋友有这样的疑问，追涨停追高不是投资的大忌吗？的确，高位追涨停具有一定的风险性，并非所有人都有能力把握。但相对低位则不同，涨停往往标志的不是风险，而是确定性。当然如果你是经验丰富的投资者，也可以在盘中涨停前参与。

另外，涨停突破平台后的涨幅往往也跟涨停启动前的横盘时间有关系。一般来说，横盘时间越长，筹码沉淀越充分，向上攻击的稳定性也会相对更好。所谓筹码沉淀就是说想赚几个点就走的投资者会在股价横盘震荡的过程中变得越来越少，反之能够一直坚持持股不动的投资者持股占比会变大。所以“横有多长，竖有多高”是有一定依据的。

我们再配合大盘指数表现可以发现更多这样的启动机会。以上证指数为例，指数从 2018 年 10 月份开始止跌企稳，区间震荡了几个月，并形成了 2440 点和 2449 点的双底形态。

图片回顾点睛：上证指数2019年前后日K线图

大盘反映的是一个整体情况，在此期间，很多个股也如同大盘一样，开始走出之前的下降通道，进入横盘整理状态，我们可以选择的品种数量开始变多。直至 2019 年 2 月中旬，指数开始大阳线突破区间上轨，这也让很多个股顺势启动，后面走出典型的涨停突破平台后的主升浪。

比如 2019 年 2 月万众瞩目的京东方 A，2 月 13 日以超 60 亿的成交额强势封死涨停，打响了新牛市第一炮。

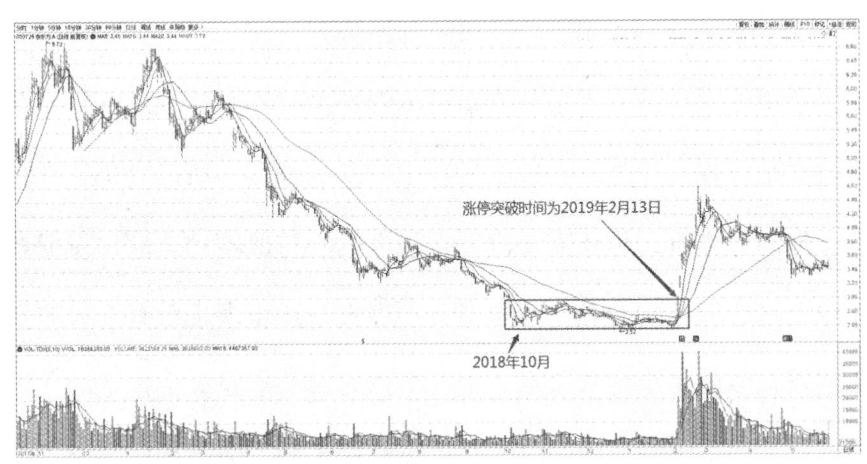

图片回顾点睛：京东方A 2019年2月13日前后日K线图

当然，也并非所有的平台突破都是以封死涨停的形式展开，我们在学习投资知识的时候，学习“形”的同时更要领会“神”所在。这里的涨停只是为了验证横盘已经结束，趋势即将逆转，进入到右侧行情。只是说涨停是一种最为强烈的启动信号，如果受制于其他原因最终没有封死涨停，比如大盘环境恶劣，突发系统性风险等，这种情况哪怕只是盘中强势大涨过，都可以视作启动信号，无非可能多一个回踩确认，这并不会改变趋势已经逆转的事实。

涨停突破平台的优势：

①便于我们及时抓住主升浪的开端，提早布局；

②短期收益非常可观，节约了持股等待的机会成本；

③经过长时间的筹码沉淀，主力资金深度参与，下方平台支撑

力会非常强，股价大幅下跌的风险性很低。

涨停突破平台的方法特别适合抓主升浪，一旦抓到的话，短期收益非常可观。当然，在这个过程中时常有动荡，所以股价一旦脱离了你的成本价，你还需要有一颗强大的心持股不动。散户投资者往往有这样的一种心理，亏很多舍不得卖，赚很多也没有太大的卖出欲望，但就是小赚几个点、十几个点时，心态是最不稳定的，售出欲望会异常强烈，因为这个时候虽然赚了钱，但盈利比例说多不多，说少不少，生怕获利回吐，所以会想着去卖。但当获利大几十个点甚至以倍计，这个时候面对盘面几个点的波动就会显得风轻云淡。只是想要大丰收就必须经受前期小幅盈利的不稳定心态考验。

第五堂课

MACD的底背离与顶背离

学习股票投资知识的人一般来说都接受过指标学的熏陶，各种各样的技术指标让人眼花缭乱。原本技术指标是建立在统计学的基础之上，但随着简单易用的技术指标深受广大散户投资者的喜爱，越来越多人加入到了开发技术指标的行列，而脱离了投资的本质。所以，牛散大学堂以及股威宇宙是不提倡只关注技术指标而忽视上市公司本身价值的投资行为。无论任何时候，技术指标只是一个把握阶段性进场出场时机的参考工具。

技术指标五花八门，我们掌握其中最常用的 MACD 技术指标便足矣。MACD 又称为异同移动平均线，由快线、慢线以及量柱构成，是用一定的统计算法设计。具体原理我们在这里不做过多的阐述，各大百科类网站都有相应的具体介绍，有兴趣的读者可以进行查阅。

说起 MACD，我们重点掌握其背离的用法即可。背离分为两种，顶背离和底背离。MACD 的顶背离是指股价创出阶段性新高（不一定是历史新高），MACD 快线没有创出新高的背离现象。注意，此时快线应在慢线之下，与慢线形成交叉（俗称“死叉”），否则不能说顶背离已经形成。MACD 的底背离是指股价创出阶段性新低，而 MACD 没有创出新低的背离现象，此时快线应在慢线之上（俗称“金叉”），否则一样不能说底背离已经形成。

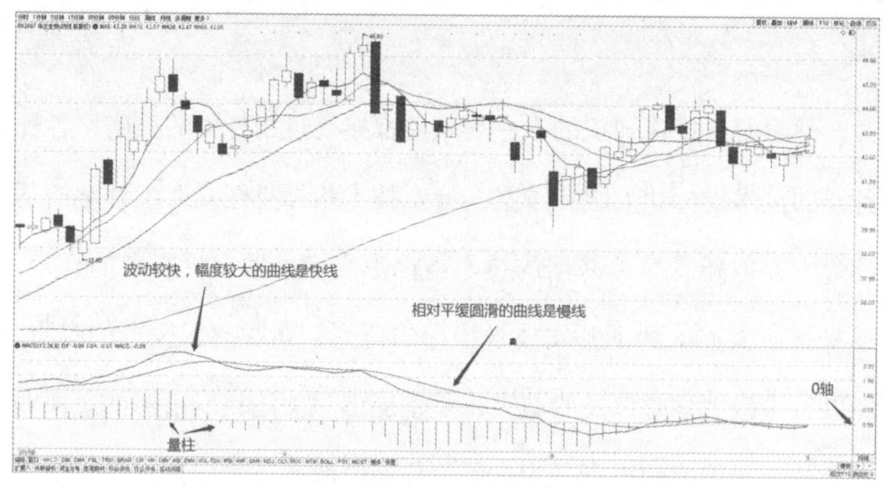

图案回顾点睛：华兰生物日线级别MACD示意图

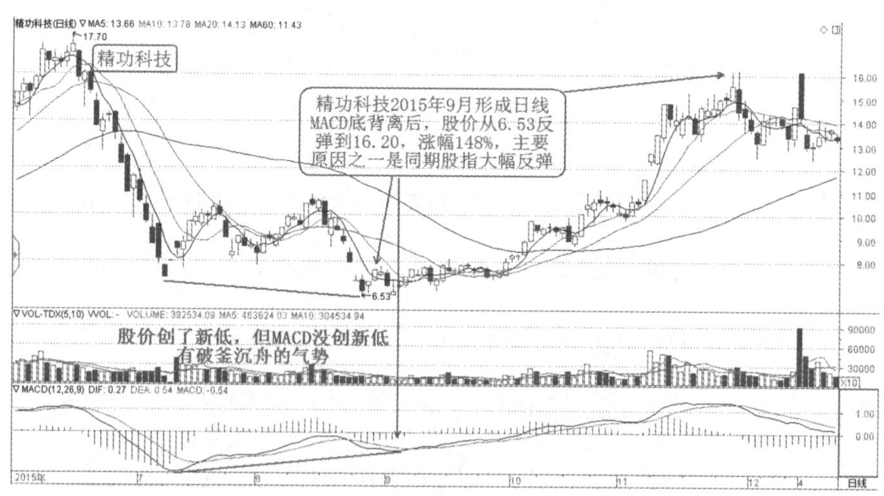

图案回顾点睛：精功科技日线MACD背离示意图

MACD背离用法要点总结

买入标准：

①通常在超跌个股或前期涨幅较大的个股中使用，价值会更加明显。处于震荡行情中的个股，MACD 也会反复震荡，其背离现象的信号强度会大打折扣。

②指股价创了前一波下跌的新低，但 MACD 却没有创下前面的低点，形成明显的背离。

③ MACD 快线线上穿慢线，可以视作买入信号。

④不同级别周期的 MACD 背离的信号强度不同，一般来说，周期级别越大，MACD 背离的转势信号强度越大。

卖出标准：

① MACD 轴死叉卖出。

②股价创新低卖出。

识别 MACD 的背离现象本身没有太大的难度，只要依葫芦画瓢多看几个案例便能熟能生巧。重要的是，与把握分时高低点一样，不是因为出现高低点或者 MACD 背离才去买入和卖出一只个股，而是已经计划好交易一只个股才通过技术指标去把握买卖点。这一点核心逻辑是必须要理清的。

下面我们就来“看图说话”，快速学会识别MACD背离现象。

老白干酒日线底背离：

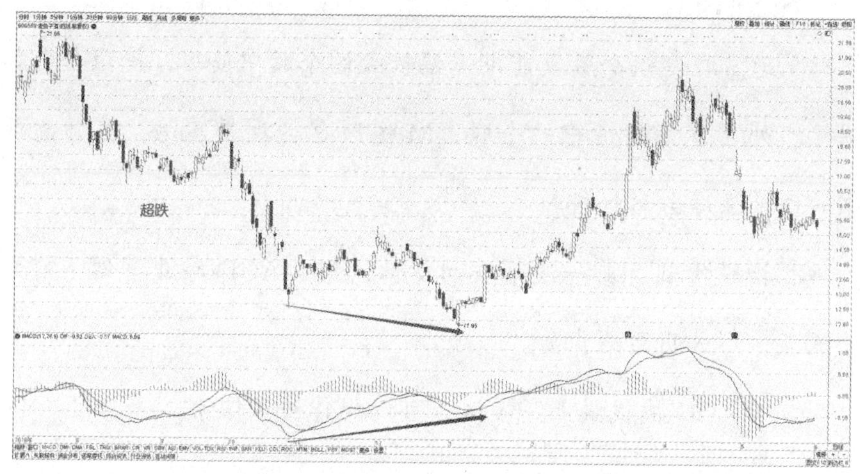

图案回顾点睛：老白干酒2018年中至2019年中日K线图

士兰微周线底背离：

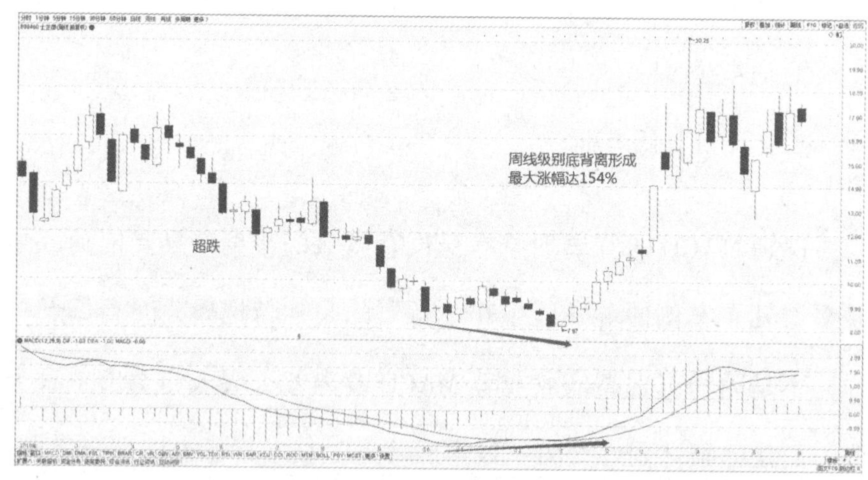

图案回顾点睛：士兰微2018年中至2019年中周K线图

除了个股外，指数也可以进行这样的研判：

图案回顾点睛：上证50指数2018年初至2019年中周K线图

看完底背离，我们再看认识一下顶背离。

报喜鸟日线顶背离：

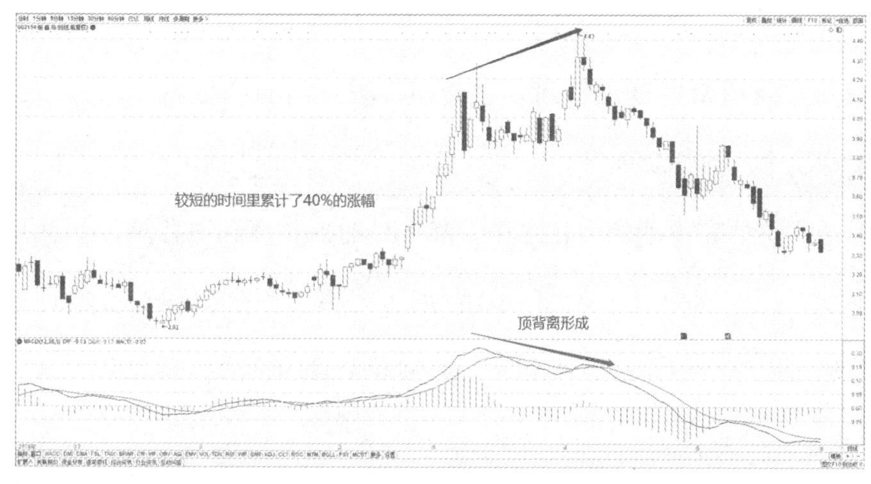

图案回顾点睛：报喜鸟2019年初至年中日K线图

天神娱乐周线顶背离：

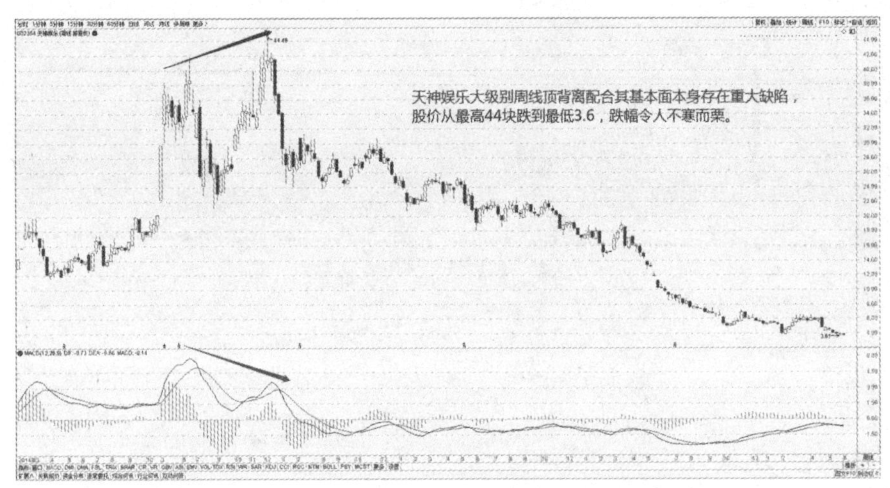

图案回顾点睛：天神娱乐2015年至2019年周K线图

大级别 MACD 顶背离是一个强烈的反转信号，但下杀幅度如此之大，主要原因还是上市公司本身基本面存在重大缺陷，需要进行价值回归。如果上市公司本身优质，具备很高的成长性。哪怕阶段性大级别 MACD 顶背离，也会在一段时间的修复后，重新回到上涨轨道。比如贵州茅台。

股价处在不断的变化之中，MACD 的顶背离和底背离也在反复演变，比如同一只个股 MACD 背离可能不止一次出现。很多时候我们可以综合利用顶背离和底背离判断个股的阶段性高低点。

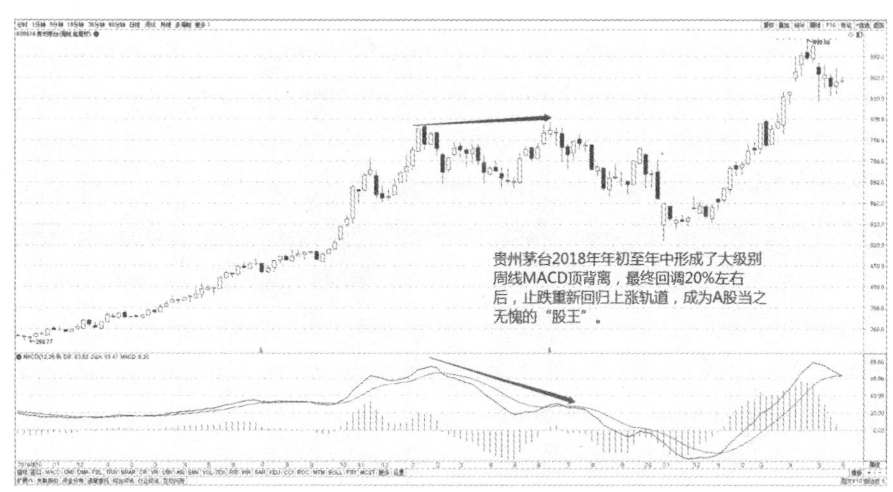

图案回顾点睛：贵州茅台2018年初至2019年中周K线图

顺网科技日线底背离与顶背离：

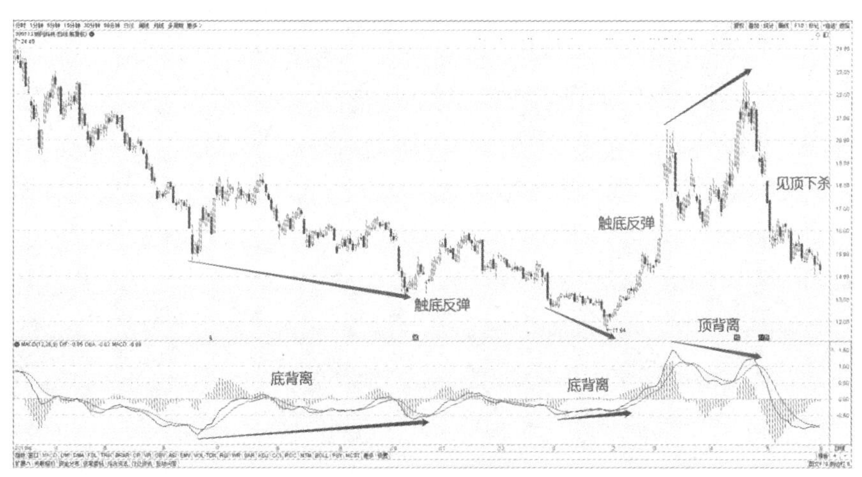

图案回顾点睛：顺网科技2018年初至2019年中日K线图

第六堂课

强势龙头股的黄金分割线运用

黄金分割比例是公认的将物体一分为二的最有美感的分割比例，其中包含了数学算法和自然规律。它在股票投资中的应用可以理解为鲁迅先生的一句名言：“世上本没有路，走的人多了，便变成了路”。当越来越多参与到股市中的投资者接受过此类的知识宣传，并据此行动，黄金分割点就有了其产生共识的价值，体现在盘面上就是到了该点位，下方的承接力量很可能会显著增加。

2019 年 A 股迎来了久违的短线十倍大牛股——东方通信。我们可以看到，东方通信的股价在经历一波猛烈上涨后，陷入短期大分歧。当股价回落到这一轮上涨的黄金分割点 0.382 位置附近时，股价企稳止跌，休整三个交易日后，第四个交易日重拾升势，走完最后一波四连板。

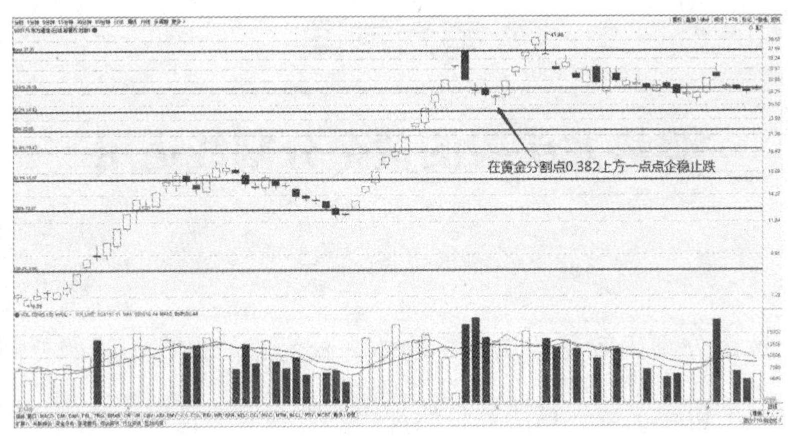

图案回顾点睛：东方通信2019年3月前后日K线图

下面我们来学习一下黄金分割线的画法。打开普通的行情软件，以通达信为例，首先我们需要把普通的股价坐标换成对数坐标。在K线版面空白处点击鼠标右键，把“主图坐标”栏目中的“普通坐标系”改成“对数坐标系”。

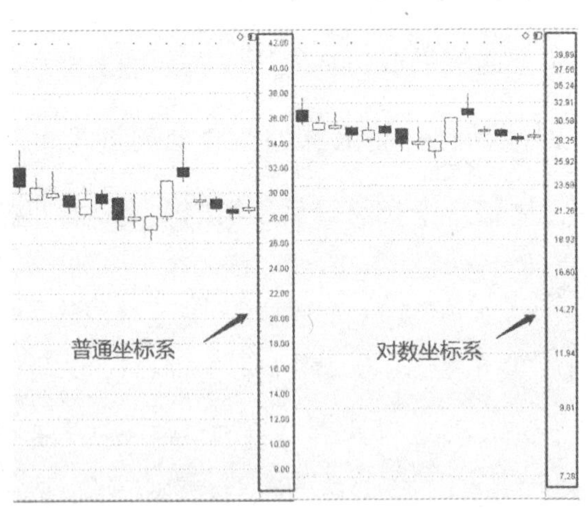

图案回顾点睛：东方通信的普通坐标系和对数坐标系对比图

在 K 线盘面找到画图工具选项。

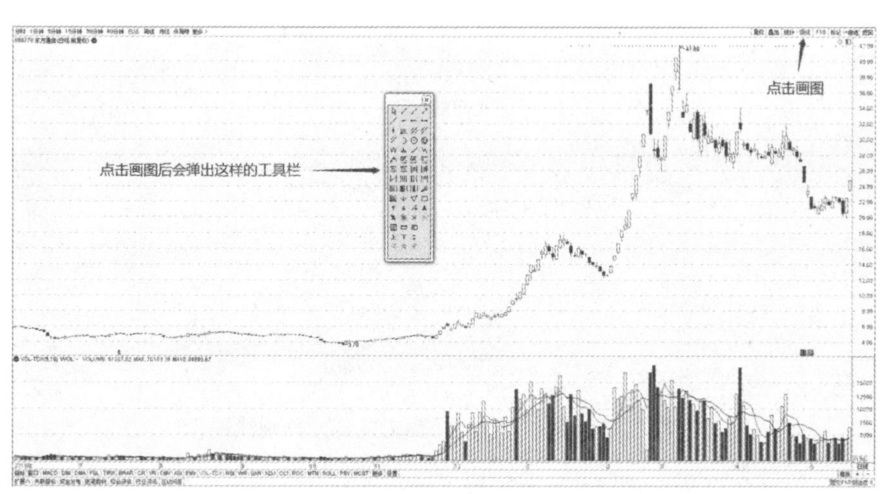

图案回顾点睛：通达信画图工具打开办法

工具栏中“平行线中包含字母 G”的图标即为垂直方向的黄金分割线工具（水平方向的不常用，这里不做阐述）。

鼠标左键点击图标后，我们再用鼠标左键点击阶段性高点，然后按住鼠标左键不动，往这一个上涨波段的起点方向拖动鼠标，直至起点处再松开鼠标左键，一个波段的黄金分割线就画好了。黄金分割线的关键点位除了前面说的 0.382 外，0.5 和 0.618 也常用。

画黄金分割线是我们把握上涨中继的一种方法，有如下几个要点需要知晓。

选股标准：5 天内至少 3 个涨停板

①涨幅至少 30%。

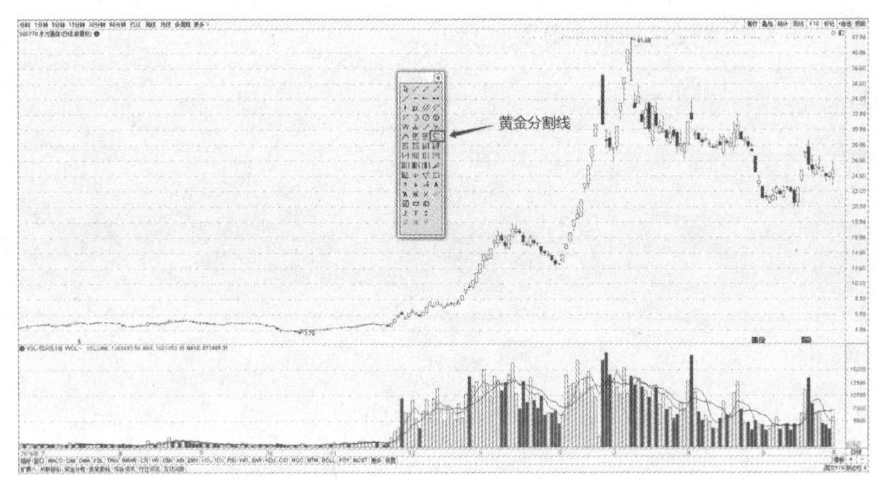

图案回顾点睛：通达信画图工具黄金分割线图标

②每个涨停板要有充分的换手率。

③一般情况下，尽量避开第一波涨幅超过 100% 的。

学习延伸突破小细节

东方通信前期涨幅远远超过 100%，但这个黄金分割点依然可以尝试参与，为什么？因为东方通信对于市场当时的意义非同一般，它的意义在于打造市场十倍大牛股来充当新牛市来临的标杆。而且经过三轮上涨，东方通信距离十倍仅一步之遥，越靠近十倍，十倍的预期就会越发强烈，强烈的预期最终会转化为实实在在的买盘力量。所以，这里的要点特别说明了是一般情况下，特殊情况我们需要具体分析，不可教条主义。

买入标准：

①黄金分割线回调到 0.382/0.5，买入信号；

②黄金分割线用半对数划主升浪。

卖出标准：

高位收出带有长上影线的阴线，或者跌破 10 日均线卖出。

我们来看一个例子：

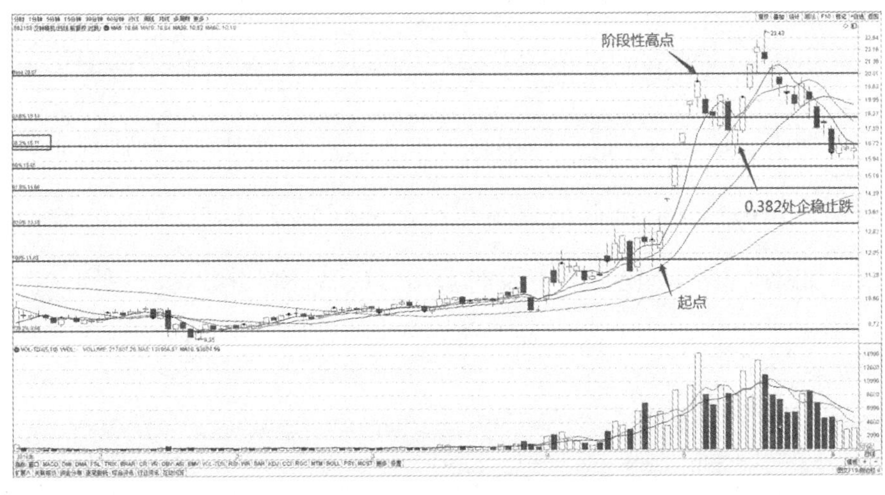

图案回顾点睛：汉钟精机2017年年中前后日K线黄金分割图

汉钟精机五天四板，股价回调至黄金分割点 0.382 处明显企稳，这一点透过分时图可以更加确认。

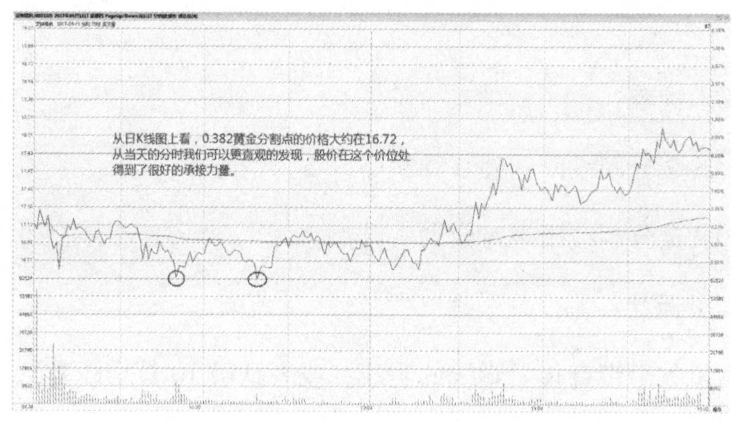

图案回顾点睛：汉钟精机2017年5月11日分时图

因此，5月11日这一天我们是可以低吸汉钟精机的。

再根据我们的卖出标准，第一卖点是5月17日收出带有长上影线的阴线这一天。高位收出这样带长上影线的阴线，往往标志着买盘力量的枯竭，冲高后没有足够的后续做多力量，只好大幅回落。如果你在第一卖点没有及时卖出，或者还想继续持股观望。接下来就需要重点观察10日线的支撑效果，失去支撑应及时离场。

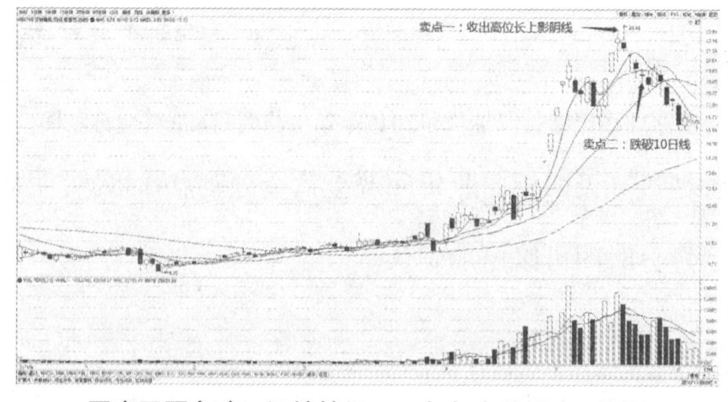

图案回顾点睛：汉钟精机2017年年中前后日K线图

这样的案例还有很多，在投资实战当中会经常遇到。

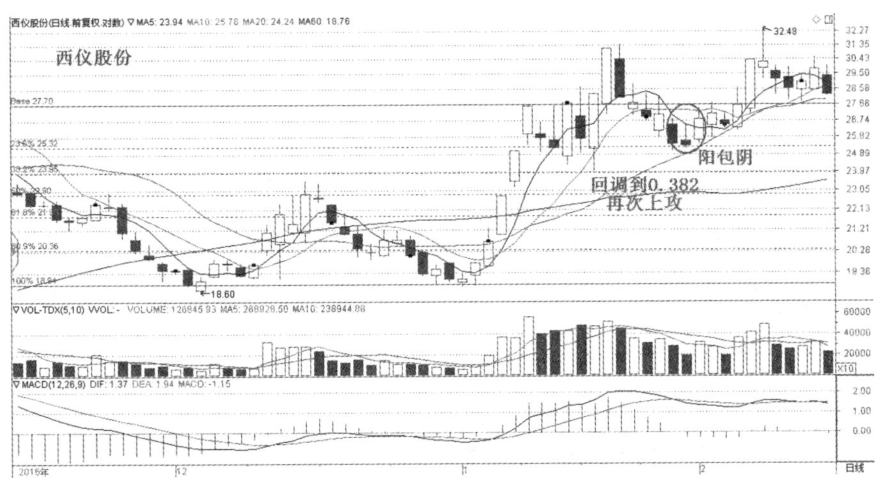

图案回顾点睛：西仪股份2017年1月前后日K线图

图案回顾点睛：北化股份2017年1月前后日K线图

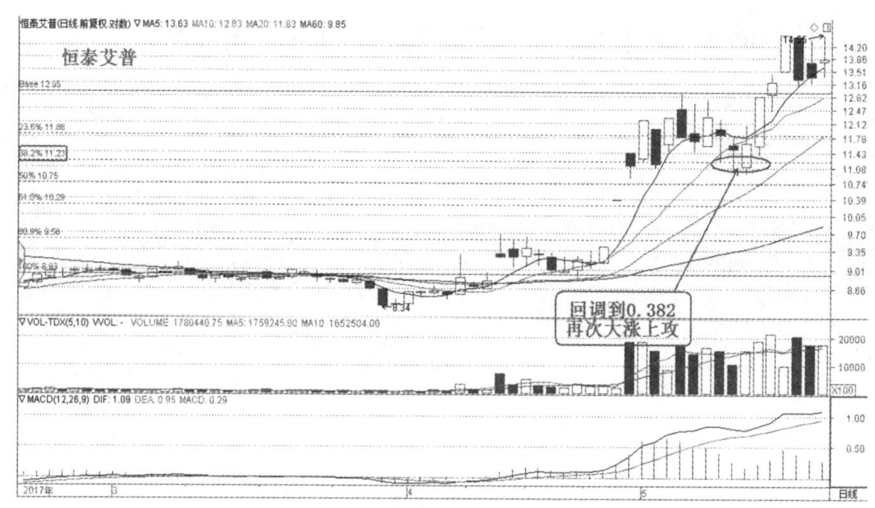

图案回顾点睛：恒泰艾普2017年4月前后日K线图

恒泰艾普短期拿下三个涨停，之后进入动荡，动荡却依然保持强势，回调到 0.382 附近，再次上攻。一只个股涨到一定阶段的时候，会需要一个消化的过程，当消化回调幅度符合黄金分割线时，我们是可以积极关注的，排除基本面硬伤问题后，是可以考虑逢低布局的。

黄金分割线终归是帮助我们把握强势个股上涨中继的工具，我们给出的“标准”，在实战中学习形的同时，更要领会神。比如五天三板是形，强势才是神。与此同时，如果能结合 K 线组合，可以大大提高正确率。

宝泰隆再回调至黄金分割点后，出现前一天跌停，后一天涨停的阳包阴的情况，这是一种阴衰阳至的表现。

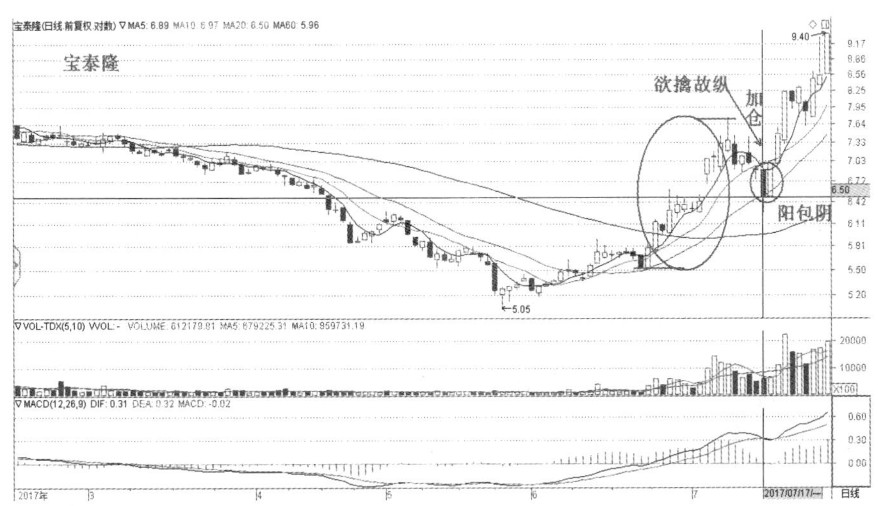

图案回顾点睛：宝泰隆2017年7月前后日K线图

这也是经典战役，5 元到 7 元这一波的涨幅可以理解为几个涨停板。当时我们在吴国平财经博客等自媒体中明确提出，这个位置是可以去加仓的，我们这里至少加了 4 次仓，果不其然阳包阴出现，这个就是确认信号。之后的涨幅非常可观，博弈非常精彩。这根阴线最低点 6.54 元，涨到到 9.4 元，重要的是这是在当时整个上证指数基本上没有涨的背景下完成的。

湖南天雁十分符合黄金分割线运用的相关标准。连续涨停过程中每个都是有换手的，持续上攻之后回调到 0.5 的比例位置。甚至湖南天雁画圈的两个 K 线组合也是阳包阴的组合，股价从阴极至阳极，是短期即将反转的强烈信号。

图案回顾点睛：湖南天雁2017年1月前后日K线图

但关注过这只股票的读者应该知道，它已经被 ST，改名 ST 天雁。ST 天雁 2017 年之前的业绩十分不稳定，有过几次大幅亏损的历史，基本在 ST 的边缘徘徊，基本面存在着很大的不确定性。哪怕它十分符合黄金分割线的标准，我们只能有所为、有所不为，采取不参与或者极小仓位参与的策略。

学习延伸突破小细节

我们都知道在A股一家上市公司如果连续亏损三年就会被ST，以作风险警示，具有退市风险。很多经营不善的上市公司为了避免被ST的命运，往往会卡时间点，在第三年的最后关头通过变卖资产等手段将当年的净利润拉回正数。它们的财务报表最直观的特点就是亏两年、赚一年，循环反复。

第七堂课

把握神奇的时间窗口

我们在财经评论新闻中常常可以听到这样的表述："下周是很重要的一周，周三将很有可能成为市场的转折点。"很多处于初学阶段的投资者对此会很疑惑，他们是怎么知道会在某个时间点市场能发生转折。

其实这并没有什么神秘的地方，主要是运用了一个常用的工具——时间窗口。理解"时间窗口"，简单来说，其实就是市场有可能发生转折的特殊时间。而特殊时间计算的依据则来自于菲波纳契数列或江恩数字等，其背后其实都是遵循着神秘的自然法则，很神奇，因此在实战过程中具有相当重要的意义。

1. 神奇数字

菲波纳契数列也称"神奇数字"，由这样一些数字构成：1，1，2，3，5，8，13，21，34，……，其规律是第一项是1，第二项也是1，从第三项开始，每一项的数字均是前面两项的数字之和。例如 1+1=2；1+2=3；2+3=5；3+5=8；5+8=13；8+13=21；13+21=34

等。任何两个相隔的数字彼此顺序相除或倒转相除，所得数字分别接近0.382及1.618。例如：8÷21=0.381；13÷34=0.382；21÷55=0.382等。这样一除是不是有些眼熟，没错，就是上一堂课讲的黄金分割点。无论是黄金分割点还是神奇数字，它们都来自于自然法则，我们使用时记住关键数字就可以了。

除了神奇数字以外，还有就是江恩时间窗口。有些人专门研究江恩，但是我个人是建议点到即止。江恩理论过去我也研究很多，但是以过来人的经验告诉大家，江恩理论了解一点就行了，如果深究的话，很容易走火入魔，就好像研究时间窗口，或是研究技术一样。更多时候研究和利用关键点即可，但过于依赖这些工具，就会进入到无法自拔的状态，每天都在关注各种各样所谓的重要支撑点或者转折时间，算来算去仿佛每天都很重要，从而忽略了市场本身和投资的本质。这条路我还没见过能赚大钱的人，不是说没有，只能说凤毛麟角，极有可能也是幸存者偏差。

学习延伸突破小细节

幸存者偏差是一种常见的逻辑谬误（“谬误”而不是“偏差”）。指的是只能看到经过某种筛选而产生的结果，而没有意识到筛选的过程，因此忽略了被筛选掉的关键信息。比如过去曾经风靡一时的“读书无用论”，某某人当初没好好上学如今照样挣大钱，而好多用功读书的人，毕业后反而不如那些没好好学习的人混得好。并且因为这样的例子有很多，所以很多人得出“上学没有用处”，“读书无用”的结论。这些其实只是个例，因为基数太大，所以看起来有很多。2010 年第六次全国人口普查的官方口径，可以算出来大专以上文化程度的人口仅占总人口的 8.7% 左右 。可以看出学历低的人数远高于学历高的人数，所以即便低学历者成功率远低于高学历者，也照样会导致低学历者出现大批成功人士。

对于高学历者，普通人既会关注成功的人，也会关注那些没成功的人，并且高学历却落魄的人尤其受关注，容易被当作新闻报道；而对于低学历者，普通人往往只关注成功者，忽视了广大学历低又没成功的人。正是因为忽视了这些“沉默的数据”，才产生“读书无用”这种错误结论。

我们做投资不能奢望自己是那个“幸存者”，通过建立正确的认知，学习优秀的思维方式和方法才能步入投资的康庄大道。

在时间窗口中，江恩时间窗口是不容忽视的，只不过不如神奇数字运用得那么广泛，江恩指出了一年之中每月重要的转势时间，详列如下：

①1月7～10日及1月19～24日，年初最重要的日子，所出现的趋势可延至多周甚至多月。

②2月3～10日及2月20～25日，其重要性仅次于1月。

③3月20～27日，短期转势经常发生，有时甚至是主要的顶部或底部的出现。

④4月7～12日及4月20～25日，较1月、2月次要，但也经常引发转势。

⑤5月3～10日及5月21～28日，是十分重要的转势时间。

⑥6月10～15日及6月21～27日，出现短期转势。

⑦7月7～10日及7月21～27日，重要性仅次于1月。气候在年中转化影响五谷收成。

⑧8月5～8日及8月14～20日，8月转势的可能性与2月相同。

⑨9月3～10日及9月21～28日，是一年之中重要的转势时候。

⑩10月7～14日及10月21～30日，是十分重要的市场转势时候。

⑪11月5～10日及11月20～30日，在美国大选年往往在11月初转势，其他年份则在11月末转势。

⑫ 12 月 3 ~ 10 日及 12 月 16 ~ 24 日，在圣诞前后，是市场经常出现转势的时候。

对于江恩时间窗口，我们要辩证地看待。江恩谈到了年中重要的日子，但其实看完之后你就有种感觉，一年的大部分日子都覆盖了。之所以我们说沉浸其中容易走火入魔，就是因为如果你天天在依据这些日期操作，看着看着脑袋就发热了，你会发现没几个不是关键日子，每个月都有好几个关键日是很重要的市场转势日，但事实上哪有那么多，所以江恩的理论知道个大概就好了。最关键的还是神奇数字：3，5，8，13，21，34，这几个数字记住就好。

2. 时间窗口的周期和位移

时间窗口在 K 线的分钟线、日线、周线、月线、季线、年线等各种时间周期中都适用。越大周期级别对应的时间跨度越大，积蓄的能量更多，其预示的信号可靠性也就越强。

另外，一般来说靠后的数字比靠前的数字的作用效果更稳定。一般 3、5 不太用，5 偶尔用，8 跟 13 是用的比较多的，可靠效果比较稳定。因为到了第 8、13 个交易日的话，很多人都忘了，3 天 5 天人们是很容易记得的，但是 8 天 13 天之后关注度就会明显下降。所以 3、5 有些时候就失效了，相比之下 8、13 甚至 21、34 效果反而是比较好的。

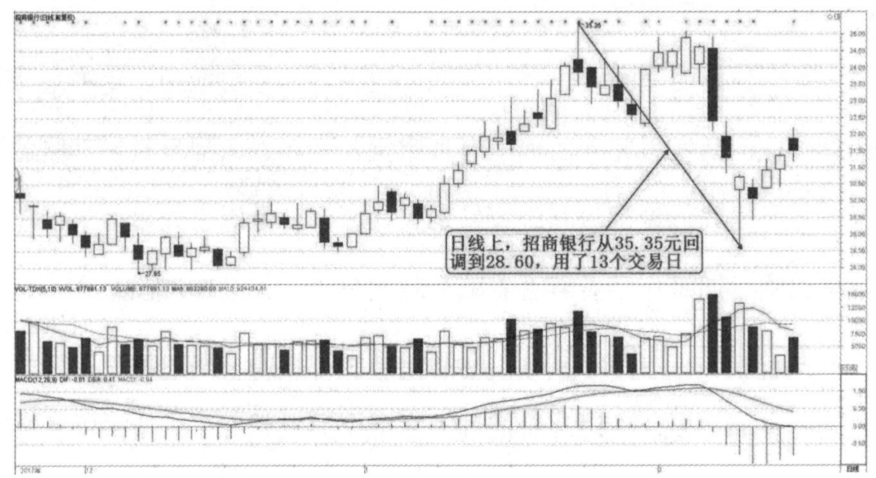

图案回顾点睛：招商银行日线时间窗口示意图

时间窗口在连续跌停个股中也有一定的参考价值，比如到了时间窗口的跌停板被翘板的概率也会变大。

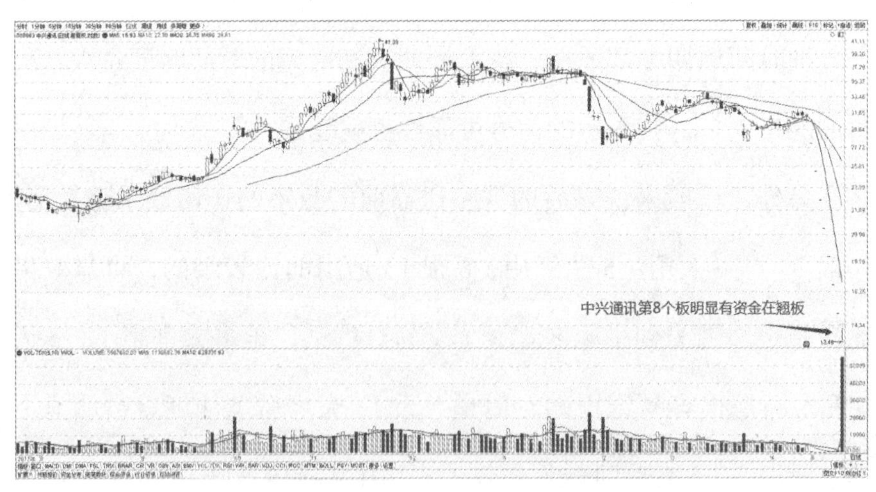

图案回顾点睛：中兴通讯翘板时间窗口示意图

时间窗口开启的时间一般遵循 3、5、8、13、21、34……这些“神奇数字”的序列。但是市场是瞬息万变的，有时候在外力的影响下，时间窗口是有可能提前或延后的。一般提前或者延后的时间长短和序列数字的大小有很大的关系，一般 50 以下的神奇数字也就是一个交易日，大于 50 的数字则可能适当增加一两个交易日。比如有时候即将面临 13 这个时间窗口期的时候，实际上 12 和 14 都有发生转折的可能。

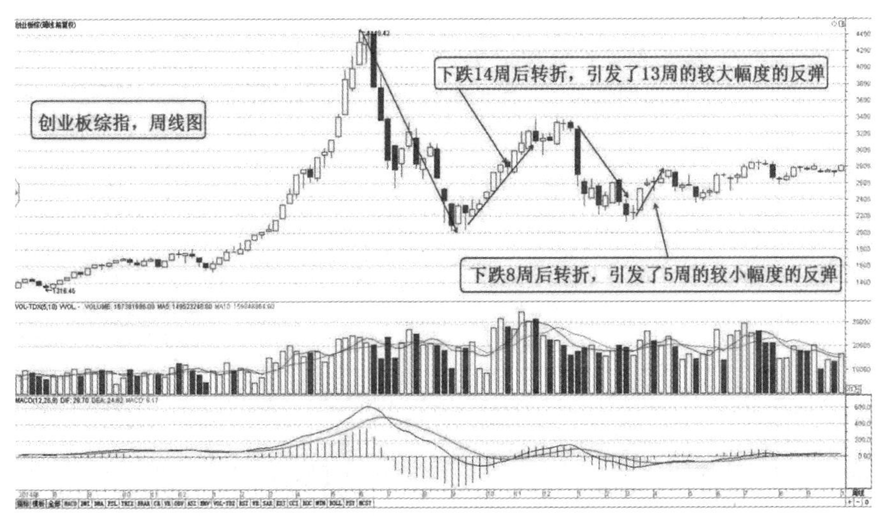

图案回顾点睛：创业板不同时间跨度时间窗口反弹力度示意图

从上图创业板两次时间窗口期后的转折力度就可以看出，数字 14（13+1）比 8 引起的转折能量要大很多，毕竟数字越大越靠后，积蓄能量的时间也就越久，转折的力量就会越大。

这样的时间窗口位移现象在个股中更为常见。

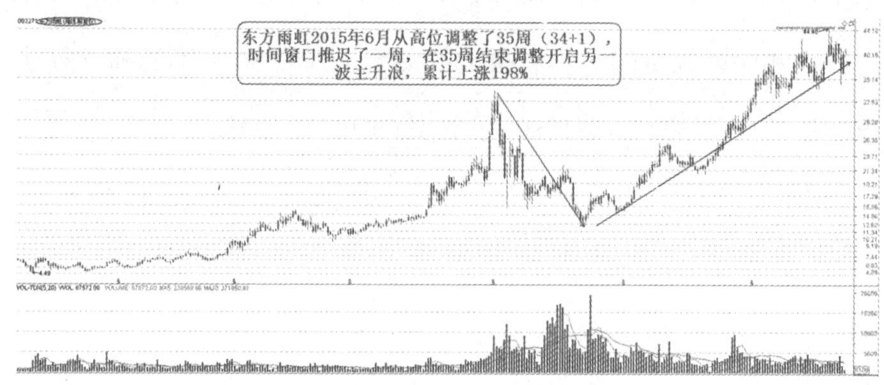

图案回顾点睛：东方雨虹的时间窗口位移现象

东方雨虹高位调整了35（34+1）周开始启动新的升浪，所以事物的发展一定是阴阳平衡发展的，调整那么多，主要也是为了未来更好的上涨，这个尤其适用于高成长性的公司。因为有些具有很好成长性的公司，一开始涨得太猛，短期透支高估了，调整则是在等它的基本面跟上来，跟到一定阶段的时候又会引发新的一轮共振。所以所有的技术周期波动，跟它基本面的起起伏伏一定是息息相关的，我们的核心是成长为王，是基本面，再辅助以称手的“兵器”把握投资节奏，这样就如鱼得水了。

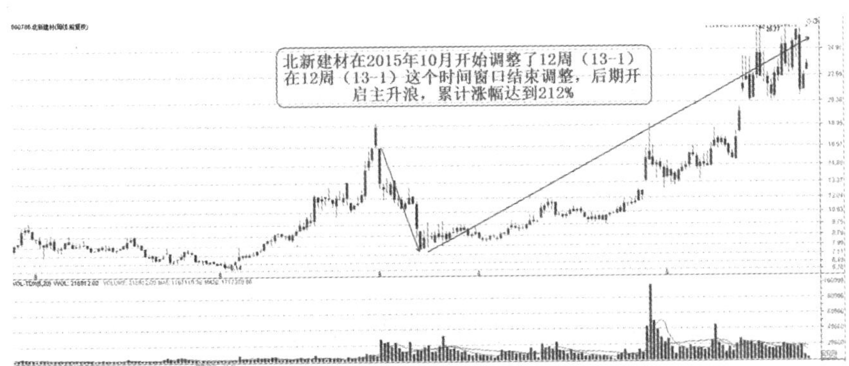

图案回顾点睛：北新建材的时间窗口位移现象

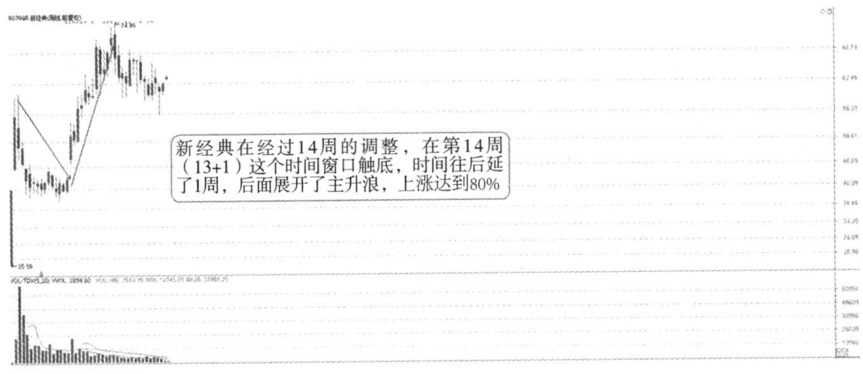

图案回顾点睛：新经典的时间窗口位移现象

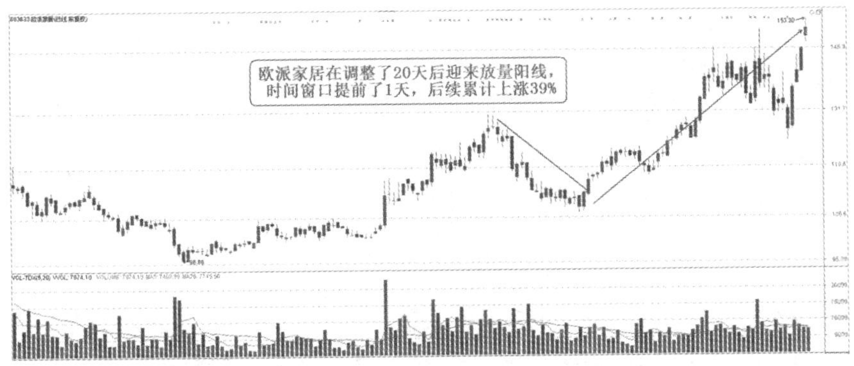

图案回顾点睛：欧派家居的时间窗口位移现象

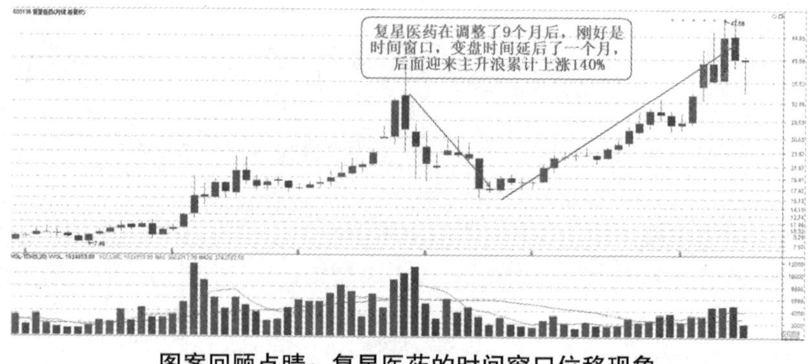

图案回顾点睛：复星医药的时间窗口位移现象

3. 时间窗口的共振

研究时间窗口，要高度注意研究大周期时间窗口和小周期时间窗口的共振。比如说从日K线角度来看，下周三它是一个重要的时间窗口，同时从周K线角度看，下一周也是重要的时间窗口，这两者就形成了共振，那么下一周周三这个时间窗口的可靠性就会很强。不同周期的时间窗口重叠越多，由此带来的共振能量就越大，由此带来的转折也就越可靠。

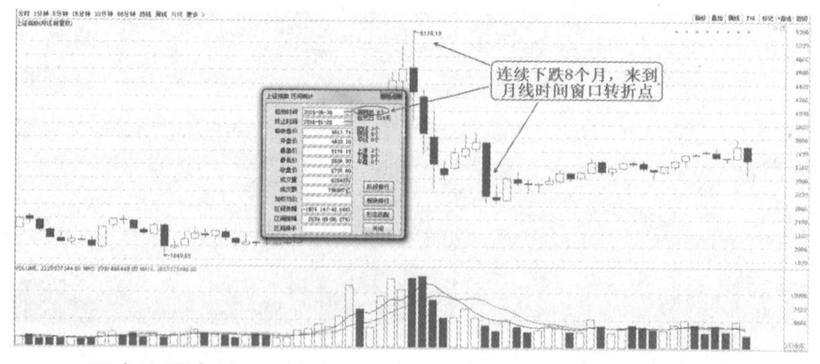

图案回顾点睛：上证指数5178点到2638点的月线时间窗口

上证指数 5178 到 2638 的月线、周线时间窗口共振，连续下跌 8 个月，来到月线时间窗口转折点。看到第九个月没有跌下去的时候，你有理由相信这第 8 个月就是个明确的转折点了，后面至少到第 13 个月的这段时间里你都不用太担心大跌风险。同样的道理，第五个时间窗口反弹了，也就意味着这个时间窗口也是有效的，是一个确认的转折点，六七月份就可以安心做多，因为转折点的下一个时间窗口是第八个月。

时间窗口的运用价值就在于，你可以在两个时间窗口点的间隔期间去做一些动作，比如下跌过程中去做反弹，上涨过程中回避风险。如果到了某个时间窗口点没有出现转折，那么我们又可以延续之前的趋势判断到下一个时间窗口。所以这个间隔非常重要，在实战当中更具备运用价值。

图案回顾点睛：上证指数5178点到2638点的周线时间窗口

上证指数从5178点下跌到2638点，刚好是33周，时间窗口的转折点是34，有些时候时间窗口前移或者后移一个交易周期是正常的，凡是临近时间窗口期的时间都需要引起关注。当然不是每一个时间窗口都有效果，它是我们分析的一个工具，还要结合市场的其他因素。如果验证下来，确实也能支持阶段性的转折的话，那它才具有比较大的概率发生转折，否则这种概率是偏小的，或者是不存在的，这就解决了不是每到5，每到8，每到13就一定是转折。如果市场当时不具备转折的需求，它可能就要等到13了。若13还不转折，那就要等到21了，就是这样的一个概念，我们需要清楚这一点。

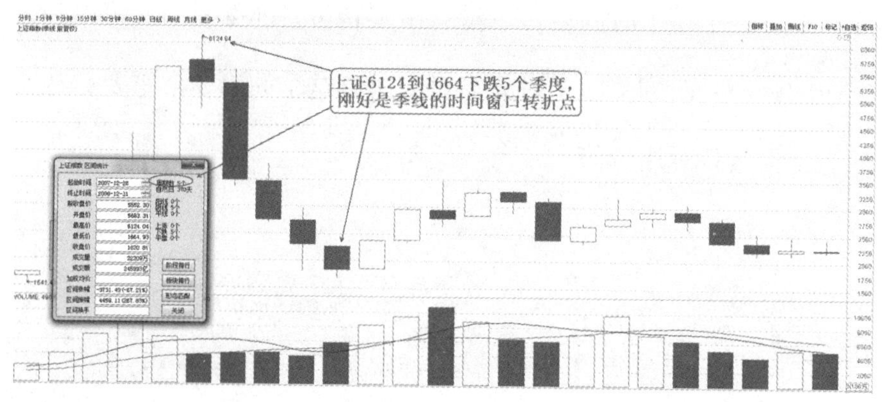

图案回顾点睛：上证指数6124点到1664点的季线时间窗口

上证指数从6124点到1664点的季线与月线时间窗口的共振，下跌了5个季度，刚好是季线的时间窗口转折点。所以两个周期形成共振的话，它转折的概率就比较大。

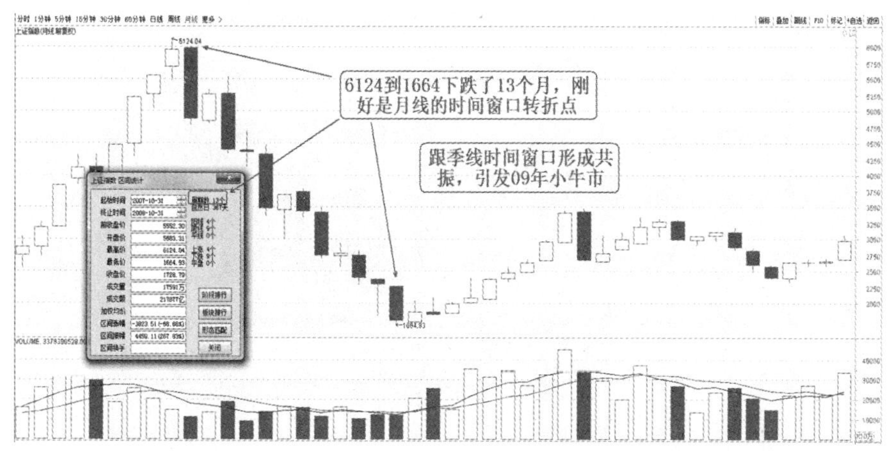

图案回顾点睛：上证指数6124点到1664点的月线时间窗口

上证指数从 6124 点到 1664 点刚好下跌 13 个月，跟季线时间窗口 5 个季度形成共振，第 14 个月没有再跌了，那基本上已经确定了这个转折是有效的，接下来就可以安安心心做多了。在这里不懂时间窗口的人就会认为反弹太弱了，但是你懂时间窗口的话，又懂得分析盘面的话，你就知道这个小阳线迈出了一小步，后面会是一大步。否则一直坚持看空，可能要到第五根中大阳线出来的时候，才能幡然醒悟，散户容易追高就是因为这样后知后觉造成的，是很遵循人的心理博弈的。

除了上述跨周期的时间窗口共振外，同周期的时间窗口也可以发生共振。举个例子，一个品种最高点的 34 个交易日与其次高点的 13 个交易日发生重叠的现象，两者的时间窗口共振，转折的可能性也会更大。

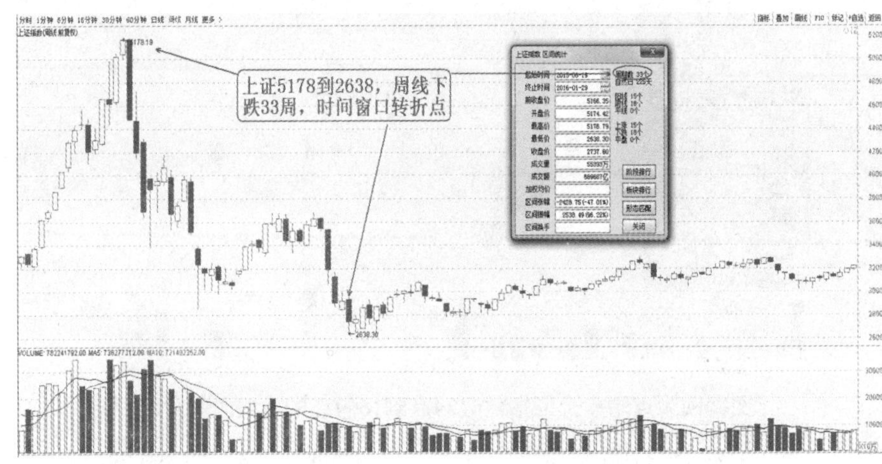

图案回顾点睛：上证指数5178点到2638点的周线时间窗口

上证指数从最高点 5178 点到 2638 点，周线下跌 33 周，属于时间窗口转折点。

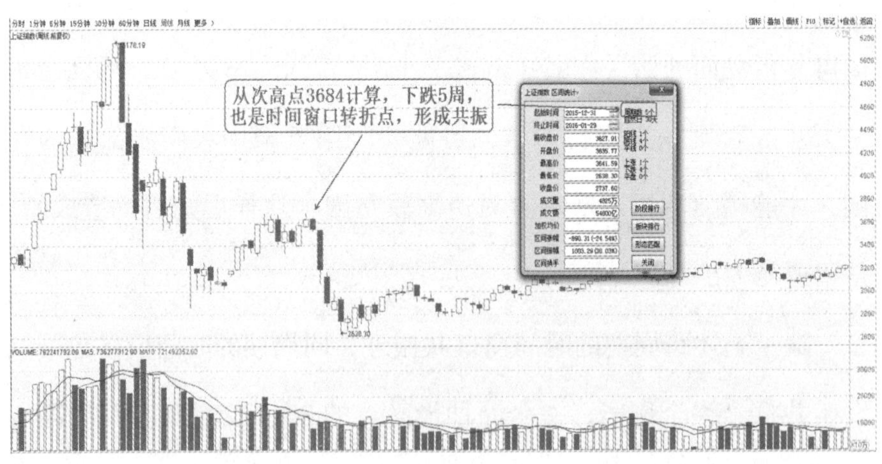

图案回顾点睛：上证指数3684点到2638点的周线时间窗口

上证指数从次高点 3684 点到 2638 点，周线下跌 5 周，也是时间窗口转折点。也就是说最高点和次高点到 2638 点的两个时间窗口形成了共振，所以 2638 点这里见底的概率也变大了。

总结起来就是，时间窗口的共振包括同一起点计算的不同周期的时间窗口共振和不同起点（比如最低点、次低点，或者最高点、次高点）计算的时间窗口的共振。

第八堂课

缺口的应用

K 线图形由单一的 K 线组合而成，但并不是任何时候价格的变化都是连续的。怎么理解？我们都知道，股价或者指数的最小精确值是 0.01，变动时间以秒计。于是就有这样一种特殊情况，价格在一秒钟后直接从一个值变动到另外一个值上，两个值的差值大于 0.01，如同电子跃迁一般，从一个运行轨道直接跳到另一个轨道。

从下面华自科技 2019 年 5 月 23 日的收盘盘口可以看出，买卖一档的价位差值为 0.1 元，而非 0.01 元，中间还有其它有效价位，如 12.91、12.92、12.93……12.99。股价在这两个价格直接变动时越过了其他有效价位，我们把这样的现象称为价格缺口。

这样的价格断档体现在 K 线图（这里是一分钟级别 K 线图）上就是一个个缺口。当然这是日内交易产生的缺口，我们常说的缺口更多是指更大级别的 K 线缺口，特别是日线和周线级别的缺口，在实战中对我们观察市场运行状况起着不可或缺的作用。

缺口是没有任何成交的真空区域，也就意味着持筹者的成本要么高于缺口，要么低于缺口，这段交易的空缺会产生回补缺口的预期和动能，所以研究缺口对研究市场演绎有着重要的作用。

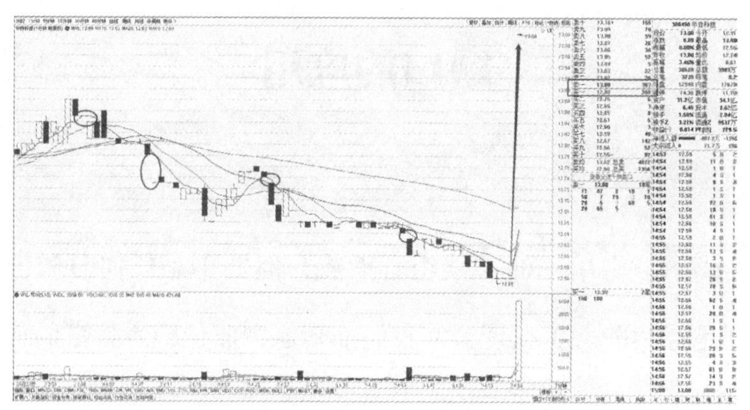

缺口一般有这么几个要素：方向、相对位置、跳空幅度。缺口分为两个方向，跳空向上缺口和跳空向下缺口。根据缺口的不同位置，缺口可以分为四类，分别是普通缺口、突破缺口、持续缺口、衰竭缺口。

普通缺口一般出现在K线震荡箱体中，它的出现意义不是很大，通常情况下很快就会回补，如下图。

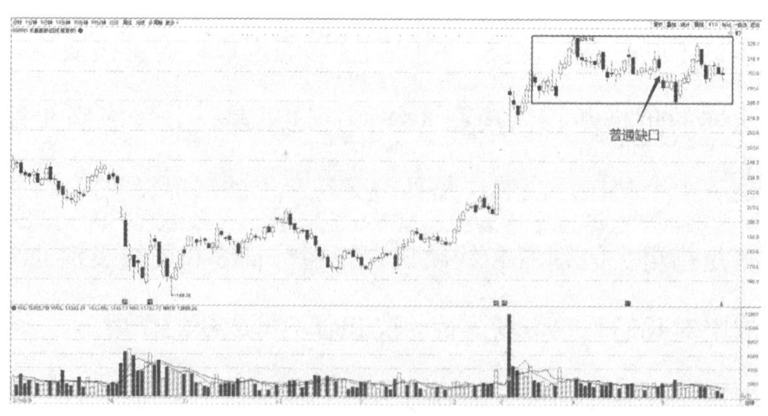

图案回顾点睛：长春高新2019年5月日K线图

相比普通缺口，突破缺口研究意义重大，因为它往往是一轮上涨行情的开端，是极佳的买入时机。

1. 突破缺口

突破缺口是指股价在高位或低位，某天突然上涨或下跌形成气势的缺口。通俗的讲，就是股价突破原有的价格形态，展开新一轮的趋势，突破缺口一般不会形成回补，一般而言，缺口之前的动荡整理区域越长，随后的趋势持续时间也越长，有效的突破缺口通常会得到价格新高的确认，如果市场拒绝新高，通常就要怀疑其突破的有效性，投资者这时就要多加留心。突破缺口的意义重大，通常会是一轮凌厉上涨趋势的开端，交易者在量价突破的时候介入，极有可能获取丰厚的收益。

来看几个突破缺口的案例：

图案回顾点睛：基蛋生物2019年3月日K线图

可以看到，基蛋生物在突破前，构筑了一个头肩底，而且突破前一日已经是涨停突破颈线，缺口确认突破，后面回踩缺口再次确认，后续涨幅近30%，突破的时候结合形态会更好。

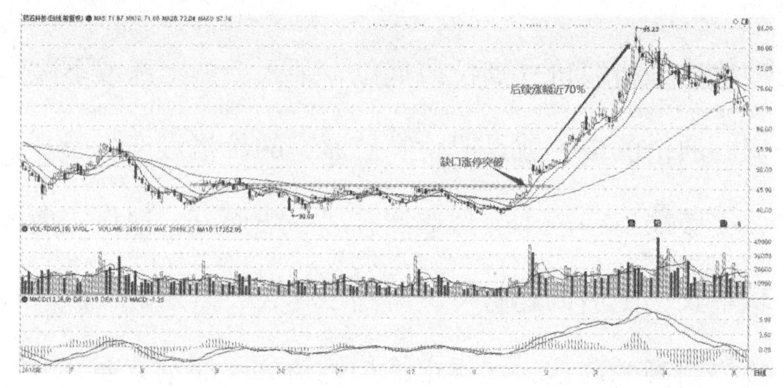

图案回顾点睛：药石科技2019年1月日K线图

药石科技是生物医药细分领域的龙头，构筑了一个长时间的平台然后突破，但不同的是，药石科技的突破涨停和缺口是叠加的，留下缺口的涨停突破，接着涨停附近强势整理，后续涨幅近70%，说明涨停缺口的突破+龙头效果会更强。

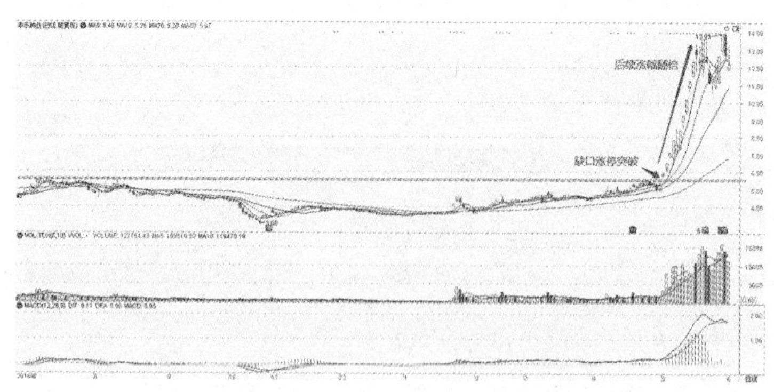

图案回顾点睛：丰乐种业2019年5月日K线图

丰乐种业受益于贸易战，这波农业行情里的龙头，启动时，留下缺口的涨停突破，而且构筑的底部时间跨度明显较长，几乎直接以连板的形式往上走，后续涨幅翻倍。说明龙头 + 题材 + 大形态 + 涨停缺口的效果更加强大。

三个案例也说明了，单一的技术形态或缺口，作用并不大，但是结合个股的地位、内在逻辑、题材热点，再加上技术等综合操作，成功率和盈利都会变大。

温馨小提示

学习是一个循序渐进的过程，学到的或许只是一个个点，但综合起来形成一个面，变成体系，形成系统，完整的运用，不断总结，不断成长，相信会更好！

2. 中继缺口

顾名思义，中继缺口就是股价在上涨中继产生的缺口，这个时候的缺口大多不会回补，股价走走停停，将会继续向上。

来看几个案例：

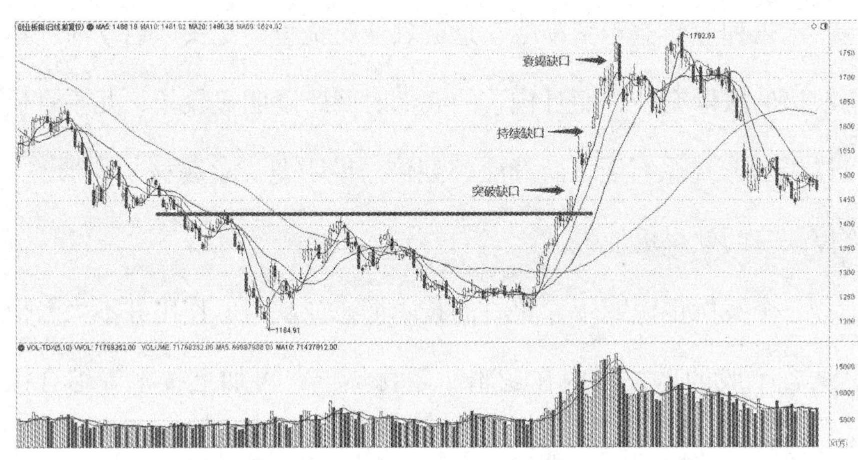

图案回顾点睛：创业板指数2019年2月日K线图

创业板这波上涨的走势，把三种缺口都很好地体现了，先突破缺口脱离底部形态，然后持续缺口继续上涨，最后衰竭缺口见阶段性高位。持续缺口一般处在行情继续的位置，延续之前上涨的趋势，所以持续缺口一般可以加仓或给踏空者买入。

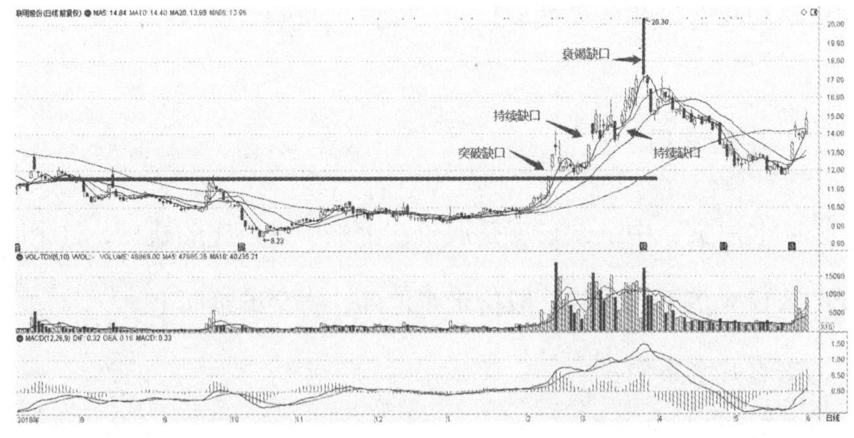

图案回顾点睛：联明股份2019年2月日K线图

联明股份也是如此，突破缺口突破形态后，行情继续，留下了缺口，直到缺口被回补，股价见顶的衰竭缺口出现。

3. 衰竭缺口

衰竭缺口出现之后，股价难以创新高，有时会在小区间巨幅动荡，并同时放量，而衰竭缺口大概率会回补，这种迹象表示，多头力量的衰竭，空方逐渐强大，先知先觉的资金已经开始获利了结。但有时候，衰竭缺口的产生相较突破缺口的产生少，在股价上涨的衰竭往往更多表现为价格剧烈波动或者震荡，并且放量。

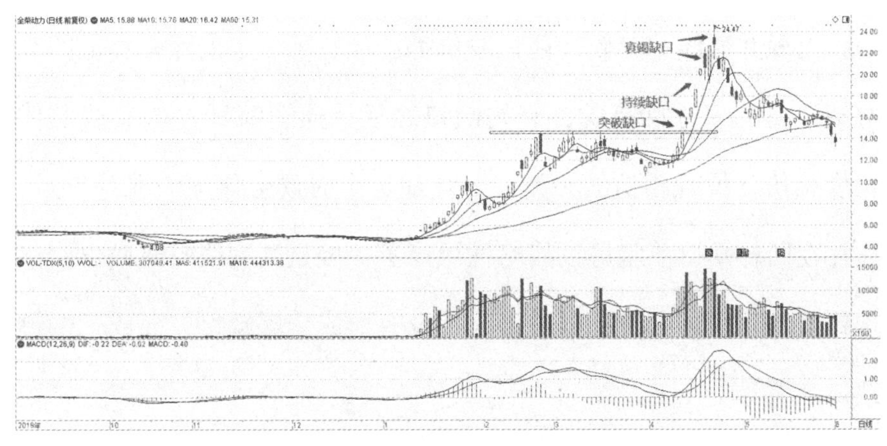

图案回顾点睛：全柴动力2019年4月日K线图

全柴动力是氢燃料电池炒作的龙二，当时炒作非常火爆，图中可以看到，涨停突破平台，第二天的突破缺口站上中继形态颈线，接着一波持续上涨，走出中继缺口，最后衰竭缺口第一次出现，当天就回补了，还放量下跌。但是炒作热情继续，并没有直接见顶，回落后反包涨停直接刷新高，接着再次出现衰竭缺口，这次也是当日就回补了，再次放量下跌，之后股价开始进入调整。往往衰竭缺口会伴随着放量剧烈震荡，一次就要非常注意了，有时V型顶也就是这么走出来的，像全柴这里还出现两次，那就是非常确认了。

很多时候，衰竭缺口当天就回补了，很多人都没反应过来，就像全柴动力这样，但是看得比较清楚的衰竭缺口也有很多，这里衍生出其中一种情况，叫并列线！

出现并列线的时候，往往股价都已经有了一定的涨幅，他的衰竭缺口是后来才回补的，衰竭缺口之后，连续两日收出K线实体长度相仿、位置相仿的并列线，往往这个时候会伴随滞涨等信号，往往在回补缺口前就可以战略性撤退了，但是并列线有时候也会出现错误的时候，由于题材过于火爆没有形成衰竭缺口，而成了中继缺口。

继续来看几个案例，先看形成衰竭缺口的案例：

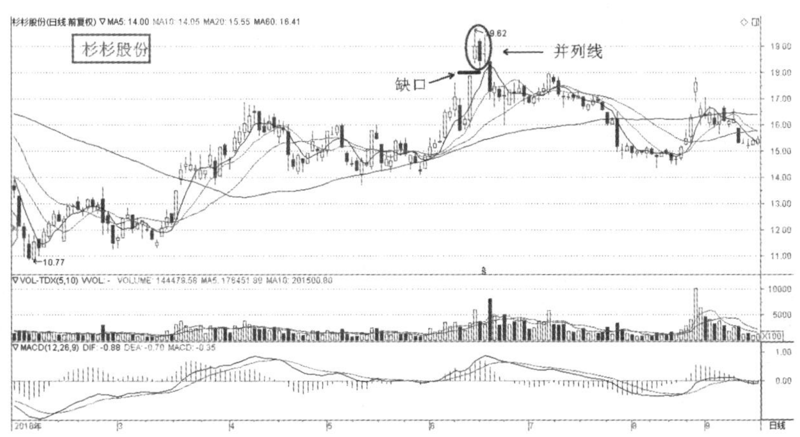

图案回顾点睛：杉杉股份2016年6月日K线图

你看缺口没有回补之前还看不出来，出现并列线的时候，就已经要开始警惕了，后面回补了缺口，那这个缺口也就成为了衰竭缺口，接着后面股价持续回落。所以并列线有时候也是提前预判衰竭缺口的一种盘面体现，你看并列线之前都是有一定的涨幅了，出现并列线的时候，有放量滞涨的味道，最后回补缺口确认。

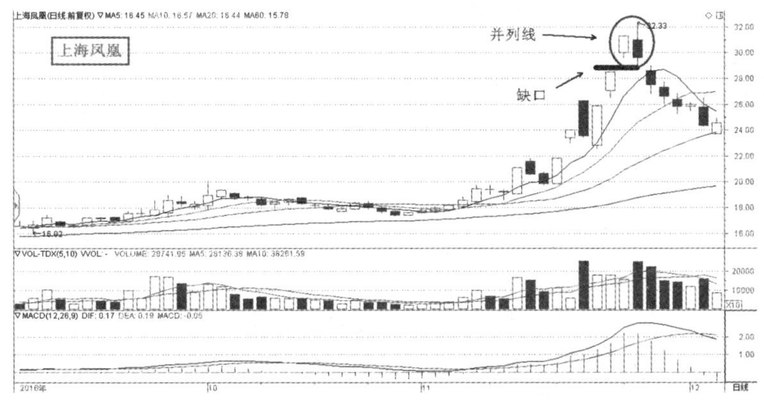

图案回顾点睛：上海凤凰2016年11月日K线图

来看下并列线失败的情况：

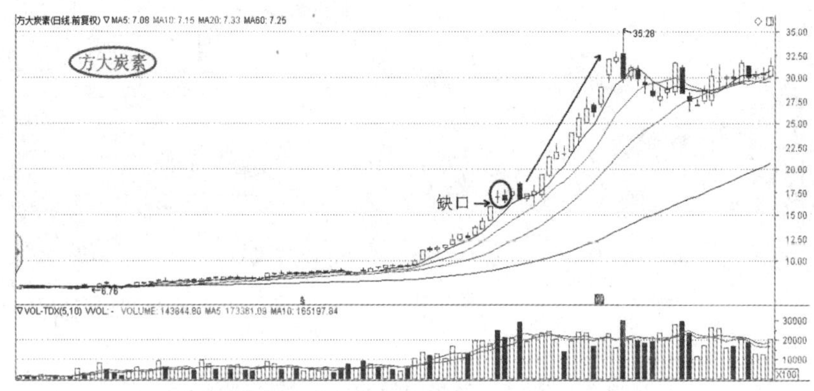

图案回顾点睛：方大炭素2017年7月日K线图

出现并列线之后，股价继续强势整理，在第六天当天回补缺口，但是收盘价还是没有回补缺口，之后继续一波凌厉的主升浪。这只个股是在不景气的行情下，石墨烯涨价主题资金推动下，成为宇宙第一牛股，当时热情非常高昂，所以技术形态原本看衰竭的缺口，变成了中继缺口。

温馨小提示

题材是第一生产力，有时候，题材热点太火爆，很多技术的东西可能都失去了作用，或者发生改变，或者延迟，比如俗语中横有多长竖有多高，在热点资金追逐下，横的时间并不长，但后面的涨幅也会非常凶猛，这就是题材的影响力。

缺口在下跌趋势出现的三种缺口特征，和上涨趋势的时候，其实也是一样的，只不过是反过来。我们直观的来看一下：

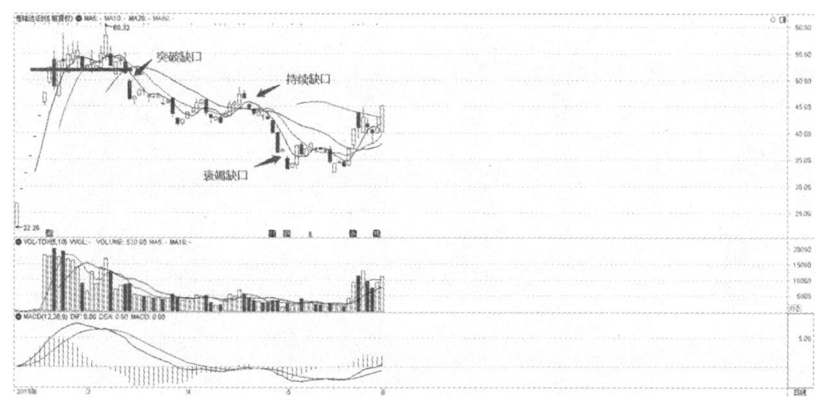

图案回顾点睛：恒铭达2019年3月日K线走图

恒铭达这一波下跌，就演绎了下跌趋势的突破缺口、持续缺口及衰竭缺口，其实和上涨趋势的缺口意义一样，只不过反过来罢了。

第九堂课

特别干货奉献——“大长腿”专栏

本书的最后一堂课将与读者分享一大实战干货，实用价值非常高。开始前我们需要先清楚，此篇内容属于短线博弈的内容，不同于实战战法，以构建框架为目的。更多细节需要读者在实战中总结，当然我们也会在股威宇宙的其他实战类书籍中做分享。

1.“大长腿”出现的原因类别

“大长腿”是指留有长下影线的 K 线，由于是短线博弈，所以基本指的是日线级别的 K 线。“大长腿”的形态大同小异，但看似相似的形态后面，让股价阴极而阳的原因却不尽相同。我们在实战总结中将“大长腿”出现的原因大致分为三类：①阶段性市场人气个股的明显分歧转一致；②题材发酵导致的板块内个股完成日内逆转；③连续跌停个股的反弹。

首先看第一种类别——阶段性人气个股的明显分歧转一致。

作为市场一个阶段最具人气的品种，其辨识度也是十分的高。具有人气也就意味着个股的流动性会比较好，也更容易吸引大资金的关注。个股的流动性说白了就是大资金能买得够量，同时也卖得出去，进出自如，不会说一笔大买单或者大卖单就把股价拉涨停或打跌停，从而失去流动性。所以，当市场氛围有所转暖，最具辨识度的人气个股开盘的位置比较低，日内来说风报比是非常高的，比如买在–5%，日内至多亏 5%，因为跌停是 10%，但日内最大盈利却可以达到 15%。正因为有如此之高的性价比，各路资金都很有参与买入的意愿，买盘自然就活跃了起来。所以当人气个股完成调整有启动第二波行情的可能后，可积极地关注“大长腿”的出现。

学习温馨小提示

股票的辨识度是个很重要但极容易被忽略的参考点。所谓辨识度，就是能让你快速把一只股票与其他同板块个股区分开来的特点。常见的辨识度特征有成交量最大（最具人气）、换手率最大、板块内开盘幅度最高或最低、新高、短期连板数目最多、板块内市值最小、板块内价格最低、同行业市占率最高、业绩最好，甚至有时候一个好名字、好代码也会让个股的辨识度有所提升。所以，能让你筛选股票时考虑到的特点，都有可能成为最具该特点个股的辨识度。

接着看第二种类别——题材发酵导致板块内个股完成日内逆转。

目前两市可供交易的个股数量近四千个，每只股票都去研究分析工作量极大，对于绝大多数个人投资者和机构都是不现实的，所以观察市场运行状况一个很重要的方法就是抓住市场主线，主线有中长线和短期题材之分。中长线主线更多依托于国家重点产业发展方向、政策导向、人口红利等，个股走势具有趋势性特征，小步慢涨。短期题材主线则更多诞生于事件性机会引发的情绪投机热潮，很多时候呈现出暴涨暴跌的特征。

我们介绍的第二种类别指的是短期题材主线。市场每个阶段受各类突发事件、产业动态、政策出台影响，会诞生很多的题材。但当市场处于存量阶段时，由于资金有限，往往不能撑起多个题材齐头并进，于是就有了题材之间的竞争，最终优胜劣汰走出一个明显的主线。胜出题材的龙头也就成为了整个市场最受关注的大龙头，这样的龙头本身集万千宠爱为一身，往往不会有太好的买入机会。但龙头的赚钱效应会进行扩散，如果这个时候跟风群体中有开盘位置风报比较高的个股，也极容易走出“大长腿”的日内反转。

最后我们介绍第三种类别——连续一字跌停个股的反弹。

个股连续一字跌停具体原因有很多，但大的种类来说不外乎两种。一种是受重大利空消息的影响，如中兴通讯。

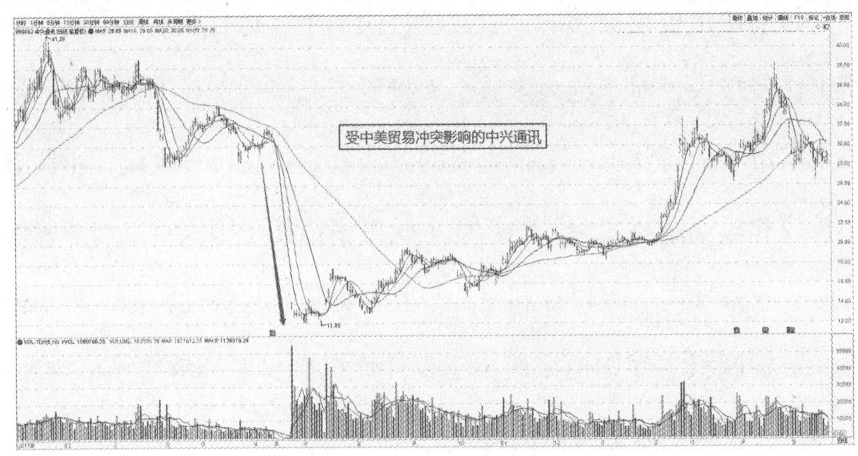

另一种是公司本身质地差，基本面爆雷，股价在价值回归和恐慌情绪的双重推动下，呈现出极端走势，如乐视网。

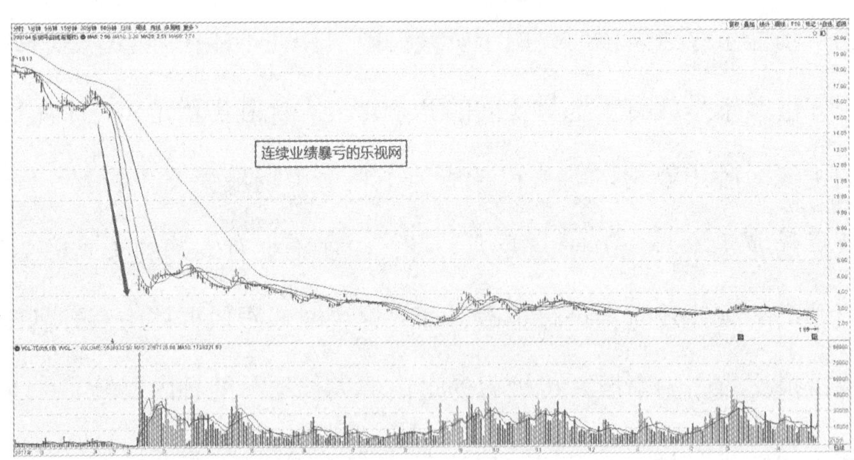

学习延伸突破小细节

中兴通讯和乐视网下跌呈现出类似的形态，都是瀑布式下跌。但现在回过头来看，中兴通讯已经回到了一字跌停前的股价高度，而乐视网却迎来了退市的结局，退市前最后一个交易日收盘价收在了历史最低点。这二者下跌形态类似，但结局却截然相反，究其根源还是上市公司质地的区别。经验表明，也只有那些具备成长性的优质企业才能经得起风风雨雨的考验和洗礼。中兴通讯因被美方制裁，导致供应链断裂，公司陷入经营危机，市场的担忧在股价上立马显现了出来。但事件得到解决告一段落后，公司经营并没有受到致命地打击，所以股价在市场情绪稳定后，开始逐步回到原来的运行轨道上。

个股连续一字跌停一个很重要的特征就是筹码断层非常明显，持筹者的成本普遍处在跌停开始前的高位，因此会有相当一部分持筹者哪怕在个股打开跌停后也不会立刻卖出，大幅亏损让他们产生了惜售心理和侥幸心理。这个时候打开跌停后往往上方阻力并没有直觉上的那么大。自身超跌再配合上市场转暖，这样的个股就很有可能借势走出“大长腿”。

注意：本书这里只是本着尊重客观事实的精神进行“大长腿”的全面介绍，并非鼓励读者去参与垃圾股的炒作。

2. 主动型“大长腿”与被动型“大长腿”

上一小节说的是“大长腿”出现原因的三种分类，如果把目光投向“大长腿”当天的分时图，我们还可以发现，相似K线形态下的日内演绎会有很大的不同，也有着不同的意义。比如说，“大长腿”有的是基于个股上涨逻辑，有的是基于市场转暖后的超跌反弹需求，有的是市场合力打造的赚钱标杆，等等。由此可见，我们可以再把“大长腿”分为主动型“大长腿”和被动型“大长腿”。

主动型“大长腿”和被动型“大长腿”的本质区别在于，主动型“大长腿”引领市场，被动型“大长腿”被市场引领。

主动型“大长腿”既然是引领市场，自然是市场的核心焦点，分时图的一举一动备受资金关注，资金哪怕没有直接参与也会把其作为风向标指导操作。

下面我们来看一个案例——华仪电气。

2019年3月9号（周六）国家电网总局发布了一条关于泛在电力物联网建设的新闻。

公司全面部署泛在电力物联网建设

寇伟出席会议并讲话，辛保安主持会议

发布时间：2019-03-09　大 中 小

3月8日，国家电网有限公司泛在电力物联网建设工作部署电视电话会议在京召开。会议贯彻落实公司三届四次职代会暨2019年工作会议精神，对建设泛在电力物联网作出全面部署安排，动员公司上下进一步统一思想、提高认识、攻坚克难，加快推进“三型两网、世界一流”战略落地实施。公司董事长、党组书记寇伟出席会议并讲话。公司总经理、党组副书记辛保安主持会议。公司领导班子成员黄德安、罗乾宜、韩君、刘泽洪、张智刚出席会议。

2019 年 3 月 11 号（周一）泛在电力物联网板块相关个股掀起涨停潮。

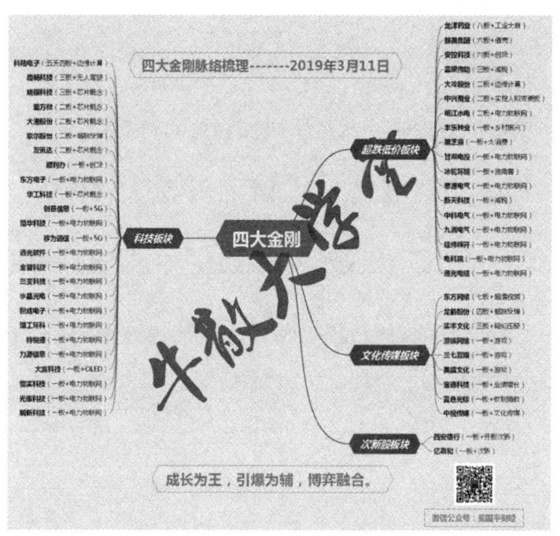

图片回顾点睛：牛散大学堂2019年3月11日涨停复盘图

随后几天板块内开启了淘汰赛，连板个股逐天减少，直到 3 月 14 日，连板个股（四板）只剩下了两个华仪电气和国电南自。其中华仪电气成为了当天最有辨识度的个股，由于前一天 3 月 13 日，华仪电气虽然最终封死了涨停，但期间开板不断，筹码结构和意志已经松散，次日走弱是预期之内的事。

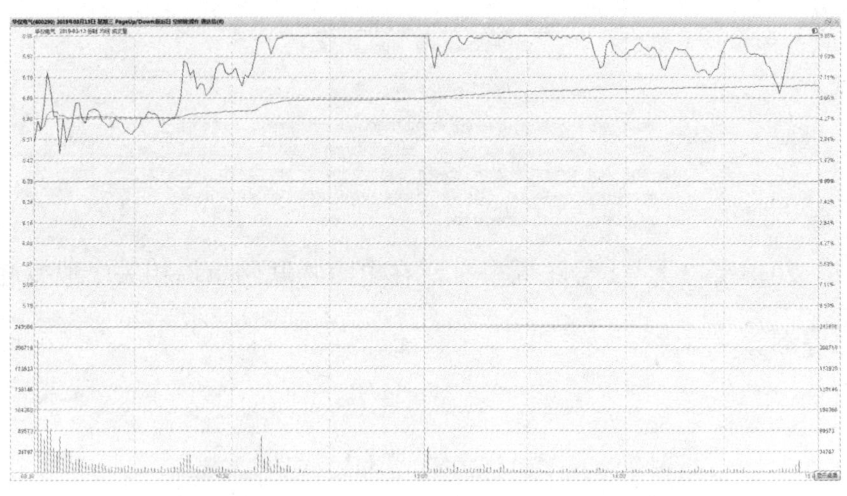

图案回顾点睛：华仪电气2019年3月13日分时图

如预期一样，华仪电气3月14日开盘大幅低开。开盘后，大盘指数低开高走，华仪电气被动跟随上冲，但上冲力度略显乏力。

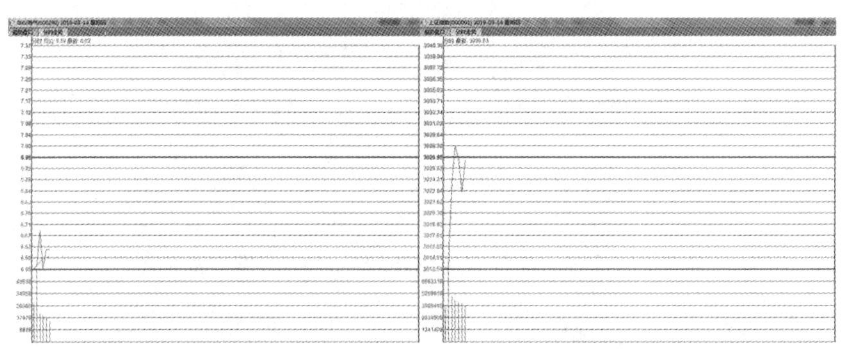

图案回顾点睛：华仪电气（左）和上证指数（右）2019年3月14日开盘分时图

9点37分左右，大盘指数冲高回落，华仪电气如惊弓之鸟一般，直线跳水下杀到跌停。但由于属同一板块且同为四连板的国电南自一字涨停开盘，并抗住了两波明显的抛压，华仪电气受其积极反馈，跌停后有资金反复翘板，在跌停附近展开拉锯战。

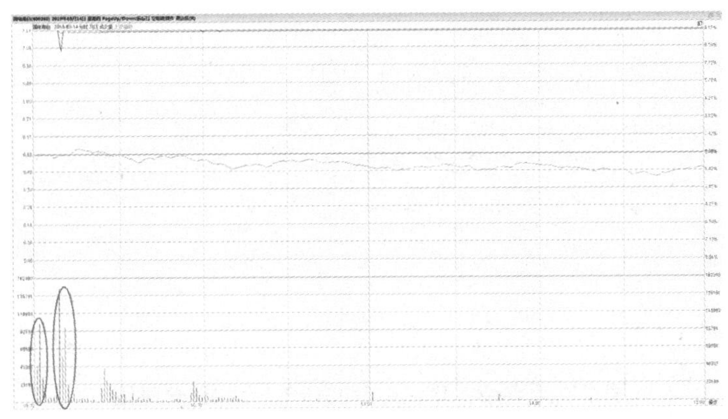

图案回顾点睛：国电南自2019年3月14日分时图

随后在当天大盘持续单边下杀的过程中，国电南自约在10点43分左右，成交量开始趋于平静，稳稳封死涨停。临近午盘休市前，华仪电气遭到了资金疯狂翘板抢筹，最终逆势完成亮眼的地天板逆袭。

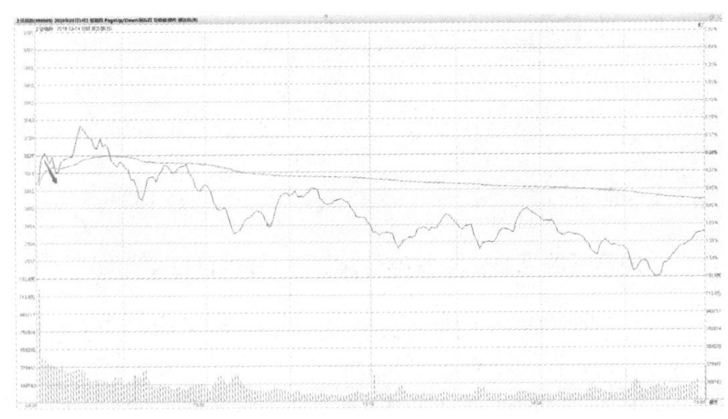

图案回顾点睛：上证指数2019年3月14日分时图

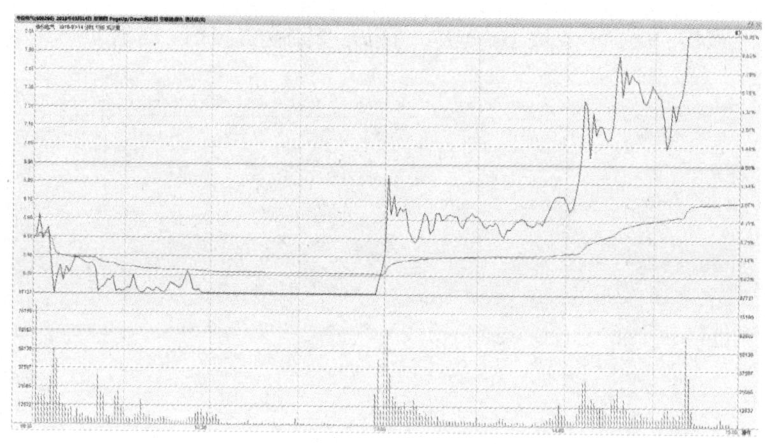

图案回顾点睛：华仪电气2019年3月14日分时图

从K线形态和启动方式上来看，华仪电气就是典型的主动型“大长腿”，走势独立于大盘指数。

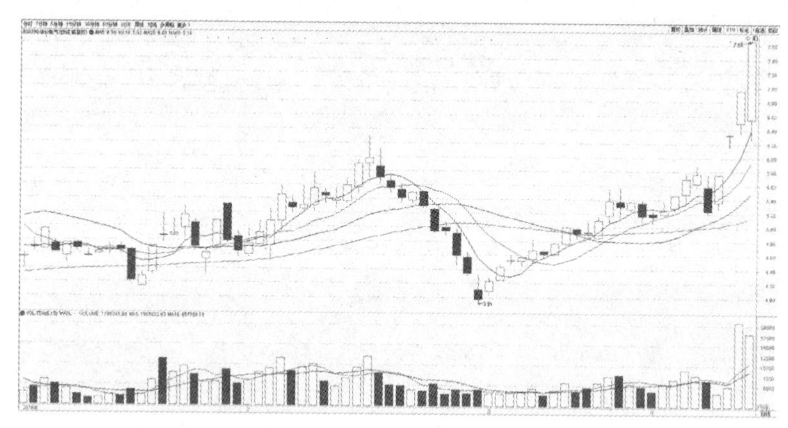

图案回顾点睛：华仪电气2019年3月14日日K线图

那么作为阶段性辨识度最高的品种，华仪电气的地天板主动“大长腿”对市场盘面有着明显的影响。从下图可以看到，华仪电气当日涨停时间为14点42分，上证指数止跌反弹的时间点也是

14 点 42 分，这不会是简单的巧合，而是盘面细节相互影响的典型例证。

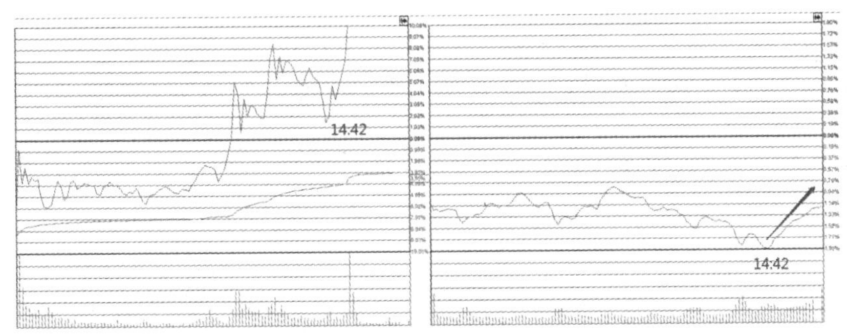

图案回顾点睛：2019年3月14日华仪电气（左）上板时间和上证指数（右）止跌反弹时间示意图

这样的影响在一段时间内还会持续发生。比如华仪电气完成了地天板，由于有相当一部分持筹者买在绿盘，当天获利颇丰，次日兑现的欲望也会较为强烈。你想如果买在跌停板上，哪怕次日再来一个跌停，只要能卖得出去，都是近十个点的隔日收益。所以华仪电气次日若能开在 −6% 以上都可以算较为强势。结果十分超预期，华仪电气次日一字涨停开盘，某知名游资意图打造妖股（这一点从前一日龙虎榜情况可以看出）。

华仪电气的超预期强势涨停开盘极大地促进市场情绪的转好，当天大盘早盘开盘高举高打。

所以主动型“大长腿”主要是资金有意合力打造的品种，是市场的核心所在，具备一定的“战略意义”。不过也有例外，就是我们刚才说的第三种类型，连续一字跌停后的地天板，虽然它也是资金主动打造出来的，但对大盘情绪往往并无指向性作用，只是自身的超跌反弹需求而已。

被动“大长腿”与主动“大长腿”不同，没有刻意打造，更多是享有“天时地利人和”后被市场自发的力量推动。被动“大长腿”较多出现在主线板块跟风个股中和支线板块龙头个股中。它们往往缺乏主动性，喜欢见风使舵，这个“风”就是主线龙头或大环境的表现。

下面我们看一个例子：

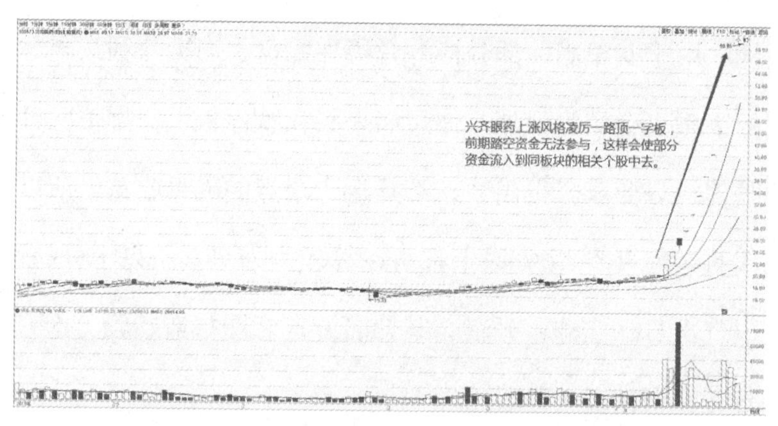

图案回顾点睛：兴齐眼药2019年4月25日日K线图

医学证实阿托品是目前唯一有可靠证据显示能够预防和减缓近视发展的药物，在新加坡、中国台湾都已经上市。阿托品滴眼液调配非常简单，技术上并不具备太高的门槛，但由于此药是新品种，还没有正式通过国内药监审批，但2018年已经有官方的信源表示中国药监局正在评审，很快中国内地也会有这个药。

兴齐眼药此前有专门做阿托品眼用凝胶产品，从目前看阿托品滴眼液也很有可能在2019年内获批上市。虽然从长远看，阿托品滴眼液技术含量不高，不足以成为一家企业的护城河，但短期可以看到的是兴齐眼药独享国内阿托品滴眼液几乎整个市场，对于一家市值很低的公司来说，稀缺性还是很足的。于是，兴齐眼药有了估值修复的预期。

兴齐眼药走了出来，同为眼科成员的莎普爱思被资金相中，成为套利的品种，2019年4月25日莎普爱思走出“大长腿”的走势。很显然，莎普爱思的“大长腿”即为跟风总龙头的被动型“大长腿”。

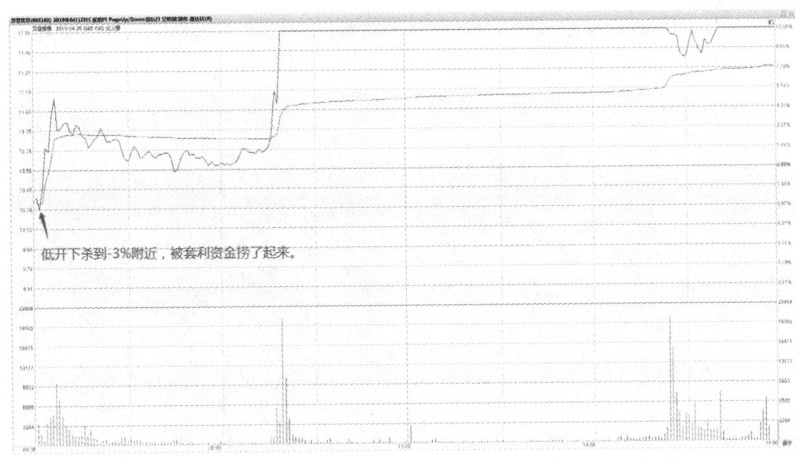

图案回顾点睛：莎普爱思2019年4月25日分时图

当然，有的时候被动与主动可以在同一只个股上演绎。如2019年5月7日的云计算龙头美利云。

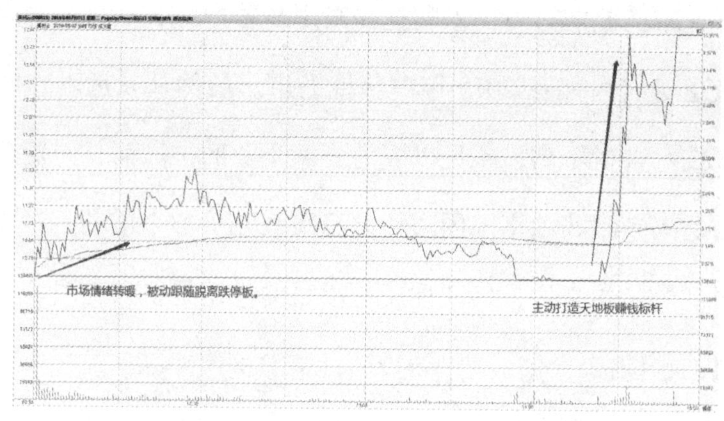

图案回顾点睛：美利云2019年5月7日分时图

大盘经历了前一天的恐慌后，5月7日早盘开盘高举高打，使得原本竞价被摁在跌停板上的美利云得到了抄底资金的翘板，本质是大环境转暖后的被动跟随，所以波动与上证指数并无太大差别。

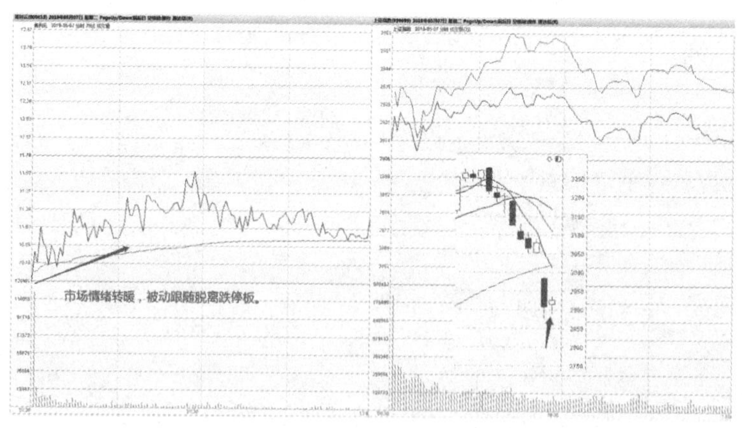

图案回顾点睛：美利云（左）和上证指数（右）2019年5月7日早盘分时图

但美利云下午天地板的分时拉升强度远超大盘的反弹，所以下午美利云是属于主动型“大长腿”。

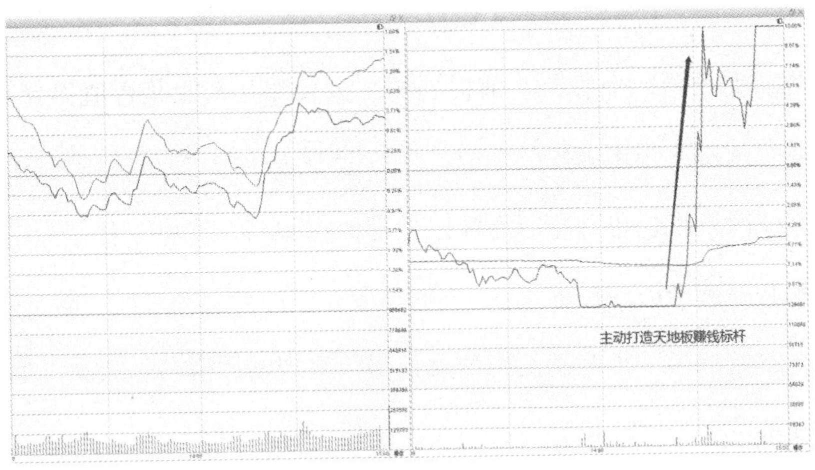

图案回顾点睛：上证指数（左）和美利云（右）2019年5月7日下午盘分时图

通过对比，我们知道了主动型和被动型“大长腿”的区别和各自的特点。不难发现，由资金主动打造出来具备“战略性意义”的主动型“大长腿”是更好的短线品种。但经过统计，被动型“大长腿”所占的比例远远大于主动型“大长腿”。这也就意味着我们若想持续使用这个模式就不得不对出现频次更高的被动型“大长腿”进行研究。

3. 参与“大长腿”的时机

说这么多，归根结底我们要能把它利用起来抓住投资机会，这就涉及买入“大长腿”的时机问题。

事实上，市场上几乎每一天都有走出“大长腿”的股票。但到实际参与时，我们不得不先问自己两个问题：①我们是否能及时捕捉到“大长腿”个股；②捕捉到的“大长腿”个股是否值得参与。就像每天都有很多涨停的个股，但并非所有涨停个股我们都能在封板前及时发现，也并非所有涨停板都值得参与，这里会有一个选择时机和筛选个股的过程。

本堂课第一小节我们将“大长腿”出现的原因分为三类，那么出现这三类“大长腿”的时机往往是什么时候呢？

对此我们对于不同行情背景下大概率出现的“大长腿”类型进行了以下分类：

行情特征	大概率出现的大长腿类型	占比大长腿总数	事先预判难度	描述
正常波动的行情	跟随题材的被动大长腿	★★★	★★★	相对出现的较多，但较难事先预判。
稍有分歧的行情	主线题材内的人气股大长腿	★★	★★	出现频次和预判难度适中。
强烈波动的行情	人气股龙头博弈的大长腿	★	★	预判难度不大，但较难出现。

从上表可以看出，最难事先预判的“大长腿”类型为正常波动行情下跟随题材的被动“大长腿”，但其优点是出现的频次较大，有更多机会把握。稍有分歧行情的主线题材内的人气股“大长腿”，

在出现次数和预判难度上都较为适中，也是我们在日常短线活动中最常把握的“大长腿”类型。最后，强烈波动行情的人气股龙头博弈的“大长腿”，这是最难出现的机会。你想真正的龙头股本来就凤毛麟角，它们涨势汹汹往往不会给到短线投资者太多的低吸机会（甚至没有），所以它们往往只会在行情特别不稳定的时候才会产生分歧，但这又是相对好预判的。

所以不难看出，性价比最高的是稍有分歧行情下的主线题材内的人气股“大长腿”机会。主线题材内的人气股不像总龙头的几月一遇，但又具备很高的辨识度和人气。“大长腿”“性价比王”的第一个关键词是“稍有分歧行情”，那么什么叫做稍有分歧行情呢？简单说就是行情从不好转好，或者从一般好转变为更好的预期，这个可以参考指数表现，也可以参考市场的赚钱亏钱效应。但不论如何，只要有转折，市场就比较容易出现“大长腿”。

“大长腿”次日开盘波动通常都会很大，低吸机会转瞬即逝，所以这要求我们需要提前做好准备。在实战中，我们由大到小总结了以下几个准备要点：

①判断指数或赚钱亏钱效应是否有转折预期。

②准备股票池，筛选出当天走出“大长腿”的个股，剔除掉问题股、ST 股、庄股，着重关注贴合当下市场主流题材的人气个股，

亦或是有机会成为接下来主线题材的个股。具体来说，股票池包括当天所有有异动的题材，以及当天盘后有消息刺激，第二天可能会个股集体躁动的板块。

③要特别留意最近一段时间处于补跌调整的人气股，它们极有可能次日会出现低开急杀的走势。

学习温馨小提示

庄股：运作资金一家独大，基本可以自由控制股价的股票。它们的上涨下跌是个人意志的结果，并非市场自发力量影响的结果。常用来判断庄股的几个方法如下：

从日 K 线看是这样的。

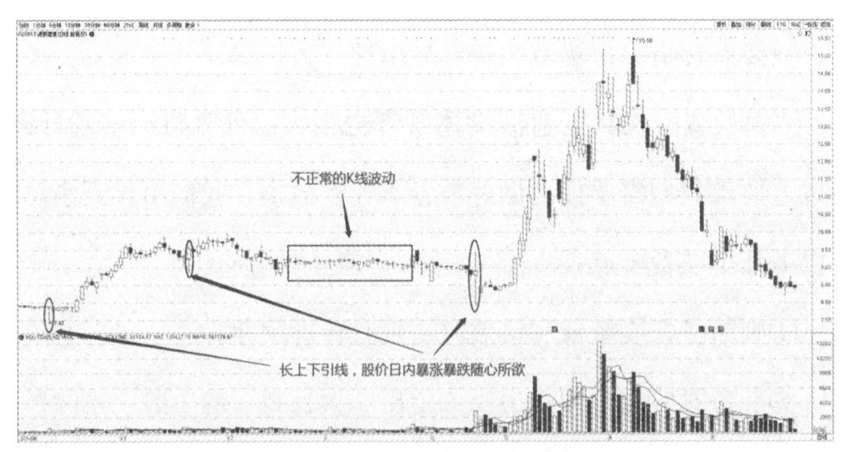

图片回顾点睛：常见的庄股日K线特征图

从分时图看是这样的。

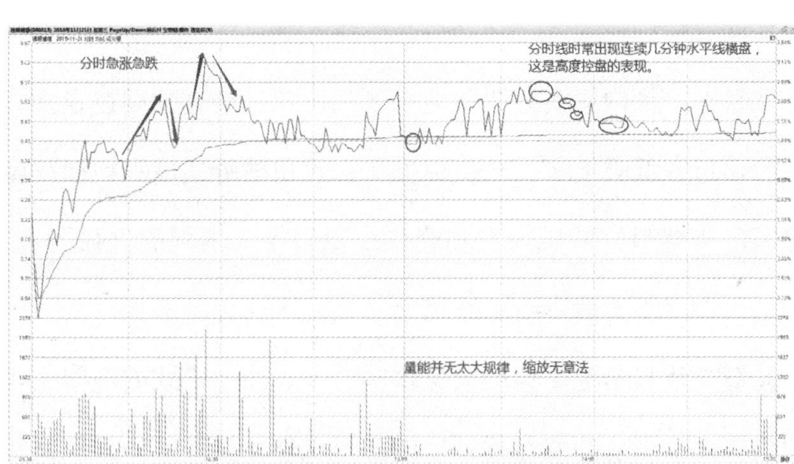

图片回顾点睛：常见的庄股分时特征图

当然，还有一些其他的方法，比如股东户数和人均持股数异常。A 股市场是个散户占据大多数的市场，其中账户资产在 50 万以下的占到总数的 9 成多，因此，如果一只股票的人均持股金额超过了平均水平数倍，很有可能就是筹码高度集中在少数人手里的表现。

最后一步当然是要确定买入股票池中的哪一只了。当我们准备好股票池后，在心里得先有一杆秤，哪些是重点，哪些是补充。重点当然是贴合市场主线方向，又叠加几个加分属性，基本面没有硬伤的个股。短线最重要的是提前准备，次日已经是验证预期对的时间，很多散户容易失败很大的原因就是不愿意深度学习和研究，喜欢看盘时临时起意买入和卖出股票。言归正传，前一天的准备工作做好后，次日竞价我们需要确认主线和股票池有没有异动，大盘有没有如期有转好迹象。

开盘五分钟内观察好股票池里哪只股票最符合预期在走强，最后快速锁定，低吸上车，仓位根据买入点位的舒适度和把握程度进行增减。当然最终的买入点和仓位配比跟个人预判能力强弱有关，我们可以在反复实战中不断磨练。

此篇文章只是为了帮助大家构建“大长腿”模式的框架，实战中我们将面临更多的实际问题，比如怎么样才算低吸，如何判断低吸点位的承接力量强弱，如何选择卖点，等等。这个问题以后有机会我们会在股威宇宙的其他实战类书籍做详细分享。

下面我们通过一次实战交易来感受一二：

委托日期	委托时间	证券代码	证券名称	买卖标志	委托价格	成交价格
2019-05-21	09:31:36	002057	中钢天源	买入	15.5900	15.5900
2019-05-22	09:23:53	002057	中钢天源	卖出	17.0000	17.5400

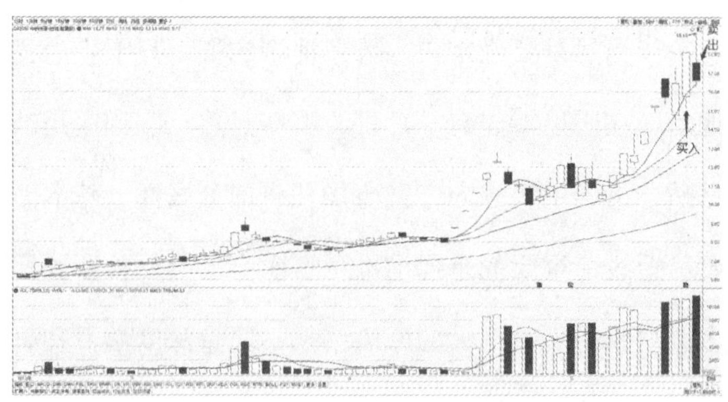

图片回顾点睛：中钢天源2019年主升浪K线图

2019 年中钢天源成为氢燃料电池龙头个股，走出第一波主升浪。后由于中国稀土反制，稀土永磁晋升为阶段性的主线题材，同为稀土永磁板块的中钢天源抗住了来自氢燃料电池板块调整的负面反馈，走出第二波主升浪。

2019 年 5 月 17 日中钢天源炸板陷入分歧，次日 20 日具体情况如下图：

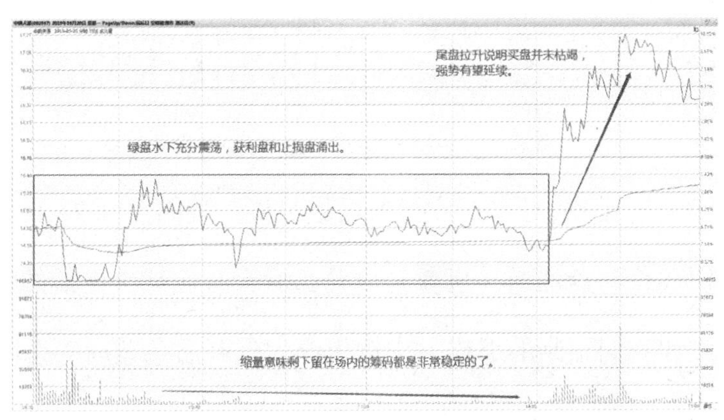

图片回顾点睛：中钢天源2019年5月20日分时图

中钢天源 5 月 20 日的形态便是典型的“大长腿”，次日早盘很有可能会出现极佳的买点。这样的买点通常有两个，一是集合竞价，二是开盘急杀（不一定出现）。

我们再看 5 月 21 日大盘指数是否有转好预期，上证指数 5 月 6 日跳空向下后，被夹在上下两大缺口中间，形成区间动荡的态势。既然是区间动荡，通常来讲打到上轨线就会下跌，打到下轨线就会反弹，5 月 20 日显然上证指数最低刚好打到了下轨线，所以 5 月 21 日是有反弹预期的。

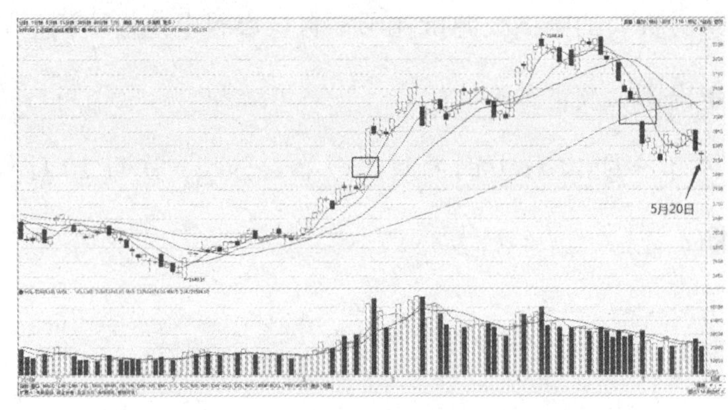

图片回顾点睛：上证指数2019年5月20日日K线图

由于中钢天源 5 月 20 日并未强势封板，我们预判 21 日早盘会有部分短线获利盘涌出，也就是说开盘后会有比竞价更低的买入机会。事实如我们预判的那样，中钢天源大低开后急速向下杀跌。

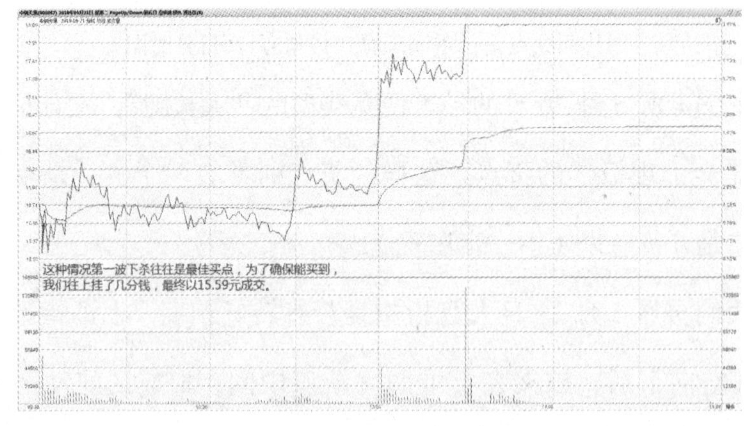

图片回顾点睛：中钢天源2019年5月21日分时图

虽然没有买在最低点，但买点是符合我们自身的模式设定的。有些时候能买在最低区域是实力，但运气也是少不了的必要因素。

显然最终的结果是令人满意的，当日获利 15%。最后就剩下对卖点的把握了，这点跟个人操作习惯、仓位腾挪、交易顺序等操作策略有关。一般来讲，集合竞价直接卖掉没有什么问题，等待冲高再落袋为安也没有什么问题，甚至相结合分批卖都是可以的。

最终我们选择在集合竞价出售，原因是我们需要把注意力放在新的交易计划上，而不是只盯着中钢天源的分时冲高。

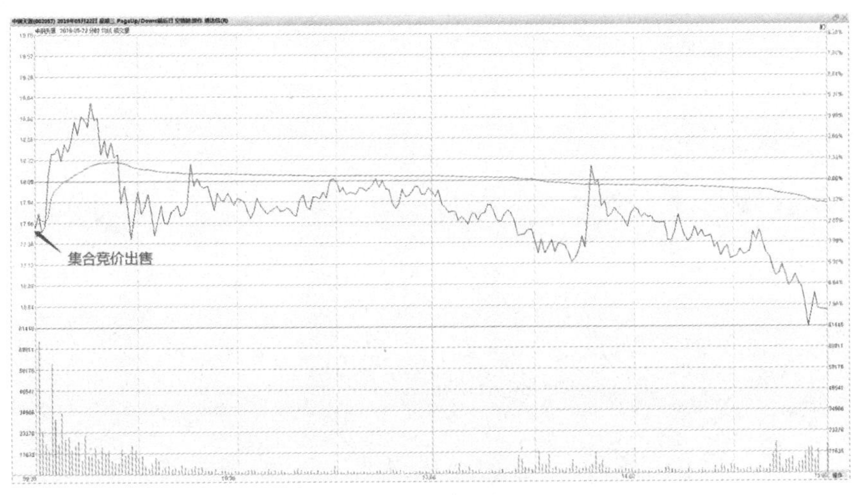

图片回顾点睛：中钢天源2019年5月22日分时图